영아발달

김현자 · 김은주 · 마주리
장미경 · 장은정 · 한성심

태영출판사

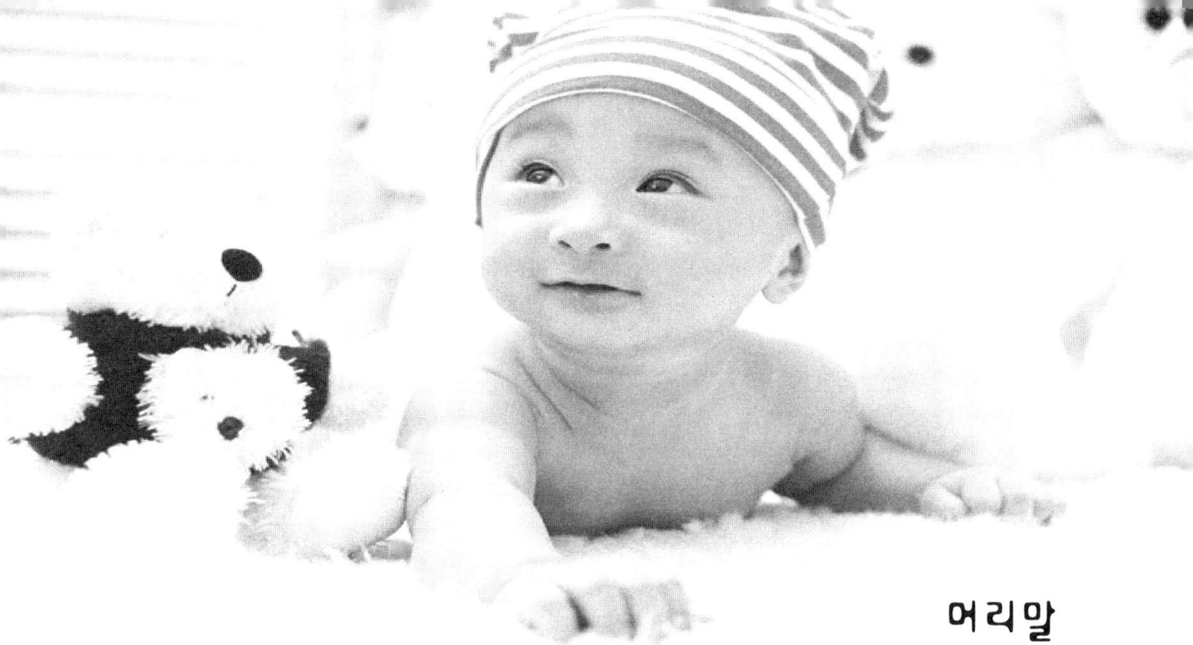

머리말

최근 우리 사회는 무상보육정책과 아동학대 사건, 저출산 문제가 크게 이슈화되고 있고 여성들의 사회진출에 따른 가정에서의 자녀양육문제에 대한 해결책은 마땅하게 제시되지 않고 있으며, 정보화시대, 학력중시 사회에 사는 부모들은 질 높은 보육 및 유아교육을 요구하는 현실입니다. 이러한 실태에 대한 대비책으로 정부 부처에서는 양질의 보육을 위해 평가의 지표를 강화하였을 뿐만 아니라 유아교육 · 보육 관련 학과에 보육교사의 자격취득을 위한 이수교과목을 강화하였고 인성교육을 강조하고 있습니다.

강화된 교과목 중 하나는 '아동발달' 교과목을 '영아발달'과 '유아발달'로 세분화하여 교과목을 개설하도록 하였습니다. 또한 누리과정을 도입하여 인성교육을 강조하였고, 표준보육과정에서는 연령별로 구체적인 보육과정을 제시하고 있습니다. 이에 따라 현장 교직원들은 계속적인 보수교육에 참여하여 보육의 질을 높이고자 노력하고 있습니다. 국가의 교육정책에 따른 현장 교직원의 교육 참여는 양적인 것으로만 그쳐서는 안 될 것입니다. 우리는 교육의 본질이 무엇인지를 다시금 생각해 보는 시간이 되었으면 합니다.

아동의 눈높이에서 유아를 바라봐서는 안 될 것이며, 유아의 눈높이에서 영아를 바라봐서는 더더욱 안 될 것입니다. 한 사람의 생애 초기 경험은 이후의 인지와 사회 · 정서 발달 및 삶의 가치에까지 지속적인 영향을 미치게 된다는 사실은 이제 누구나 다 알고 있습니다. 이러한 영아기 발달에 대한 이해는 인간의 본질을 깨닫게 합니다. 그 본질은 생명존중이며 인간존중은 나누고 협력하며 배려하는 삶을 이루게 하는 것이 아닐까 싶습니다.

이 책의 저자들은 영아를 존중하고 자율성의 발달을 인정하고 개인차를 수용하며 심신이 건강한 사회공동체의 일원으로 성장하도록 하기 위해 필요한 발달이론 및 발달의 연령별 특성을 정리하여 보았습니다. 예비교사들이 충분히 이해하고 숙지하기를 바라는 마음으로 책의 내용을 구성하였습니다. 영아들이 사랑과 존중으로 안정적인 애착관계를 맺으며 걸음마를 배우고 안전한 환경에서 건강하게 성장할 수 있도록 유아교육 · 보육현장에 첫발을 내딛게 될 예비교사들에게 이 책을 드립니다.

제1부에서는 영아발달의 기초를 위해 1장에서는 영아발달의 이해, 2장에서는 영아발달의 연구를 다루었습니다. 제2부에서는 인간발달의 기초이론으로 성숙이론, 정신분석이론, 행동주의이론과 사회학습이론, 인지발달이론 등을 구분하여 3장부터 6장까지에서 다루었습니다. 제3부에서는 영아발달의 특징을 연령별, 영역별로 이해를 돕기 위해, 제7장에서는 생애시작인 태아기와 신생아의 발달을, 제8장 신체 · 운동발달, 제9장 인지발달, 제10장 언어발달, 제11장 정서발달, 제12장 사회성 발달 영역을 만 0세, 만 1세, 만 2세 등의 연령에 따른 특징적인 내용을 살펴보았습니다. 특히 제3부에서는 각 장 마지막 부분에 핵심내용 요약, 참고사항, 과제 등의 팁을 제시하였습니다. 제4부에서는 영아발달과 생태환경을 가정내적 환경과 가정외적 환경으로 나누어 제13장과 제14장에 각각 담아 보았습니다.

예비 영유아교사나 자라나는 영유아들이 먼 훗날 박완서님의 책제목처럼 "이 세상에 태어나길 참 잘했어"라는 표현을 할 수 있는 그런 따뜻한 세상을 만들자는 작은 바램을 품어 봅니다. 끝으로 이 책이 나오기까지 지혜와 조언을 아끼지 않은 많은 동료교수님들과 대한아동복지학회 회원님들, 그리고 현장에 계신 보육교직원분들에게 감사의 마음을 전하고자 합니다. 기다려 주시고 격려를 아끼지 않은 태영출판사 김현태 사장님과 편집부 직원 여러분께 진심으로 고마운 마음을 전합니다.

2015년 2월
저자 일동

차 례

제1부 영아발달의 기초

제2부 발달이론

제3부 영아의 연령 및 영역별 발달

제4부 영아발달과 생태환경

제 1 부

영아발달의 기초

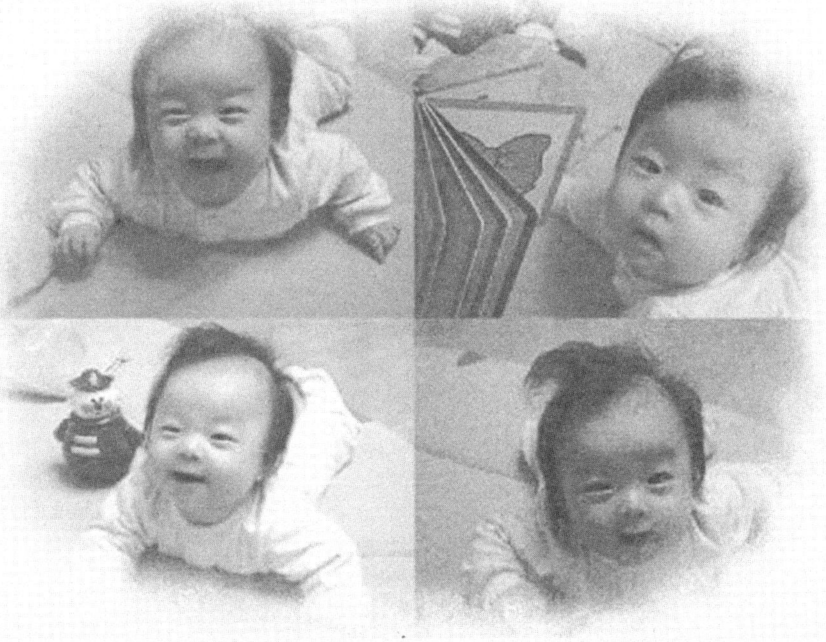

제1장

영아발달의 이해

1. 영아발달의 개념
2. 영아발달의 원리
3. 영아발달의 의미

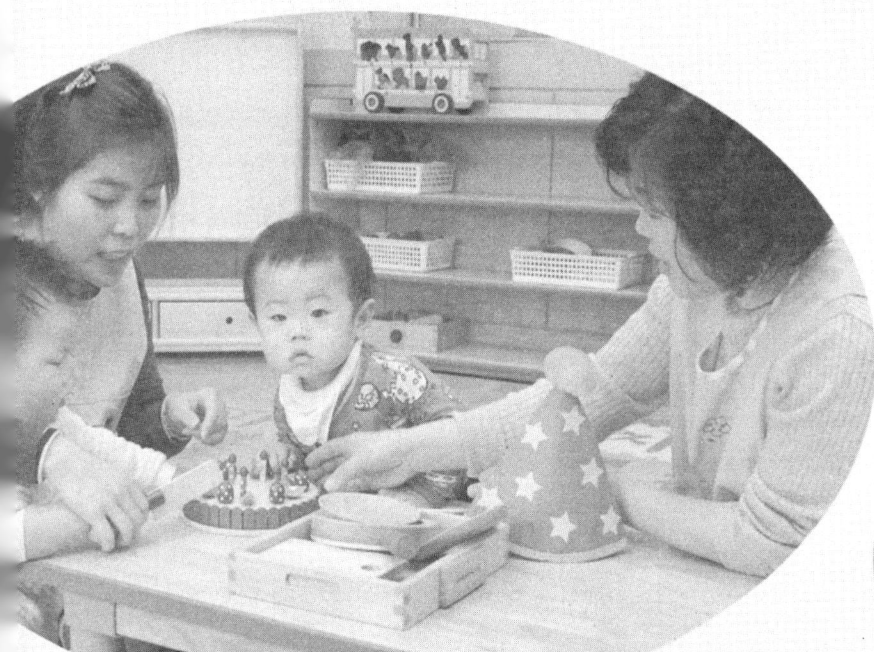

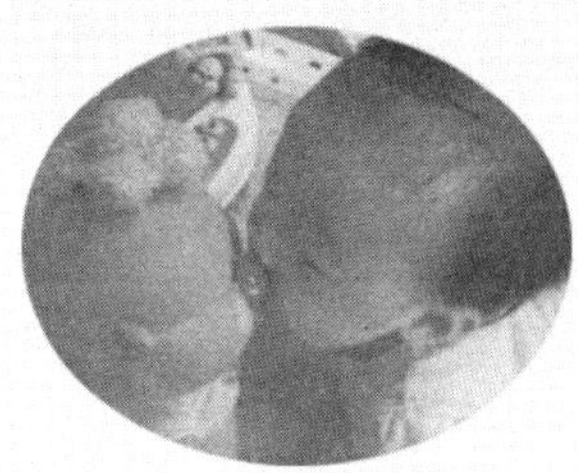

1. 영아발달의 개념

출생부터 36개월까지의 시기로 정의되는 영아기는 인간발달에 기초가 형성되는 결정적 시기이다. 이 시기의 경험은 인간의 전 생애발달에 영향을 주며 발달의 기반을 형성한다. 발달적으로 민감한 시기인 영아기는 신체, 인지, 정서, 사회성 발달이 빠르게 이루어지는 시기이므로 적절한 발달이 이루어지는 것이 중요하다. 이 시기의 발달은 이후에 긍정적 영향을 줄 수도 있지만, 이 시기에 형성된 결함은 이후 회복이 불가능하기 때문에 영아기의 적절한 발달은 매우 중요하다.

학자에 따라서 영아를 정의하는 것은 차이가 있다. Field(1997)는 출생부터 2세까지, Schickendanz(2002)는 출생부터 18개월까지를 영아로 보고, 19개월부터 30개월은 걸음마기로 보았다. Edwards와 Liu(2002)는 걸음마기를 18개월에서 36개월의 영아로 언급하였다. 성영혜 외(2003)는 생후 2주에서 15개월까지를 영아기로, 15개월부터 30개월을 걸음마기로 정의하였고, 현정환(2005)은 생후 4주에서 2세까지를 영아기로 구분하였다. 그러나 영유아가 기본적으로 배우고 경험해야 할 보편적인 보육내용을 국가차원에서 마련하고 제시한 표준보육과정에서는 0세에서 2세(36개월)까지를 인간의 삶에서 가장 극적인 변화가 일어나는 영아기로 보고 있다.

영아기는 전 생애발달의 기초가 형성되는 시기이면서, 발달이 급속도로 일어나는 결정적 시기라고 할 수 있다. 출생 후 첫 3년간은 발달이 빠르게 일어나며, 이 시기에 이루어진 발달은 전 생애에 많은 영향을 미친다. 이러한 영아기에 대한 근본적인 이해를 위해서는 영아의 연령 및 월령에 따른 발달적 특징을 알아야 한다. 즉, 각 월령에 따른 영아발달 수준에 대해 인지하고 있어야 한다.

영아발달은 영아의 인지, 신체, 사회성, 정서, 언어 총 5개영역의 발달 항목에 걸친 평균 습득시기를 말한다(김중근, 2005).

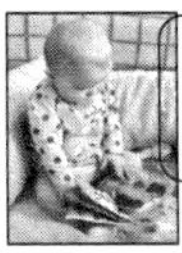

2. 영아발달의 원리

1) 영아발달의 일반적 원리

인간발달은 각 단계에 있어 특징이 있으며 이는 교육의 시기를 결정할 수 있게 하는 중요 요인이 된다. 즉, 일정한 기능을 학습할 수 있는 최적의 시기가 있다. 영아의 심리적 속성의 발달과정에 대한 이해는 부모와 교사에게 필수적인 것이다. 영아발달에 관한 일반적 원리는 다음과 같다.

(1) 발달의 잠재력

발달은 자연발생적이며 성장하는 영아들이 새로운 것에 호기심을 나타내고 탐색하고자 하며 생각하고 느끼고자 하는 행동에서 찾아볼 수 있다.

(2) 발달은 유전과 환경의 상호작용

인간발달에 있어 유전적 또는 환경적 조건이 작용하는 부분이 다르며 또한 정도에도 차이가 있다. 즉, 신체조건 예를 들어 눈의 색깔, 성별 등은 완전히 유전적이며 심리적 특성인 지능이나 기질 등은 환경에 의하여 어느 정도 변화가 가능하다.

(3) 발달은 성숙과 학습의 결과

발달은 성장에 의하여 신체부위의 기능이 복잡화 · 기능화되어 가는 성숙과정을 말하며 학습은 경험과 학습의 결과로 이루어지는 행동변화를 의미하는 것으로서 모든 연령과 모든 발달단계의 중요한 과정이다.

(4) 발달의 개인차

성장 · 발달에는 방향이 있으며 누구나 그 방향에 따라 성장, 성숙하려면 그 속도나 성장률은 개인차가 많으므로 집단표준에 너무 집착해서 발달을 진단해서는 안 된다.

(5) 발달의 결정적 시기

모든 발달단계에서 각 시기에 성취해야 하는 발달과업이 있고 이 과업을 이루지 못하면 그 시기가 지난 후에는 학습효과가 줄어든다는 것이다.

2) 영아발달의 상호작용의 원리

영아기 발달을 설명하는 이론들은 다양하다. 이는 크게 발달을 생물학적 구성의 결과, 환경적 영향의 결과, 생물학적 유전과 환경 사이의 역동적인 상호작용뿐만 아니라 이 둘의 영향에 의한 것이라고 보는 이론으로 나누어진다. 영아의 발달에 대한 상호작용 이론은 발달을 자연적 또는 교육적 요소보다 훨씬 더 복합적인 것으로 보는 관점이다. 최근 상호작용 이론은 유전과 환경의 영향력에 더하여 문화의 역할을 포함시키고 있는데 Albrecht와 Miller(2001)는 이러한 관점을 바탕으로 영아발달에 대한 상호작용의 원리를 설명하였다.

(1) 친밀하고 정서적인 관계가 발달의 핵심이며 그 기초가 된다.

Brazelton과 Greenspan(2000)은 영아의 발달에 있어서 따뜻하고 교육적인 상호작용을 가장 필요한 것으로 고려하였다.

(2) 상호작용이 일어나는 맥락이 상호작용의 형태를 결정짓는다.

상호작용은 사회적, 문화적 맥락을 포함한 다양한 맥락 하에 일어나고 영향을 받는다.

(3) 생물학적 유전과 경험은 역동적인 관계가 있다.

유전적인 요소 또한 영아기에 최선의 경험을 통해 조정이나 보충이 가능하다는 것을 의미한다.

(4) 영아와 사회, 문화, 물리적 세계 간의 상호작용은 영아의 발달을 이끈다.

영아들이 양육자나 교사로부터 지식과 이해를 직접적으로 얻는 것이 아니라 그들의 경험과 상호작용을 통해 스스로 자신만의 지식과 이해를 만들어 간다는 것을 의미한다.

(5) 놀이가 발달의 상호작용적 매개물이다.

정서적, 사회적, 신체적, 지적 성장은 놀이의 맥락 안에서 일어나며, 놀이는 사물과 자료를 가지고 지원해 주는 성인에 의해 촉진되어진다.

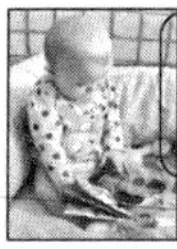

3. 영아발달의 의미

1) 영아발달에 영향을 미치는 요인

영아기는 생후 1개월간의 신생아기를 포함하여 생후 2년간을 의미한다(김경희 외, 2013). 이 시기에는 신체, 언어, 인지, 정서 및 사회성 발달이 급격하게 이루어지며 영아기 발달은 이후 발달의 광범위한 측면에서 중요한 영향을 미친다.

발달이론가들은 발달의 각 영역은 상호 밀접하게 연관되어 있어 한 영역에서의 발달은 다른 영역에 직·간접적으로 영향을 미치고 발달에는 순서가 있으며 그 순서는 일정하지만 속도와 양상은 개인차가 있다고 설명한다(유효순, 이성진, 2005). 또한 발달에는 최적의 발달이 이루어질 수 있는 결정적 시기(critical period), 민감기(sensitive period)가 있다(김경희 외, 2013). 생후 2년 동안의 발달은 영아로 하여금 신체적으로 다른 사람에게 덜 의존하게 되고 인지적으로 외부 세계를 탐색하고 이해할 수 있으며 사회적으로 타인과의 관계를 형성하는 사회적 존재로 성숙하게 함으로써 이 시기는 발달에 있어 매우 중요한 시기이다(이영 외, 2012).

영아기의 잠재력을 최대한 발휘하기 위해서는 발달에 대한 기초적인 조건, 즉 충분한 물리적 환경과 일관성 있는 양육, 그리고 영아의 발달 상황에 맞게 적절하게 제공되어야 하는 도전 과업 등을 고려하면서 전인적인 발달이 이루어질 수 있도록 해야 한다.

이는 긍정적, 반응적, 상호적, 보호적 성인과의 관계가 영아발달을 촉진하고 관계 속에 존재하는 영아의 능력에 중요한 영향을 미친다. 영아는 자신을 보호해 주고, 자존감을 갖게 해 주며, 지역사회와 문화의 중요한 일부가 되도록 도와주고, 사회의 건강하고 친절하고 건설적인 구성원이 되는 방법을 학습하도록 지원해 주는 성인을 필요로 한다.

Schonkoff와 Phillips(2000)은 다음과 같이 영아발달에 영향을 미친다고 하였다.

첫째, 본성과 양육 모두가 영아발달에 영향을 미친다.

둘째, 문화는 발달과 영아양육 및 실제에 영향을 미친다.

셋째, 자기조절은 발달의 중요 지표 중 하나이다.

넷째, 영아는 활동적인 탐색을 통해 스스로의 발달에 기여한다.

다섯째, 인간 관계들 간의 상호적인 영향은 건강한 발달의 토대가 된다.

여섯째, 폭넓은 개인차가 존재한다.

일곱째, 영아발달은 연속적이기도 하고 비연속적이기도 한다.

여덟째, 영아는 상처받기 쉬운 동시에 복원력도 높다.

아홉째, 초기 경험의 시기는 중요하며, 영아는 변화 가능하다.

열째, 조기중재는 효과적이다.

2) 영아발달 수준

영아발달 수준에 영아대상의 교육목표, 교육내용, 교육방법, 교수매체 등 영아의 발달 과정과 원리에 있어서 교육적으로 많은 시사점을 주고 있다(김희진 외, 2004). 영아의 발달 수준은 평균적으로 성장하는 영아의 발달과 개별적인 영아발달을 알 수 있도록 하며, 이것을 기초로 하여 교사가 영아의 발달을 도울 수 있도록 계획하는데 도움을 준다. 영아발달 수준은 교사가 보육을 함에 있어 인지적인 영향을 주며, 이들이 영아발달 수준을 잘 이해한다면 영아발달 수준에 맞는 상호작용을 할 수 있고, 영아의 발달이 더욱 활발히 일어날 수 있다.

(1) 영아발달 수준의 개념

영아발달 수준은 교육에 많은 시사점을 주는데, 특히 영아를 대상으로 하는 교육 목표와 내용, 방법 등을 결정하는 데에 영향을 주게 된다(김희진 외, 2004). 영아발달 수준은 평균적인 연령 및 월령에 따른 영아의 발달, 개별적인 영아의 발달을 알도록 하며, 이를 기초로 하여 부모나 교사가 영아발달을 돕기 위한 계획을 세우는 데 도움을 준다.

영아발달 수준이 없이는 영아발달을 돕는데 질적인 문제가 생긴다. 영아발달 수준은 교사가 영아를 보육하는 데 필요한 인지적 측면에 영향을 주게 된다. 교사가 영아발달 수준을 잘 인지하고 있다면 그에 맞는 상호작용을 함으로써 영아발달이 보다 잘 일어나도록 도와줄 수 있다. 영아발달 수준에 대한 정확한 인식은 교사와 영아의 관계에도 긍정적인 영향을 준다.

영아발달 수준을 고려한 상호작용의 결과, 영아에게 교사와의 밀접한 관계를 형성하도록 하고, 그러한 관계는 애착과 신뢰감에 있어서도 영향을 줄 수 있다. 교사는 영아발달 수준에 개인차가 있음을 간과해서는 안 된다. 이러한 고려가 없다면 지나친 기대와 발달에 대한 욕구로 영아의 정서적 발달에 악영향을 끼칠 수도 있다. 교사는 각 영아의 특성과 현재 발달 수준에 맞는 적절한 교육 및 상호작용, 적절한 보육 환경이 이루어지도록 노력해야 한다.

영아발달 수준을 고려한 상호작용의 원리는 다음과 같다.

첫째, 영아발달 수준은 평균적인 영아의 발달, 개별적인 영아의 발달도 있지만 그 발달 수준에 적합한 경험을 제공해야 한다.

둘째, 영아기 발달 특성에 대한 지식이 교사가 영아에게 질적인 보육을 제공하는데 배경지식이 된다.

셋째, 영아발달은 월령이 증가함에 따라 이루어지는 모든 변화과정으로 개인에 따라 또는 개인 내에서도 신체 성장부위에 따라 차이가 있음을 주지해야 한다.

(2) 영아발달 수준의 유형

① 영아의 신체 · 운동발달

영아는 소근육의 발달로 작은 사물을 잡거나 그림을 그리거나, 단추를 끼울 수 있게 되며, 점차 오감각(시각, 청각, 미각, 후각, 촉각)도 발달하여 주위의 사물에 더 민감하게 반응하게 된다(강경미 외, 2005; 김나영 외, 2005). 1세가 되면 균형을 유지하면서 안정적으로 걷게 되고 도움받아 계단을 올라갈 수 있고, 안정적 걷기를 통해 뒤로 걷기를 시도할 수도 있다(이영석, 1997). 1세 후반에는 소근육의 발달로 크기가 작은 사물도 점차 잘 다루게 되며, 블록을 2~3개 정도 쌓는 등의 소근육 발달이 점차 정교하게 된다. 눈과 손의 협응력이 발달하여 간단한 물체를 끼우거나 뺄 수 있고, 물건을 쥐었다 놓는 것도 자연스럽게 할 수 있다(이영석, 1997). 2세부터는 단추를 끼우거나 지퍼를 올리고 내리는 것, 숟가락과 포크를 사용하는 것, 가위질을 시도하는 것, 과일 껍질을 벗기기, 수도꼭지 돌리기 등의 소근육 조절도 더욱 정교해진다(이영석, 1997).

② 영아의 인지발달

인지발달은 다른 발달과의 밀접한 관계를 통해 더욱 정교해진다. 영아에게 적절한 인적, 물리적 환경들과의 상호작용을 통해 스스로 탐색하고, 사고하고, 선택하고, 경험하는 과정을 통해 영아의 인지발달은 이루어지게 된다(강경미 외, 2005). 이러한 인지발달에 대한 연구는 Piaget의 이론을 통해 밝혀져 왔다. Piaget가 제시한 생후 2년 동안의 감각 운동에는 다른 사람의 행동 모방, 의도적 행동의 발달, 대상영속성, 인과관계, 시간과 공간의 개념을 이해하게 되는 등 여러 가지 발달이 이루어지게 된다(박성연, 도현심, 2005).

2세는 가장 배변훈련이 자연스럽게 이루어질 수 있는 시기로, 영아의 전반적 발달을 고려한 교사의 도움이 필요하다. 교사는 영아가 배변을 하기 쉬운 옷을 입혀 주고, 적당한 시기에 배변 의사를 물어 보는 등의 관심을 가져야 하며, 영아가 배설 활동에 흥미를 느끼는 때를 잘 파악하여 용변훈련을 해야 한다(강경미 외, 2005; 김나영 외, 2005; 조복희 외, 2006). 이 시기는 완전하지는 않으나, 영아가 스스로 씻기, 먹기, 자기, 옷 입기, 차례지키기, 인사하기, 정리하기 등의 기본 생활습관이 형성된다. 자발적으로 하려는 욕구와 호기심이 강한 시기이므로, 영아가 혼자 능동적인 탐색활동을 할 수 있도록 한다. 주위의 사물, 사람, 세상을 탐색하는 과정에서 영아는 좀 더 신체적인 자율성이 생기고, 스스로 자신을 통제하는 것이 가능해지기 시작한다(이기숙, 이영자, 1993).

③ 영아의 언어발달

영아기에 언어를 사용하기 이전에는 울음이나 옹알이, 제스처 등을 사용하여 의사소통을 하는데, 영아의 옹알이나 제스처에 성인의 적절한 반응이 이루어지면 서서히 문법과 의사소통 규칙을 이해하게 된다. 영아기의 언어발달과정은 대부분 동일하나 언어를 획득하는 시기에는 개인차가 있다(조성연 외, 2005). 1세가 되면 평균 10개 정도의 어휘를 습득하게 되고, 발달이 빠른 영아들은 두 낱말로 이루어진 어구도 사용할 수 있게 된다(곽금주 외, 2005).

영아가 첫 단어를 말한 이후부터는 언어발달이 급격해지기 시작하면서 2세 전후로 300여 개의 단어를 사용하게 된다(조성연 외, 2005). 1세 반경까지의 영아는 동작적 언어를 사용하지만, 2세를 전후하여 급격하게 언어가 증가되면서 여러 가지 간단한 문장을 만들고, 2세 말경에는 서투르지만 문법과 규칙에 맞는 문장을 사용하는 능력도 증가한다(김나영 외, 2005). 2세가 되면 사물을 분류하거나 집합하는 등의 범주화 능력이 생기기 시작한다. 점차 구체적인 단어에서 추상적인 단어인 '힘들다', '어렵다'도 이해하게 되며, 표상능력이 발달하여 언어를 사용하여 사고하고 상징을 이해하는 능력이 증가하여 이를 이용해 상상력을 발휘하기도 한다(곽금주, 김수정, 2004).

④ 영아의 정서 및 사회성 발달

1세가 되면 영아의 사회적 반응은 분명히 나타나게 되어 좋아하는 사람과 좋아하지 않는 사람의 구분이 분명해지고, 양육자와의 관계도 더 깊어져서 양육자 외에 다른 사람과의 접촉이나 관계에 매우 민감하게 반응한다(곽금주, 김수정, 2004). 또한 영아기는 자아 인식이 강하게 나타나 타인과의 구분이 명확해지면서 타인과의 독립적인 존재로 행동하게 된다. 이러한 과정에서 공격성이 나타나기도 하는데, 이는 독립적인 존재로서의 자신을 방어하기 위함으로 나타나게 된다. 자신을 통제하려는 타인과의 관계에서, 자신이 의도하는 바가 이루어지지 않는 과정에서 발생하는 마찰을 충동성, 부정, 반항, 분노 등의 공격성으로 나타내는 것이다(유애열 외, 2005).

1세 말경에 이르면 성인이 가진 정서의 대부분이 형성된다. 기본적인 정서가 형성되고 수치심이나 자부심과 같은 자신을 인식하는 정서가 생기게 된다. 점차 자신과의 관계를 맺고 있는 타인의 정서를 이해하게 되면서 타인의 감정을 공유하고 위로하며 도움을 주려는 행동이 나타난다. 자신에 대한 인식이 강해지면서 기질이 나타나게 되고 이는 더욱 분명해져서 성장하는 동안 타인과의 관계 형성에도 영향을 미치게 된다(조성연 외, 2005). 이 시기에 중요한 것은 주 양육자 및 영아의 주위 인적 환경이 되는 주변 사람들과 신뢰감을 형성하는 것이다. 이 신뢰감의 형성은 영아가 성장하는 동안 전반적 발달에 지속적인 영향을 주게 된다. 세상에 대한 신뢰감과 의미 있는 사람들에 대한 애착 형성은 영아의 성장 · 발달을 위해 필수적이다(조복희 외, 2009).

2세가 되면 자신과 타인과의 관계에 대한 개념이 형성되기 시작한다. 내 자신은 누구인지, 타인과는 어떻게 다른지, 타인과 어떻게 대화를 하고 상호작용을 해야 하는지 등에 대한 사회적 기술을 터득해 나간다(김나영 외, 2005). 점차 자신을 통제하는 능력이 생기게 되고, 자신감과 자아존중감이 발달하게 되면서 감정이입 능력도 생기게 된다(김희진 외, 2004). 감정이입 능력이 생기게 되면서 친사회적 행동이 나타나게 되는데, 예를 들어 타인과 물건을 나누거나, 어린 동생을 돌보거나, 자발적으로 집안일을 돕는 등의 행동이 나타나기도 한다(곽금주, 김수정, 2004).

이처럼 영아는 여러 발달 영역들이 뚜렷하게 구분되어 분화되지 않고, 신체·운동, 인지, 언어, 정서 및 사회성 등 발달의 제반 영역이 통합적으로 작용된다. 따라서 본서의 3부에서 영아기 발달에 통합적으로 작용하여 영향을 미치는 각각의 영아기 연령별 발달을 신체·운동발달, 인지발달, 언어발달, 정서 및 사회성 발달로 나누어 살펴보았다.

3) 영아발달에 대한 패러다임 변화

(1) 인지혁명

2차 세계대전 이후 과학의 발전과 재정지원에 의해 영아발달에 대한 연구는 더욱 활발히 이루어졌으며, 특히 컴퓨터의 등장, 생물학의 발전, 연구방법의 다양화는 발달이론과 연구주제를 변화시켰다. 발달연구의 중요 주제로서 인지의 등장, 인간발달의 맥락을 강조하는 전망이 등장하였다.

인간발달에 대한 연구 초기부터 인지는 주된 관심사였으나 연구방법의 모호성으로 인해 제대로 연구되지 못하던 중 1960년대 미국에 Piaget이론이 소개된 이후 주요 연구주제로 재등장하게 되었다. 이는 인지영역에의 주목을 넘어서 인간 이해의 틀을 완전히 바꾸었다는 점에서 인지혁명이라고 불린다. 행동주의의 설명만으로는 정신을 제대로 이해할 수 없다는 인식의 확산은 새로운 연구의 틀이 필요했고 1970년대 컴퓨터의 등장과 연결되면서 정보처리 접근이 등장하였다.

정보처리 접근은 인간의 사고 과정과 발달을 컴퓨터의 작동에 비유하여 설명하려 했다. 즉, 감각을 통해 들어온 환경으로부터의 정보를 수용하는 순간과 가시적 반응이 나타나는 순간 사이에 어떤 과정을 거치는지, 영아 내부에서 정보를 조작하는 기제가 무엇인지를 조명하고자 하였다.

정보처리 입장은 Piaget와 유사하게 영아가 환경의 요구에 반응하며 자신의 사고를 수정하는 적극적이고 이성적인 존재로 보았다. 그러나 사고의 과정이 모든 연령에 유사하며 영아기에만 그 과정이 나타나는 것은 아니므로 발달은 연속적인 상향적 변화라는 입장을 취함으로써 Piaget와 차이가 있다.

인지 과정에 대한 정보처리 입장에서의 연구는 영아의 다양한 사고 과정을 보여줌으로써 교육적 시사점을 주었으나, 상상과 창의성 같은 비논리적 사고의 연구를 간과하였고, 실험실에서 인위적으로 이루어진 연구결과에 근거한 입장이라는 점에서 비판된다.

(2) 발달 맥락을 강조하는 연구의 등장

인간발달의 다양한 측면을 보다 적절하게 이해하기 위해 동물행동학, 생태학적 체계이론, 비교문화 연구와 사회문화적 이론은 발달의 다양한 맥락 또는 환경이 발달에 미치는 영향에 대한 중요성을 강조하게 되었다.

① 동물행동학(1960년대)

동물행동학은 진화론적 관점에서 인간 행동을 진화론적 기초와 함께 그 진화된 반응들이 종의 생존과 발달에 어떻게 기여하는지를 과학적으로 연구하는 이론이다. Lorenz는 동물학자로 오리가 부화하자마자 처음 본 움직이는 물체를 어미로 인식하여 따라 다니는 행동을 보고 결정적 시기에 경험된 내용이 각인되어 사라지지 않음을 발견하는 동물행동학의 기초를 확립했다. 이는 영아발달 초기 특정한 시기에 습득되어야 할 인지적·사회적 행동과 관련된 것으로, 개인은 환경의 영향에 반응함을 의미한다.

Bowlby는 동물의 행동에서 쉽게 확인되는 이러한 각인현상을 인간에게서 찾으려 했던 학자로 1960년 말 영국의 정신분석학자였다. 그는 동물행동학적 이론을 인간의 발달, 특히 영아와 어머니 간의 관계를 이해하는 데 적용하였다. 즉, 영아와 보호자(환경)의 관계성에 대해 연구를 통해 미소짓기, 옹알이, 붙잡기, 울기 등과 같은 영아의 선천적인 행동은 양육자인 어머니를 가까이 머물게 하며 자신이 안전하게 보호되고 건강하게 성장하는 데 필요한 자극과 애정을 이끌어 내게 된다고 보았다. 이처럼 Bowlby는 영아의 미소, 옹알이, 울음 등 선천적인 행동반응을 통해 결정적 시기가 생후 3년간이라 믿었으며 이를 통해 정서적 유대인 애착이론을 제시하였다.

② 생태학적 체계이론

1970년대 이후 등장한 인간발달 연구의 또 다른 흐름은 변증법적 사고였다. 인간의 고등정신 과정이 여러 상황의 통합의 과정을 걸쳐 발달한다는 변증법은 변화의 역동성을 강조하고 있다. 발달의 역동성에 영향을 미치는 사회·역사적 맥락이 고려되고 인간의 전 생애로 발달의 시야가 넓어지면서 영아발달 이론은 1970년대 말 생태학적 체계이론이라는 보다 넓은 틀을 갖게 되었다.

생태학적 체계이론은 미국의 심리학자 Bronfenbrenner로서 발달 현상은 마치 러시아 인형 셋트처럼 영아를 둘러싸고 복잡한 수준의 체계와의 관계 속에서 이해되어야 함을 강조하였다. 즉, 영아가 가지고 있는 생물학적 속성이 환경의 영향력과 상호작용하며 발달이 일어난다고 본 점에서 그의 관점을 생물학적 모델이라고 한다.

그는 영아에게 영향을 주는 환경을 미시체계, 중간체계, 외체계, 거시체계, 연대체계의 다섯 수준으로 분류하였다. 미시체계는 개인을 중심으로 가장 안쪽에 위치하는 환경으로 영아가 직접적으로 접하는 환경에 대한 상호작용을 강조하고 있다. 중간체계는 미시체계와 연결되어 있는 가정, 학교, 이웃, 유아원 등의 기관과 영아발달 간의 관계성을 강조하고 있다. 외체계는 영아가 직접적으로 접촉하고 있지는 않지만 영아에게 영향을 주는 환경 예를 들어, 부모의 직장, 보건소, 복지부 등을 의미한다. 거시체계는 영아가 속해 있는 사회의 가치, 법률, 관습을 의미한다. 연대체계는 영아의 환경에서 발생하는 사건들의 양식과 생애에서 전환점이 되는 사건을 의미한다.

③ 비교문화연구와 사회문화적 이론(1980년대)

비교문화연구는 영아의 발달을 문화 간에, 각 문화 내에서 민족과 사회계층 집단 간에 비교함으로써 발달이론들이 모든 영아들에게 보편적으로 적용될 수 있는지 또는 특정 환경조건에 제한되는지를 알게 해 주었다.

Vygotsky는 특정문화에서 영아가 적절하게 사고하고 행동하는 법을 습득하려면 사회적 상호작용, 특히 성인간의 대화가 필수적이라는 주장은 비교문화 연구를 통해서 확인되었다.

20세기 중반 이후에는 여러 발달이론들의 차이가 나타났다. 첫째, 발달의 상이한 측면에 초점을 두고 있다는 것이다. 예를 들어 정신분석이론, 동물행동학적 이론은 영아의 사회 · 정서적 발달을 강조하지만 Piaget이론, 정보처리이론, Vygotsky이론은 사고 과정에서 변화에 초점을 두고 있다. 둘째, 각 이론은 영아의 천성과 발달에 대한 시각을 달리하고 있다. 셋째, 각 이론은 장 · 단점을 가지므로 하나의 이론이 발달을 완전히 설명하지 못한다. 각 이론의 영아발달에 대한 기여 부분을 인식하고 그것들을 통합하여 영아발달을 이해하려는 절충적 접근이 필요하다.

참고문헌

강경미, 구광현, 백경숙(2005). 아동발달. 서울: 대왕사.

곽금주, 김수정(2004). 어머니의 내적 변인에 따른 영아와의 신체접촉 유형간 비교: 우울, 태도, 양육스트레스를 중심으로. 한국심리학회, 17(1), 1-18.

곽금주, 성현란, 장유경, 심희옥, 이지연, 김수정, 배기조(2005). 한국영아발달연구. 서울: 학지사.

김경회, 문혁준, 김선영, 김신영, 김지은, 김혜금, 서소정, 안선희, 안효진, 정선아, 황혜원(2013). 보육학개론. 서울: 창지사.

김나영, 이경열, 정옥호, 홍계옥(2005). 영유아발달. 경기: 양서원.

김중근(2005). 영유아 발달 수준에 대한 어머니의 지식 정확도. 원광대학교 대학원 석사학위 논문.

김희진, 김언아, 홍희란(2004). 영아를 위한 프로그램 이론과 실제. 서울: 창지사.

박성연, 도현심(2005). 아동발달. 서울: 동문사.

성영혜, 이은진(2003). 보육교사의 직무스트레스와 보육활동과의 관계. 생활과학연구지, 14(1), 143-159.

유효순, 이성진(2006). 아동발달. 한국방송통신대학교출판부.

이기숙, 이영자(1993). 만 2~3세 영유아를 위한 흥미 영역별 기본 교구와 자료. 아이코리아, 58-61.

이영, 이정희, 김온기, 이미란, 조성연, 이정림, 유영미, 이재선, 신혜원, 나종혜, 김수연, 정지나(2012). 영유아발달. 서울: 학지사.

이영석(1997). 유아교육론. 서울: 형설출판사.

조복희, 신나리, 안재진, 이정림, 최윤경, 송신영(2009). 한국아동패널 2009. 육아정책연구소.

조성연, 이정희, 천희영, 심미경, 황혜정, 나종혜(2005). 아동발달의 이해. 서울: 신정.

현정환(2003). 보육실습이 예비보육교사의 보육효능감에 미치는 영향. 아동학회지, 24(6), 117-131.

Albrecht, K., & Miller. L. G.(2000). Infant & Toddler Development. MD: Gryphon House, Inc.

Brazelton, T. B. & Greenspan, S.(2000). The irreducible needs of children: What every child must have to grow, learn, and flourish. Cambridge, MA: Perseus Publishing.

Edwards. C. P., & Liu. W. L.(2002). Parenting toddlers. In M. L. Bornstein(Ed). Handbook of Parenting, Second edition. 1, Children and parenting, 45-72. Hillsdale, NJ: Lawrence Erlbaum.

Field, T.(1997). The treatment of depressed mothers and their infants. In L. Murray & P. J. Cooper(Eds), Postpartum depression and child development (221-236). New York: Guilford Press.

Schickendanz. J. A.(2002). Office of Elementary and Secondary Education. Consultant and contributor to the Early Childhood Educator Academies, Pre-K standards strand. U.S. Department of Education.

Shonkoff, J. P., & Phillips, D. A.(Eds.)(2000). From neurons to neighborhoods: The science of early development. Washington, DC: National Academy Press.

제 2 장

영아발달의 연구

1. 영아발달의 평가
2. 영아발달의 연구방법

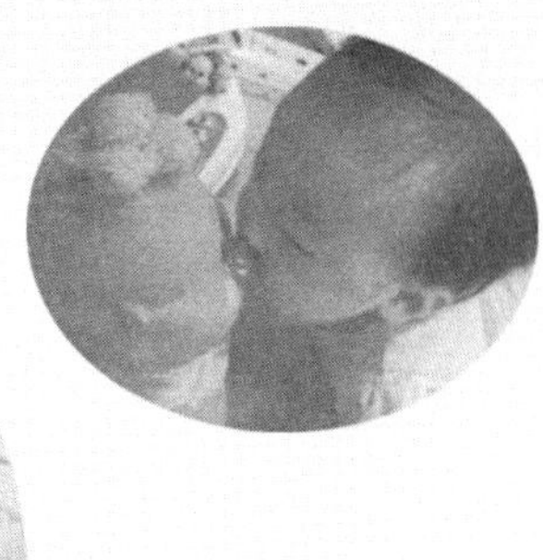

1. 영아발달의 평가

영아발달연구는 영아가 어떠한 과정을 거쳐 발달하는지, 왜 그러한 발달과정을 보이는지를 기술하고 설명하고자 하는 것이다. 궁극적으로 영아의 바람직한 발달을 도모하기 위해 활용하는 데 그 목적이 있다.

영아발달에 대한 연구는 영아의 발달과 관련된 문제의 답을 찾기 위해 과학적 방법을 이용한다. 과학적 연구는 객관적이고 체계적이며 검증이 가능한 방식으로 수행되는 것으로(Santrock, 2011), 연구 관심사가 무엇인지 관계없이 해당 주제가 적절한 절차를 거쳐 연구되는 것을 말한다.

영아발달에 대한 과학적 연구수행을 위해 영아의 성장과 발달 변화를 기록하고 평가하는 일은 영아와 교사, 부모 모두에게 필요한 일이다.

1) 영아발달 평가의 필요성

영아를 평가하는 일은 다른 영아와 비교하여 성장과 발달의 서열을 가리기 위한 것이 아니라 개별 영아가 지금 어떤 기술을 가지고 있으며, 무엇을 하고 있는지 확인하여 전인적 성장을 위한 적절한 교육활동과 경험을 계획하고 제공하기 위하여 필요하다.

이영자 외(2001)는 발달이 다른 어느 시기보다 급속도로 이루어지는 영아기의 발달평가는 반드시 필요하며, 적절한 평가를 위해서는 영아의 욕구, 흥미, 능력에 대한 많은 것을 파악할 수 있어야 함을 제시하였다. 이때 발달적 지연을 발견하면 바로 이를 교정하거나 최소화할 수 있도록 평가와 교육이 통합적으로 이루어지도록 하여 영아의 전인발달을 도울 수 있다.

2) 영아발달 평가의 방법

영아의 발달평가는 매일매일의 과정에서 비형식적으로 수행되어지기도 하고, 규칙적으로 계획하여 자료나 정보를 수집함으로 얻어지기도 하는 등 매우 다양하므로 상황과 목적에 따라 적절한 평가방법을 선택하여야 한다.

영아발달의 비형식적 평가 방법으로 첫 번째는 관찰법이며, 일상생활에서 가장 자연스럽게 사용할 수 있는 방법이다. 관찰법은 다양한 활동영역, 시간대와 활동내용에 따라 객관적으로 관찰한 내용을 규칙적으로 기록해서 모아둠으로써 각 영아들의 개별적인 발달 상황을 파악할 수 있게 하는 방법으로, 자연관찰과 구조화된 관찰(사건표집과 시간표집 등)로 나누어지며 자연관찰이 영아를 좀 더 적절하고 정확하게 이해할 수 있는 방법으로 지적되고 있다.

관찰기록방법으로는 일화식 기록법, 약식 기록법(jotting), 평정척도법 등이 있다. 일화식 기록이란 영아의 행동 중 발달에 중요하고 흥미 있다고 생각되는 행동 특징과 사건들을 객관적으로 기록해 두는 방법으로 관찰한 날짜와 시간과 함께 기록한다. 각 영아에 대한 일화기록은 주기적으로 모아서 종합하는 과정이 필요하며 이때 관찰자의 해석과 평가를 기록해 두고, 얻어진 자료는 다음 활동을 계획하는 데 기초자료로 활용할 수 있다.

최근의 관찰을 통한 평가방법들은 영아가 일상적인 활동을 하는 동안 관찰을 하는 상호작용적인 형태로 자연스러운 상황에서 자료가 수집되며, 자료의 수집과정에서 영아에게 직접 반응을 요구하지 않고, 관찰한 행동영역에 제한이 적어 사회성 및 행동발달의 평가에 효과적이다(이은해, 이기숙, 1995; Goodwin & Driscoll, 1980). 일화기록의 상황을 요약해서 약식기록이 이루어질 수 있으며, 미리 작성해 놓은 기록표에 내용을 기록하는 평정척도법을 사용할 수 있다.

비형식적 평가방법으로 두 번째는 영아의 부모와 면담을 실시하는 것이며,

이는 부모로부터 영아발달에 대한 정보를 수집하고자 할 때 가장 많이 실시한다. 면담의 경우에는 부모와 언어적으로 정보를 교환할 수 있고 면담용 질문지를 사용하여 보다 정확하게 정보를 파악할 수도 있다.

비형식적 평가방법의 세 번째는 영아의 다양한 작업 결과들을 체계적이고 주기적으로 수집한 포트폴리오를 분석하는 것으로, 교육과정 내에서 영아가 진보되어 가는 총체적인 모습을 볼 수 있다. 이를 위해 우선 영아의 다양한 작품이 분석에 포함되어야 할 뿐만 아니라, 교사관찰기록, 부모-교사면담기록, 영아가 받은 주요검사 결과 등의 기록이 포함될 수 있다. 포트폴리오 분석을 시행하기 위해서는 영아의 다양한 작품을 일정 간격을 두고 수집함으로써 전반적인 발달 상황을 평가할 수 있도록 계획하여야 한다. 작품은 정기적이고 체계적인 순서로 수집되어야 하고 다른 표준화 검사나 특정방법과 함께 활용된다면 효과적이다.

형식적인 영아 발달평가의 경우에는 표준화된 검사들을 사용하는 것이다. 표준화된 검사는 특정영역을 평가하기 위해서 개발된 문항들로 구성된 검사로써 신뢰도와 타당도가 검증된 도구이므로 객관적인 자료를 손쉽게 얻을 수 있는 장점이 있다. 그 중 발달평가도구는 영아의 발달 상황에 대한 정보를 얻을 수 있는 표준화된 검사로써 신체발달, 의사소통 및 언어발달, 인지발달, 정서발달, 사회적 상호작용발달 등의 전인적 발달 상황에 대한 정보를 얻을 수 있다.

이 때 교사는 학기 초에 영아의 행동이나 발달 특성이 잘 파악되지 않은 상태에서 영아발달을 평가하기보다는 영아 보육과정을 운영하면서 관찰한 영아의 발달정도를 발달평가도구를 활용하여 평가하고, 그 결과를 영아의 발달에 적절하며 그 발달을 촉진시켜 줄 수 있는 놀이 계획과 활동 시간대 별로 적절한 상호작용 방법의 고안에 적용할 수 있어야 한다.

발달평가에 대한 기록은 영아에 대한 모든 평가 자료를 통합하여 문장으로 기술한다. 이 때 영아의 현재 발달 수준을 확인하고 그 가능성을 넓혀 주는 방향으로 기술되어야 하며, 영아들을 비교하고 상대적으로 평가하여 순위를 매기거나 점수를 매기는 방식으로 기술하는 것은 바람직하지 않다. 즉, 영아가 하지 못하는 것이나 단점보다는 할 수 있는 것이나 장점을 중심으로 기술하는 것이 바람직하다. 그리고 평가자가 아닌 사람이 기록된 평가 결과를 읽어 볼 때에도 평가자와 같은 판단을 할 수 있도록 객관적으로 기술해야 한다.

3) 영아발달 평가의 활용

영아기 발달평가의 결과는 영아를 보육하는 교사에게 다음과 같이 활용될 수 있다(Herr & Swim, 1998).

첫째, 영아의 현재 발달수준을 파악하여 영아의 최적의 발달을 도울 수 있다(Wiggins, 1983). 영아기는 다른 어느 시기보다 발달이 급속도로 이루어지는 시기로서, 영아의 자조기술, 대소근육, 인지, 언어, 정서, 사회성 발달에서의 현재의 조건이나 상황에 따라 발달이 적합한 수준에 와 있는지, 발달 영역마다의 수준 차이는 어떤 양상을 보이고 있는지를 파악함으로써 발달상의 개인 간의 차이와 발달 영역간의 개인 내 차이를 발견할 수 있다. 또한 영아의 경험과 할 수 있는 것을 파악하고 영아의 장점, 흥미, 태도, 성향을 파악하여 영아의 실제 상황에서 자신의 지식을 적용할 수 있는 능력을 발견할 수 있다.

영아발달 평가의 결과는 영아의 발달 패턴과 개인의 강점 및 약점을 발견하여 영아의 건전한 성장발육을 도모하는데 도움을 줄 수 있도록 활용할 수 있으며, 개별 영아의 흥미와 관심을 알 수 있어 발달을 자극할 수 있는 교육경험을 계획하는데 지침으로 사용할 수 있다.

둘째, 영아에게 제공하는 경험의 적절성을 평가할 수 있다(Winograd & Perkins, 1996; Wortham, 2001). 즉, 영아발달에 적절한 프로그램의 계획 및 운영을 위해서 평가가 요구되는 것이다. 이는 교사로 하여금 영아프로그램을 위한 계획을 세우는데 바탕이 되고, 개인별 영아의 발달정도에 맞는 놀이정도를 정할 수 있게 해 준다(최미이, 2005).

셋째, 평가는 시간에 따른 변화와 진전에 주목하면서 영아의 성장과 발달을 추적할 수 있게 함으로써 학습과 성숙에 대한 증거를 제공해 준다. 영아에 대한 지속적인 평가는 시간의 흐름에 따라 영아의 성장 및 발달에서 나타나는 변화를 보다 종합적으로 볼 수 있도록 해 준다.

넷째, 영아의 발달적 개별성을 고려하여 특별한 도움이 필요한 영아를 선별하기 위하여 평가할 수 있으며, 이때 발달적 지연을 발견하면 바로 이를 교정하거나 최소화할 수 있도록 개입할 수 있고, 도움이 필요한 영아들의 문제를 문제유형에 따라 직접적 또는 간접적으로 적절하게 지원해 줄 수 있다.

다섯째, 영아를 위한 행정적인 결정, 부모와의 면담 및 생활기록부 등의 평가 서류를 작성하는데 필요한 정보를 획득할 수 있다. 교사가 객관적으로 작성한 생활기록부 등의 평가서류는 개별 영아의 현재 상태를 설명해 주고 누적적인 평가 자료가 된다. 영아발달평가로 얻은 평가 자료는 영아의 부모 및 전문가와의 객관적인 상담 시 활용되며 부모들이 자녀에 대한 바른 이해를 갖고 자녀를 교육하는데 있어 교사와 협력 체제를 구축할 수 있다.

여섯째, 평가는 모든 발달영역에 거쳐서 자료를 수집할 수 있도록 한다. 일반적으로 각 개인이 지니고 있는 가치나 편견에 의해서 선별적인 집중을 하게 되기 쉬우며, 이에 따라 특정 발달영역은 간과될 수 있다. 그러나 발달평가는 이러한 경향에서 벗어나 모든 발달영역에 주목하도록 한다.

이처럼 영아기 발달평가는 개별 영아나 한 학급의 영아에 대한 보육을 계획하는 데 가장 중요한 자료로 활용될 수 있다. 또한 평가 결과는 영아의 장단점을 파악하게 해 주고 이들의 욕구를 만족시키며 동시에 영아의 전인발달을 자극할 수 있는 교육 경험, 관심 분야에 따른 프로그램과 교수-학습 활동 및 다양한 교수방법을 개발하고 계획하는데 기초가 될 수 있다. 따라서 영아의 발달에 적합한 보육과정 제공을 위해 영아발달 평가는 영아를 이해하는 기초자료로 반드시 필요하며, 이를 위해 영아발달에 대한 전문적 지식과 평가의 결과를 보육현장에 적절하게 적용하는 방안에 대한 노력이 요구되어진다.

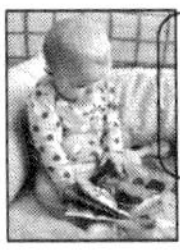

2. 영아발달의 연구방법

1) 연구방법의 유형

(1) 종단적 연구방법

종단적 연구방법의 목적은 연령증가에 따른 영아의 성장·발달 특성 및 변화 양상에 대한 이해를 위한 것이다. 특징은 한 연령층이 동일한 대상에 대한 장기적 연구이다. 장점으로는 첫째, 발달에 대한 정확하고 전반적인 정보를 제공하고, 둘째, 질적 자료 수집이 용이하고, 셋째, 발달에 대한 환경과의 상호작용 규명이 용이하다. 단점으로는 장기적인 연구로 인해 비경제적이고, 둘째, 연구대상 선정 시의 편파성이 작용될 수 있고, 셋째, 시간경과에 따른 연구 대상자의 탈락 및 그로 인한 연구결과의 편파성이 발생할 수 있고, 넷째, 동일영역의 상이한 검사도구의 반복사용에 의한 편파성이 발생할 수 있고, 다섯째, 연구계획의 변경에 곤란이 생길 수 있다.

(2) 횡단적 연구방법

횡단적 연구방법의 목적은 여러 연령층에 대한 전반적이고 개략적인 발달

특성을 이해하는 것이다. 특징은 다른 연령 집단의 영아들을 같은 시기에 검사함으로써 발달 변화를 측정하는 방법이다. 장점으로는 첫째, 종단적 연구방법에 비해 경제적이고, 둘째, 발달의 일반적 경향을 이해하는 것이 용이하고, 셋째, 조사, 측정 방법의 타당성 검토가 용이하고, 넷째, 예비 가설의 검토가 용이하고, 다섯째, 연구결과를 즉시 활용할 수 있다. 단점으로는 첫째, 연령별 발달의 세부적 변화를 파악하는 것이 곤란하고, 둘째, 표집된 연령 집단 특성으로 인한 정확한 연구 결과의 도출이 곤란하고, 셋째, 개략적인 발달과정 기술로 인과관계 규명이 곤란하고, 넷째, 각 연령군의 동질성 확보에 문제가 생길 수 있다.

(3) 단기 종단적 연구방법

단기 종단적 연구방법의 목적은 짧은 시간 동안 중복되는 여러 연령층을 대상으로 표집 연구하는 것이다. 특징은 단기간 내에 연령별 발달 특성을 비교적 정확하게 파악하는 것이 가능하다. 장점으로는 첫째, 종단적 접근방법에 비해 경제적이고, 둘째, 표집으로 인한 편파성이 감소되고, 셋째, 출생 동시 집단의 효과 산출이 가능하다. 단점으로는 횡단적 접근방법에 비해 비경제적이다.

(4) 출생동시 집단설계방법

출생동시 집단설계의 목적은 시대별 비교를 위한 것이다. 특징은 각 시대의 특성, 다른 시대와의 비교가 가능하다. 장점으로는 시대별 역사적 환경의 영향 규명이 용이하다. 단점으로는 연령별 발달 변화나 경향 파악이 곤란하다.

(5) 발생과정 분석설계방법

발생과정 분석설계의 목적은 세심한 발달 특성을 규명하는 것이다. 특징은 연구대상이 매일 혹은 새로운 과제에 숙달할 때마다 그것이 시작된 시간으로부터의 변화과정을 추정할 수 있다. 장점으로는 첫째, 발생과정의 철저한 규명이 용이하고, 둘째, 발달과정에 대한 독특한 통찰력 제공이 가능하다. 단점으로는 첫째, 연습효과로 인한 발달 경향의 왜곡이 나타날 수 있고, 둘째, 연구대상이 순간적 행동에 대한 집중적 노력이 필요하고, 셋째, 연구대상이 변화할 수 있는 시간 예측이 곤란하다.

(6) 질적 연구방법

질적 연구방법의 목적은 인간 개개인의 존엄성을 강조하고 각 개인 특유의 경험 세계를 있는 그대로 의미 있고 가치롭게 이해하는 것이다. 또한 특정한 이론가나 교육 전문가가 설정한 가설이나 이론에 부합되는 영역만을 중요시하고 교육적으로 가치 있다고 보는 기존의 생각을 비판한다. 특징은 연구대상과 친밀감 형성이 중요하고 양이나 수치로 환산하기 힘든 현상을 조사하는 방법으로 결과보다는 과정에 보다 많은 관심을 가진다. 장점으로는 융통성 있는 자료수집이 가능하다. 단점으로는 첫째, 연구자의 많은 경험과 훈련이 필요하고, 둘째, 연구대상 수에 제약이 있다.

질적 연구는 비구조화된 심층면접과 참여관찰로 대표된다. 그러나 최근에는 이 두 방법의 약점을 보완하는 복합적 연구들이 제시되고 있다. 대표적인 유형으로 내용분석연구(content analysis), 질적 사례연구(qualitative case study), 문화기술지(ethnographic study), 행위당사자연구(action research), 근거이론(grounded theory), 역사연구(historical research)가 있다.

(7) 양적 연구방법

양적 연구방법의 목적은 연구결과의 전체적인 경향을 파악하기 위한 것이다. 특징은 다양한 통계방법을 적용하고, 연구상황에 대한 조작이 가능하다. 장점으로는 다양한 연구방법 적용이 가능하다. 단점으로는 다수의 연구대상의 연구가 가능하다.

양적 연구는 실험연구냐 비설험연구냐에 따라 구분된다. 실험연구는 다시 진실험연구(true-experimental design), 준실험연구(quasi-experimental design), 단일사례연구(one-group case study)로 나눌 수 있으며, 비실험연구는 조사연구(survey reseaerch), 상관연구(correlational research), 인과-비교연구(causal-comparative research)로 나눌 수 있다.

(8) 상관 연구방법

상관 연구방법의 목적은 어떤 사건이나 현상에 내재하고 있는 다양한 변인들 간의 관계 패턴이나 경향을 규명하고자 하는 것이다. 목적은 연구대상의 현 상황을 변화시키지 않고 정보 획득이 가능하다. 장점으로는 변인 간 관계 규명이 가능하다. 단점으로는 인간관계 추론이 곤란하다.

(9) 실험 연구방법

실험 연구방법의 목적은 통제된 상황에서 독립변인의 인위적 조작을 통해 종속변인에서 나타나는 변화를 관찰하여 변인 간의 인과관계를 밝혀 내고자 하는 것이다. 특징은 독립변인을 조작하여 종속변인에 대한 효과를 검증하는 것이다. 장점으로는 인과관계 추론이 가능하다. 단점으로는 첫째, 실험실 실험 시 일반화가 곤란하고, 둘째, 현장 실험 시 변인통제가 곤란하다.

실험연구는 양적 연구 중에서 가장 숙련된 기술과 전문적 경험을 요구하는 연구이다. 어느 경우이든 실험연구에서는 실험조건의 계획적인 조작과 통제가 얼마나 완벽하게 이루어지는가 하는 것이 실험의 성패를 좌우한다. 조건이 통제되지 않은 상황에서 이루어진 실험연구는 연구결과의 타당성을 인정받을 수 없다. 따라서 연구자는 실험을 위해 고려해야 할 조건들에 대해 충분히 이해하고 있어야 하며, 연구목적에 적합한 실험설계를 구축하고 효과적인 실험처치를 해낼 수 있는 능력이 필요하다.

2) 연구방법의 절차

연구란 문제를 파악하고 문제에 관련된 기존 문헌을 조사하고, 문제와 관련된 의문을 연구가설로 만들고, 자료를 수집하여 자료를 분석하고 결과를 해석하는 일련의 체계적인 과정을 의미한다.

연구자는 연구 설계 계획서에 따라 연구의 목적을 명확히 정하고, 연구의 목적이나 상황에 가장 적절한 연구방법을 선택하고, 예산이나 시간 등의 상황을 고려해 효율적으로 조사를 진행할 수 있는 것이다. 연구자의 상황에 따라 가장 적합한 형태를 취해 연구의 진행 계획을 수립하면 되는 것이다.

연구 설계의 절차는 연구문제의 성격이나 연구자의 개인적 특성에 따라 조금씩 차이가 있을 수 있다. 그러나 일반적인 연구 설계의 절차는 문제의 제기, 조사 설계, 자료의 수집, 자료의 분석 및 보고서 작성의 단계를 거친다. 여기서는 일반적인 연구 설계의 진행 절차에 대해 살펴보고자 한다.

[그림 2-1] 일반적인 과학적 연구의 진행 절차

(1) 문제 제기

① 문제에 대한 정의

과학적 탐구의 절차에서 문제를 정의하는 것은 전반적인 연구 활동의 방향을 결정짓고, 연구결과의 유용성에 막대한 영향을 미친다는 점에서 매우 중요하며, 연구목적을 달성하기 위해 요구되는 구체적인 정보가 무엇인가를 파악하는 것이다.

② 예비조사

연구 문제를 구체적으로 정의하고 확인하기 위한 접근 방법으로 연구 문제의 의의, 수행가능성, 수행방법 등을 좀 더 구체화할 수 있다. 예비조사 방법으로는 문헌조사, 전문가 의견조사, 사례연구 등이 있다.

③ 문제에 대한 접근

문제를 특정화할 때에는 필요로 하는 다양한 대안을 미리 고려할 필요가 있으며, 문제를 해결하는 대안을 광범위하게 탐색하고 개발해야 한다. 대안을 이끌어 내는 방법으로는 과거의 연구 결과, 관련된 이론, 주관적 · 직관적 방법으로 대안을 이끌어 내는 델파이 방법, 집단토론 또는 예비조사 등이 있다.

(2) 조사설계

조사설계는 이미 설정된 연구 문제에 대한 조사를 실시하는데 필요한 제반 설계를 의미하며, 연구에 필요한 계획이 구체적이고 종합적으로 작성되고 확인되어야 한다. 조사설계의 내용으로는 이론적 틀로서의 가설 형성, 조사 방법 결정, 설문지 구성, 표본 설계, 조사 일정 등이 있다.

① 가설 형성

가설의 설정은 연구 목적에 적합한 변수들을 선택하고, 그들간의 관계를 설정해 연구 문제에 대한 가능한 해답을 구할 수 있도록 하는 것이다. 즉, 연구를 통해 검정하고자 하는 둘 또는 그 이상의 변수들 간의 관계에 관한 가정적 명제로 기존 이론으로부터 연역함으로써 구성될 수도 있고, 경험적 사실들에 대한 관찰로부터 귀납적으로 구성될 수도 있다.

② 조사 방법의 결정

조사 방법이란 곧 자료 수집의 방법을 결정하는 것을 의미한다. 자료 수집의 방법을 결정하기 위해서는 연구의 범위, 기대하는 자료의 질적 수준, 조사 대상 집단의 성격이나 규모, 조사비용이나 시간, 조사의 용이성 등을 종합적으로 고려할 필요가 있다. 자료의 유형에는 현재의 조사 목적에 따라 조사자가 직접 창출하는 1차 자료와 다른 조사자가 다른 조사 목적으로 이미 수집, 정리해 문헌으로 제시한 사내자료, 연구기관보고서, 전문 조사기관에 의한 상업서비스 자료 등의 2차 자료가 있다.

1차 자료 수집방법으로는 관찰조사, 서베이조사, 표적집단 면접법, 패널조사, 실험 등이 있다. 관찰조사는 인간의 감각기관을 매개로 하여 외계의 현상을 파악하는 방법으로 참여관찰과 비참여 관찰이 있다. 서베이 조사는 사회과학에서 가장 보편적으로 사용하는 자료수집 방법으로 설문지를 이용해 조사대상자들로부터 자료를 수집하는 방법이다. 의사소통의 도구(응답자의 접촉 방법)에 따라 대인 면접법, 전화 면접법, 우편 면접법, 인터넷 면접법 등으로 구분된다. 이외 표적 집단 면접법과 패널조사법, 실험 등이 있다.

③ 질문지의 설계

질문지 설계는 1차 자료의 획득을 목적으로 하며, 일반적으로 의사소통 방법을 위한 것으로 질문지라는 자료수집 도구를 사용하여 조사 목적에 해당하는 결정 항목들을 질문지로 표현하는 것이다.

④ 표본 설계

조사 방법과 질문지 구성이 완료되면 조사대상에 대한 특성을 파악하기 위해 표본을 선정해 측정을 실시한다.

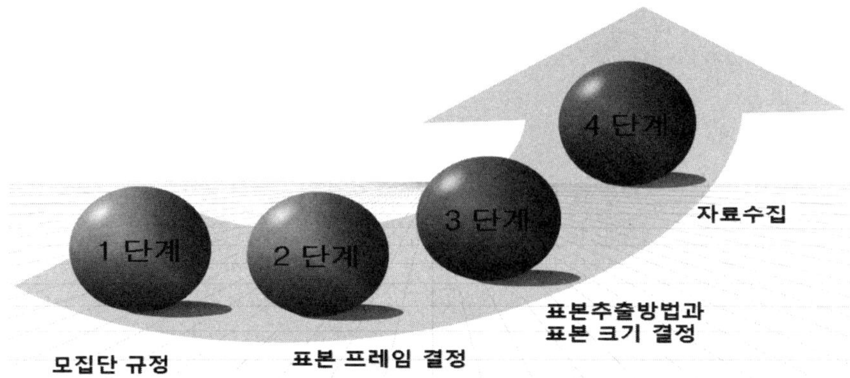

[그림 2-2] 표본 설계의 진행과정

⑤ 조사 일정

연구에 대한 전반적인 계획으로 정확하고 수행 가능한 일정을 수립해야 하며, 조사설계의 전체적인 내용과 전체적인 연구일정이 구체적으로 나타나야 한다.

(3) 자료수집

조사 설계를 통해 조사방법을 결정한 후 질문지 작성과 표본 설계를 하고 나면 본격적으로 자료수집을 해야 한다. 먼저 질문지의 내용이 적절한가를 확인하기 위한 질문지 사전조사를 실시해 질문지를 보완 · 수정해야 한다.

또한 연구목적상 면접원이 필요한 경우 연구 목적에 적격한 면접원을 선발하고, 면접원에 대한 사전 교육을 실시하여 명확한 면접 지침과 시나리오를 주어 조사의 일관성이 유지되도록 해야 하며 실제 조사 시 비표본 오차를 최소화하기 위한 모의 면접을 실시해 잘못을 교정해 나가는 것이 바람직하다.

(4) 자료분석

자료수집 절차가 끝나면 자료에 대한 타당성, 정확성, 일관성 및 객관성 검정을 위한 자료 분석을 해야 한다. 자료분석이란 자료의 통계적 분포를 정리하고, 변수간의 계량적 관계분석을 하는 작업으로 변수간의 계량적인 관계분석을 위해 사용되는 비모수 검정, 일원 변량 분석, 다변량 분석, 상관관계분석, 회귀분석, 중다회귀분석, 요인분석 등이 있다.

자료의 해석이란 주요 변수 간의 관계를 시간적 전후 관계에 따라 명백히 하고, 이들 주요 변수에 적용하는 제3의 변수를 찾아내어 이를 이용하여 변수 간의 관계를 정밀화하는 작업을 의미한다.

(5) 보고서 작성

연구 설계는 연구보고서의 작성으로 종결되며, 객관적 기준에 의해 연구의 목적에 충실하게 주요한 사안들을 중심으로 작성되어야 하고 정확성, 명료성, 논리적 체계성을 가져야 한다.

참고문헌

이영자, 이종숙, 신은수, 곽향림, 이정욱(2001). 교사평정용 영아발달 평가도구. 아동학회지, 22(2), 255-275.

이은해, 이기숙(1995). 유아교육 프로그램 평가척도의 타당화를 위한 연구. 유아교육연구, 15(1), 157-178.

최미이(2005). 영아 발달평가에 대한 보육교사의 인식과 실시 현황조사. 덕성여자대학교 교육대학원 석사학위논문.

Herr, A. S., & Swim, T.(1998). Creative resources for infants and toddlers. Albany, NY: Delmar Publishers.

Santrock, J. W.(2011). A topical approach to life-span development(6th Ed.). New York: McGraw-Hill Humanaities.

Wiggins, G. P.(1983). Assessing student performance. San Francisco, CA: Jossey-Bass.

Winograd, P., & Perkins, F. D.(1996). Authentic assessment in the classroom: Principles and practices. In R. E. Blum & J. A. Arter(Eds.), A handbook for student performance assessment in an era of restructuring. Alexandria VA: Association for supervision and curriculum development.

Wortham, S. C.(2001). Assessment in early childhood education(3rd Ed.). Columbus, OH: Merrill Prentice-Hall.

제 2 부

발달이론

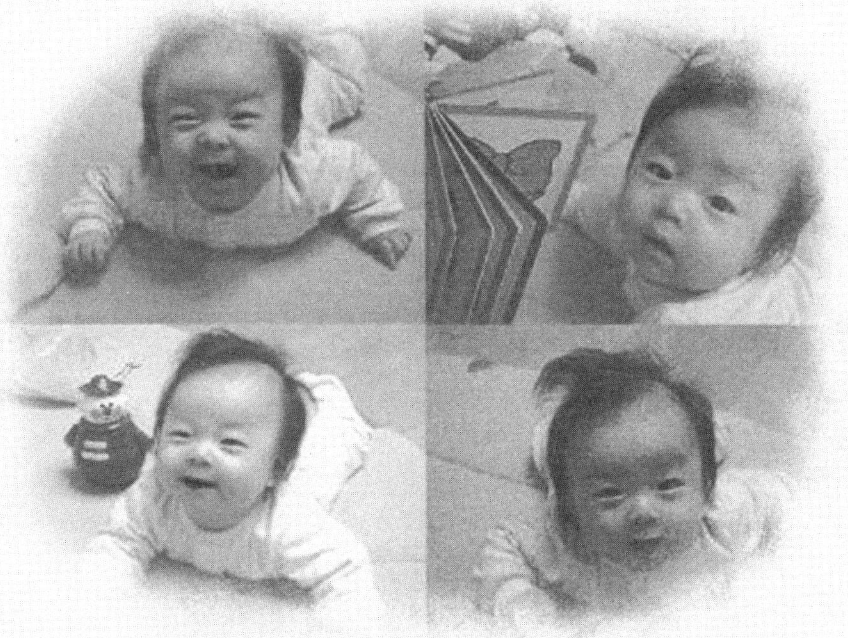

제 3 장

성숙이론

1. 루소의 자연주의
2. 게젤의 성숙이론

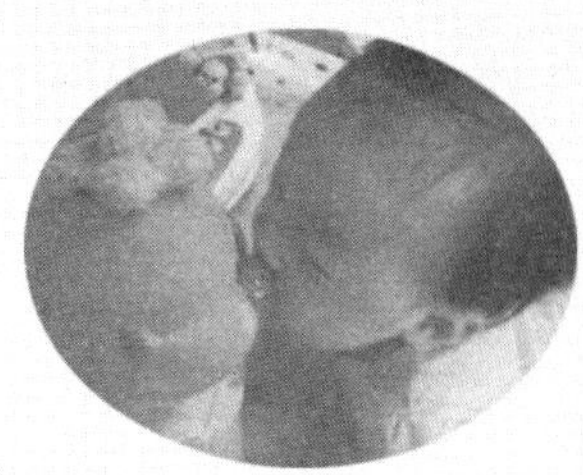

1. 루소의 자연주의

성숙이론은 1800년대 다윈의 진화론적 사고를 태동으로 시작된 발달이론으로서, 영유아를 단순히 성인의 축소판으로 생각하던 전성설(preformationism) 관점에서 탈피하여 성인과 다른 존재로 영유아를 인식한 Rousseau의 자연주의에서 출발하였다. Rousseau는 인간이 태어날 때 이미 내재화 된 시간표에 따라 성장하기 때문에 단계별로 상이한 역량과 사고양식이 발달한다고 주장하였다.

영유아 발달에 있어 사전 결정론적 입장을 최초로 밝힌 사람인 Rousseau는 내적으로 통제되는 일련의 계열적 단계에 따라 모든 일들이 이루어진다고 보았다(김미영, 2013). 자연주의에 따른 성숙이론은 사회의 힘에 의해서가 아니라 인간 스스로의 힘을 중요시 여기며, 영유아를 교육할 때 영유아 발달 속도에 맞춘 영유아 중심의 양육환경을 제공해 줄 것을 강조하였다. 이러한 생물학적 성숙에 대한 견해는 Hall과 Gesell 등과 같은 학자들이 체계화하였다(조성연 외, 2014).

Rousseau는 인간은 이미 태어날 때부터 자연의 계획에 따라 생물학적으로 내재화된 시간표를 지니고 있으며 성숙을 통해 일련의 계열적 발달이 이루어진다고 보았다. 루소는 그리한 계열적 발달이 4단계를 겨쳐 이루어지며, 각 단계마다 질적인 발달 전환이 이루어지므로 단계별 특성에 맞는 교육과정을 실시할 것을 강조하였다(조성연 외, 2014).

첫째 단계는 영아기인 2세경까지로 감각을 통해 세계를 직접 경험한다. 영아는 활동적이고, 호기심이 많기에 끊임없이 가능한 모든 것을 만지면서 감각적인 경험을 통해 많은 것을 배우며, 굳이 가르치지 않아도 거의 혼자 힘으로 언어를 획득하기 시작한다.

둘째 단계는 독립성이 나타나는 유아기와 아동전기인 2~12세로 감각능력이 두드러지면서 감각적 경험과 연결된 추리력이 발달한다. 그러나 이 시기의 아동은 추리력의 수준이 직관적이고 지극히 구체적이기 때문에 교육할 때 성인은 놀이, 운동, 게임 등 감각 경험에 초점을 둔다.

셋째 단계는 이성과 자의식이 발달하는 아동 후기인 12~15세로, 이 시기는 신체적 힘이 강해지고 성인이 하는 일을 할 수 있게 되며 추상적 사고력도 가능해진다. 그러나 여전히 일차적 관심사가 자신에게 필요하고 유용한 물리적 환경에 국한되어 사회적이거나 철학적인 것에 흥미가 없다, 이 시기에 교육할 때는 학습의 결과보다 과정에 초점을 두어야 한다.

넷째 단계는 청소년기인 15~20세로, 이시기에 비로소 인간은 사회적인 존재가 된다. 일이 전문화되어 감에 따라 다른 사람과 함께 역할을 분담하고 점차 사회적 관습과 인정에 따라 행동하게 된다. Rousseau는 인간이 사회적 존재가 되면 자기가 아닌 타인의 의견에 따라 살아나가는 타율적인 삶을 살게 된다고 보았다.

Rousseau는 이러한 네 단계 발달을 인류가 진화과정을 반복하는 것으로 보았고, 이러한 성장은 이미 내적으로 결정된 계획에 따라 이루어지므로 인간이 최대한 성장하려면 제한적이고 왜곡된 영향을 주는 외적인 강요를 줄이고 자발적인 관심과 방식을 허용하는 자유로운 환경을 주어야 한다고 강조하였다. 그러나 루소의 견해는 개인의 자유와 인간발달의 정서적 측면을 지나치게 강조함으로써 교육과 사회의 중요성을 무시하였다는 지적을 받기도 하였다.

2. 게젤의 성숙이론

Arnold Gesell(1880~1961)은 1906년 아동심리학의 선구자 중 한 사람인 Stanley Hall의 지도를 받아 심리학 박사학위 취득 후 자신이 재직하던 미국의 예일대학교에 '아동발달연구소'를 설립하였고, 1915년 다시 의과대학에서 생리학을 연구하여 박사학위를 취득하였다. 이후 그는 아동발달연구소에서 심리학과 의학을 통합한 정신발달의 실증적 연구에 평생을 전념하면서 아동발달에 많은 업적을 남겼다. 그는 성숙이론 대표적인 학자로 과학적 관찰을 토대로 Rousseau의 자연주의 견해를 아동발달 연구에 적용시키고, 아동의 전반적인 발달에 대한 생물학적 성숙요인을 강조한 성숙이론으로 체계화시켰다.

인간은 누구나 유전적으로 프로그램화된 성숙 틀(growth matrix)을 갖고 있어 내적인 생물학적 시간표에 따라 발달이 이루어진다고 보는 '사전결정론'의 입장을 취하고 있다. Gesell은 유전자의 발달과정을 방향짓는 기제에 대해 '성숙'이라는 용어를 사용하여, 성숙은 언제나 정해진 순서에 의한 발달단계를 거친다는 것이 특징이다(심성경외, 2013).

Gesell이 제시한 성숙은 환경 요인과 구별된다. 즉 발달에 미치는 환경의 영향을 완전히 배제하지는 않았다. 예를 들면 태내에서 환경요인으로 모체로 받는 산소, 체온이나 사회문화적 환경에 따라 영향을 받을 수 있다. 그러나 태내기에서 심장이 생겨난 후 뇌와 머리가 발달한 후 팔, 다리 등이 발달하거나 앉고 나서 서고, 걷고 달리는 순서로 신체발달이 이루어지듯이 이 모든 발달은 생물학적으로 내재된 성숙기제에 의해 결정된다고 보았다.

발달을 촉진하는 두 가지 힘, 성숙과 환경 중 성숙을 더 중요시여겼고, 환경의 영향, 즉 학습이 성숙 시간표에 맞추어 이루어질 때 가장 효과적이라는 것을 의미한다(조성연 외, 2014. p54).

1) 성숙의 개념

Gesell은 태아가 모체 안에서 10개월간 있으면서 외부 환경의 영향보다는 자신의 내적인 힘에 의래 성장한다는 발달의 예정론을 주장하였다. 이는 모든 성장이 사전에 결정된 유전적 요소에 의해 그 기본방향이 결정되며, 환경적 요인은 단지 이를 수정할 뿐이라는 것이다.

그러므로 인간의 발달은 '성숙(maturation)'이라는 내적인 힘에 의해 이루어진다고 하였다(문혁준 외, 2014). 즉, 유전자의 발달과정을 방향 짓는 기제에 대해 '성숙'이라는 용어를 사용하여, 성숙은 언제나 정해진 순서에 의한 발달단계를 거친다는 것이 특징이다.

Darwin의 진화론과 Haeckel의 반복이론의 관점에서 성숙을 가장 중요한 발달기제로 생각했던 Gesell은 영아를 비롯한 수 많은 아동들의 행동을 관찰하여 자세 조정이나 이동동작, 손기술 등이 거의 일정한 순서를 거쳐 발달함을 발견했다. 그렇다고 환경적 요인을 완전히 무시하지는 않았지만 Gesell의 기본적인 관점은 환경은 발달 순서를 바꾸지 못한다는 것이었다(Michell & Moore, 1999).

Gesell은 성숙과 학습의 영향력을 비교하기 위하여 일란성 쌍생아를 대상으로 연구하였다. 유전인자나 태내환경이 동일하여 생물학적인 힘과 환경의 영향을 비교하는 것이 가능한 일란성 쌍생아 통제법을 도입하였다. 그는 일란성 쌍생아를 대상으로 계단 오르기 훈련에 대한 연구를 실시하였다. 이 연구에서 Gesell은 일란성 쌍생아 중 한 명에게는 신체적 성숙이 일어나기 전 6주간 계단오르기를 훈련받았고, 또 다른 한 명에게는 훈련을 받지 않다가 신체적 성숙이 일어났을 무렵 2주간 계단 오르기를 지도 받았다. 처음에는 앞서 훈련

받은 쌍생아가 계단 오르기 기술이 우수했으나 실험이 종료되었을 때는 두 명 다 똑같이 계단을 잘 올라간 것으로 나타나 훈련이 성숙의 힘을 뒤집을 수 없음이 확인되었다. 또한 이러한 결과는 준비도(readiness)를 결정짓는 내적 스케줄이 있는 증거로서 성숙 전의 조기훈련은 일시적인 효과만 있을 뿐 성숙이 되었을 때 구체적인 가르침이 더 효과적임을 시사한다(horowitz, 1987; 한유미, 2014).

2) 행동발달의 단계와 특징

Gesell은 아동의 행동발달을 단계로 나누어 설명하였다. 아동이 발달하는 과정을 보면 한 발달단계에서 미숙한 반응을 보이다가 시간이 흘러 아동이 성숙해지면 성숙한 반응이 나타난다. 미숙한 반응과 성숙한 반응이 반복적으로 나타나는데 성숙 상태에서 미숙한 상태로 갈 때 이전에 미숙한 행동을 그대로 반복하는 것이 아니라 이전에는 성숙되지 못한 부분이 성숙되어 미성숙 정도가 향상된다. 즉, 미숙한 행동에서 성숙한 행동의 방향으로 반복적으로 발달된다(문혁준 외, 2014). 여기에서 Gesell은 미숙한 반응과 성숙한 반응을 행동의 불균형상태와 균형상태로 설명하였다. 영유아가 불균형 상태일 때는 미숙한 반응과 행동이 나타나며, 균형상태일 때는 성숙한 반응과 행동이 나타난다.

그리고 Gesell은 행동발달 주기를 0~5세, 5~10세, 10~16세의 세 시기로 나누었다(유효순, 1992: 44~47). 행동발달의 첫 기간인 5세까지는 가장 기초적인 시기로서 이후의 발달에 많은 영향을 미친다. Gesell은 이 시기를 세분화하여 14단계로 나누었다. 즉, 출생 후 1년은 4주, 16주, 28주, 40주, 1년 등 5단계로, 다음 2년은 15개월, 18개월, 24개월 등 3단계로, 그 다음부터는 6개월 간격으로 6단계로 나누었다. 이처럼 영유아의 발달을 단계로 나눈 것은 현재의 발달을 이전 단계나 다음 단계와 비교할 수 있고 각 단계별 성숙 규준을 통해 영유아의 성장을 상대적으로 평가할 수 있기 때문이다.

Gesell은 다음과 같은 몇 가지 행동발달 특징이 있다고 주장하였다(유효순, 1992: 44).

첫째, 신체발달이 계획된 방식에 따라 이루어지듯 행동도 계획된 방식에 따라 발달하므로 상당히 예측가능하다.

둘째, 행동은 신체 구조와 어느 정도 함수관계를 갖는다. 즉 대부분의 영유아는 타고난 신체구조에 맞게 행동하기 때문에 같은 환경에 자라더라도 영유아마다 다르게 행동한다.

셋째, 환경은 행동 발달에 있어서 중요한 요인이지만 그 작용은 매우 개별적이다. 즉 한 영유아 또는 한 연령에 가장 적합한 환경이라도 다른 영유아 또는 다른 연령에는 적합하지 않을 수 있다.

3) 발달의 기본 원리와 개인차

(1) 발달의 기본 원리

성숙 요인에 의해 유전적으로 결정되어 있는 순서에 따라 이루어지는 발달에는 다음과 같은 기본 원리가 있다(정옥분, 2004: 60~62; Crain, 2005: 32~35; 심성경, 2013: 22~24).

① 발달 방향의 원리

발달은 일정한 방향성이 있음을 의미한다. 즉 발달은 정해진 순서와 방향에 따라 진행된다. 두미(cephalocaudal)발달의 경향에 따라 머리 부분에서 발쪽으로, 팔의 협응에서 다리 협응으로 근원(proximo-distal)발달의 경향에 따라 신체의 중심에서 어깨, 손목, 손가락 등의 말초 방향으

[그림 3-1] 발달의 방향성

로 정해진 순서에 따라 발달이 이루어진다. 이러한 발달 순서는 유전자의 지도에 따라 성장하면서 이루는 것으로 그 순서는 결코 바뀌지 않는다.

② 상호교류의 원리

상호교류의 원리는 대칭되는 두 부분이 서로 한 부분씩 발달한 뒤 함께 통합되어 균형적으로 발달되어감을 의미한다. 즉, 인간은 두 반구의 뇌, 두 눈, 두 손등 대칭되는 양측으로 되어 있고 두 측이 상호교류하면서 체계적으로 발달한다. 예를 들어 영아는 한 손만 먼저 사용하다가 두 손을 함께 사용하고, 그 다음에 다른 한 손을 사용하고 다시 두손을 사용한다. 이러한 상호교류를 반복하는 과정에서 더 우세한 쪽이 결정된다. Gesell은 성격형성과정에서도 이 원리가 적용된다. 즉. 인간에게는 내향적인 특성과 외향적인 특성이 있어 3세경에는 소심하고 불안정한 내향적 성격특성을 보이다가, 4세경이 되면 외향적인 특성을 보이고, 5세가 되면 이 두가지 특성이 통합되면서 균형잡힌 성격 특성을 보인다는 것으로 이러한 순환이 지속되면서 인간은 성격의 내적 영역과 외적 영역을 확대시키고 재조직한다.

③ 기능적 비대칭의 원리

기능적 비대칭의 원리란 상호적 교류작용을 통해 균형적인 발달이 이루어지지만 완벽한 균형을 이루기는 어려우며, 약간의 불균형이 더 기능적이라는 의미이다. 기능적 불균형의 예로 신생아의 경직성 목반사를 들 수 있다. 마치 펜싱하는 자세처럼 머리를 한쪽 방향으로 돌리고, 머리가 돌려진 방향으로 한쪽 팔 다리는 쭉 펴고 다른 쪽 팔 다리는 구부려진 경직성 목반사의 자세는 손과 눈의 협응을 촉진시킨다. 즉, 이러한 비대칭적 행동은 아동이 환경을 이해하고 적응하려는 노력의 일환이다. Gesell에 의하면, 이러한 기능적 비대칭의 원리가 오른손잡이와 왼손잡이와도 관련이 있다.

④ 자기 조절의 원리

Gesell은 일련의 쌍생아 연구를 통해 수유와 수면 등의 생리적인 리듬을 영아의 요구대로 했더니 영아 스스로 수유시간을 점차 줄여가고 더 오랫동안 깨어 있게 되는 것을 발견하였다. 그 과정에서 영아가 때때로 이전의 불규칙한 상태로 돌아가곤 했지만 점차 안정되어 갔다. Gesell은 이것을 자기조절의 원리라 하고 이러한 스스로 발달을 조절해 가는 이러한 힘은 내재된 성숙기제에서 나오며, 조절해 가는 과정에서 일시적으로 불균형상태가 나타나지만 결국에서는 통합되어 평형 상태에 이르게 된다. 따라서 자기 규제의 원리란 영아가 자신의 능력 이상으로 새로운 것을 시도하지 않도록 스스로 행동을 조절함으로써 자신의 수준에 맞도록 성장을 조절하고 이끌어 감을 의미한다. 영아는 너무 빨리, 너무 많이 배우도록 강요 받을 때 영아 내부에서 스스로 저항한다.

(2) 발달의 개인차

Gesell은 자신이 설립한 예일대 부설 아동발달연구소에서 40년간 수많은 아동을 관찰하고 측정하면서 운동, 적응, 언어, 사회성 등의 여러 행동영역에서 개인차를 발견하였다. 즉, 모든 아동은 동일한 순서로 발달하지만 그 발달 속도에는 차이가 있다(조성연 외, 2014). 개별 아동의 발달적 차이를 '개인차'라고 부른다. 이러한 차이는 개인적인 기질이나 성격과 관련이 있으므로 양육자기 영유아를 양육할 때 개별적인 특성을 고려해야 한다.

Gesell은 아동의 성장 속의 개인차에 대한 존재를 최초로 입증하였다(이경님, 2014). 이러한 개별성을 바탕으로 Gesell은 영유아의 성장과 발달에 관한 정보를 조직하고, 연령별로 비교함으로써 영유아 개인의 발달을 평가하는데 사용할 수 있는 일련의 행동목록표인 '표준행동목록'을 고안하였으며, 이는 영유아 발달을 평가하는 중요한 규준이 되었다.

4) 성숙이론에 대한 평가

Gesell의 성숙이론은 영아의 내적인 능력을 체계적인 연구방법을 통해 과학적으로 설명했다는 점에서 의의가 있다(심성경 외, 2013). 특히 Gesell이 고안한 발달 검사는 오늘날 발달에 대한 유용한 지침을 제공하고 있다. 또한 Gesell이 체계화한 발달에 대한 연구방법은 오늘날의 아동 연구에 많은 영향을 미쳤다 세계 최초의 영상촬영 기술을 이용하여 영유아 행동을 관찰, 기록하였을 뿐만 아니라 일방경을 사용하여 영유아 연구에 새로운 객관성을 제시하였다. 또한 영유아의 연령변화에 따른 발달을 체계적으로 연구함으로써 종단적 연구를 실시하기도 하였다(조성연 외, 2014). 즉, 직접 관찰과 부모 면담을 통해 자료를 수집하고 출생에서 청년기까지의 성장과 발달에 따른 행동목록을 제시한 '표준행동목록'을 만들었다. 이것은 유아교사들과 부모들에게 발달에 대한 기본 정보를 제공하였다.

오늘날 많은 심리학자들은 성숙요인 못지않게 환경요인도 중요한데 지나치게 성숙요인을 강조하였다는 점에서 Gesell의 성숙이론을 비판하고, Gesell의 연구대상 영유아가 대부분 중상류층이었기 때문에 연구결과를 다른 계층이나 다른 문화권의 영유아에게 일반화시키는데 한계가 있다고 보았다(심성경, 2013).

참고문헌

김미영(2013). 영아발달. 서울: 정민사.

문혁준, 김경은, 서소정, 성미영, 안선희, 임정하, 하지영, 황혜정(2014). 영아발달. 서울: 창지사.

심성경, 송화진, 변길희, 김나림, 박주희(2013). 영아발달. 경기: 공동체.

유효순(1992). 유아의 애착과 사회성과의 관계에 관한 연구. 방송통신대학교 논문집. 15. 473-491.

이경님(2014). 영아발달. 동아대출판부.

정옥분(2004). 영유아 발달의 이해. 서울: 학지사.

조성연, 이정희, 천희영, 심미경, 황혜정, 최혜영, 전효정(2014). 영아발달. 서울: 신정.

한유미(2014). 영아발달. 서울: 창지사.

Crain, W.(2005). Theories of Development: Concepts and Application. Pearson.

Michell, G. F. & Moore, C. L.(1999). Developmental Psychobiology: An Interdisciplinary Science. MIT Press.

제 4 장

정신분석이론

1. 프로이드의 심리성적 발달이론
2. 에릭슨의 심리사회적 발달이론

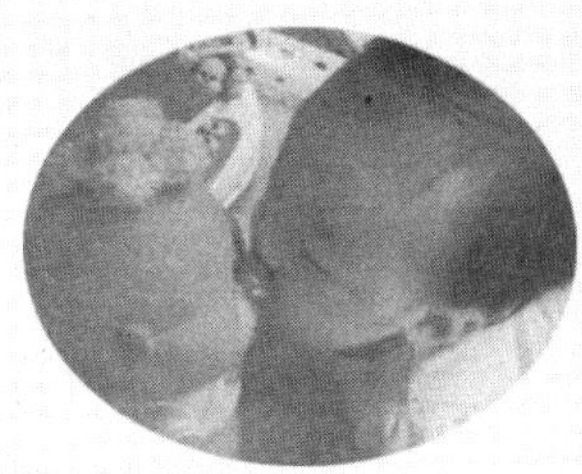

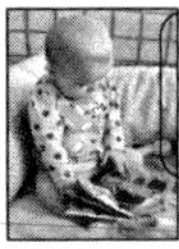

1. 프로이드의 심리성적 발달이론

정신분석이론은 인간의 행동을 마음과 성격에 의해 이해하고자 하는 이론으로 인간의 성격발달에 대해 깊은 관심을 두고 있다(김영옥 외, 2009). Freud의 이론은 성격발달 단계에서 성적 욕구를 강조했기 때문에 심리성적 발달이론(psychosexual developmental theory)이라 하고, Erikson은 성적 욕구가 해결되는 사회문화적 환경을 중시하였기 때문에 심리사회적 발달이론(psychosocial developmental theory)이라 한다(이경님, 2014). 정신분석이론은 아동의 초기 경험이 아동발달에 중요한 영향을 미친다고 보아 부모의 양육태도와 성격발달의 밀접한 연관성을 강조하고 있다.

Freud(1856~1939)의 이론은 많은 비판에도 불구하고 성격 발달에 관한 근본적인 가설을 제공하였으며, 무의식의 영역을 개척했다는 점에서 심리학 발달에 크게 기여하였다. 그의 성격발달이론 특징은 첫째로 '성격 발달'의 최초 모형을 제시했다는 것이고, 둘째로 유아기까지 기본적 성격의 골격이 형성된다는 것이며, 셋째로는 부모와의 관계가 아동의 성격발달에 결정적 영향을 미침을 지적한 점에서 아동발달과 육아의 이해에 크게 기여하였다. 즉, Freud는 아동의 첫 생애 몇 해 동안 부모가 얼마나 아동의 공격적이고 성적인 욕구를 잘 조절하는 것이 아동의 건강한 성격 발달에 결정적인 요인이라 본다(Berk, 2008).

1) 기본 개념

(1) 의식 수준

Freud에 의하면 인간을 성욕과 공격성에 의해 움직이는 존재이며 충동적이고 비이성적이며 때로는 자신도 의식하지 못하는 무의식적 동기에 영향을 받는 존재로 보았다. 그는 기본개념으로 인간의 정신세계를 빙산에 비유하여 물 위에 떠 있는 작은 부분을 '의식(consciousness)', 물 표면에 나타났다 잠겼다하는 부분을 '전의식(preconsciousness)', 물 속에 잠겨 있는 가장 큰 부분을 '무의식(unconsciousness)'으로 구분하여 설명하였다(심성경, 2013).

첫째, 의식은 자신의 능력으로 떠오를 수 있고 현재 지각하고 있는 행위나 생각, 감정들을 의미한다.

둘째, 전의식은 이용 가능한 기억으로 주의를 집중하고 노력하면 알 수 있는 정신작용이며 자신의 힘으로 지배 가능한 영역이다.

셋째, 무의식은 인간행동의 동기로 작용되며, 개인이 자신의 힘으로 떠올릴 수 없는 생각이나 감정, 혹은 충동들이 억압되어 있다. 성욕이나 공격성과 같은 원시적인 동기는 무의식 속에 있다. 이러한 무의식의 내적 갈등을 전의식에서 의식으로 끌어올려 통찰하여 그 갈등을 해결하는 과정이 정신분석이다.

(2) 성격 구조

Freud는 인간의 성격의 구조를 원초아(id), 자아(ego), 초자아(superego)로 나누었다(이경님, 2014).

첫째, 원초아는 무의식을 구성하는 핵심요소로서 쾌락의 원리에 따라 움직인다. 생득적인 것으로 기본적인 생물적 반사, 충동, 본능을 포함하며 생후 18개월까지 영아의 행동을 지배한다. 쾌락은 긴장감소를 의미하는 것이다.

예를 들어 아기의 배고픔은 긴장을 초래하며 이는 즉시 울음이나 신체활동으로 표현된다. 어머니에 의해 배고픔이 충족되면 긴장이 감소되고 영아는 만족하게 된다. 원초아의 긴장 해소를 위한 방법, 즉 고통을 피하고 쾌락을 추구하기 방법은 재채기, 눈 깜박임 같은 반사작용을 포함해서 영상을 떠올려 긴장을 해소하는 방법도 포함된다. 원초아는 즉시 만족되어야하기 때문에 충동적, 원시적이며 현실과 타협하지 않는 일차적 과정이다(이형득, 1987).

둘째, 자아는 현실과 타협하고 현실을 인식하는 현실 원리에 따라 움직인다. 즉 현실에 적응하는 기능의 주체로 본능적 욕구와 현실에서의 갈등 상황을 타협하고자 할 때 발생한다(심성경, 2013). 생후 18개월에서 2세 사이에 원초아의 정신적 에너지가 변형되어 출현한다. 자아는 마음속의 것과 외계의 것을 구분할 줄 알기 때문에 현실에 원리에 근거하여 행동한다. 즉 영아는 성장하면서 자신의 욕구가 현실 상황에 따라 만족될 수도 있고 그렇지 않을 수도 있다는 것을 알게 되므로 현실과 타협을 통해 욕구 만족을 지연할 수 있게 된다. 이와 같은 현실적 사고 과정을 이차적인 과정이라 부른다. 자아는 원욕과 초자아 사이에서 현실적으로 조절하는 역할을 하므로 건강한 성격의 요소가 된다(Crain, 2000).

셋째, 초자아는 도덕적이고 윤리적인 측면의 성격으로서 쾌락보다 완전함을 추구하는 기능의 주체이며, 현실보다는 이상을 대표한다(심성경, 2013). 초자아는 3~6세경 부모에 의한 동일시에 의해 발달된다. 초자아는 양심과 자아이상으로 구성되는데 양심은 부모의 처벌에 의해 자아이상은 부모의 칭찬에 의해 영향을 받게 된다. 초자아는 옳고 그름을 판단하며, 해야 될 것과 하지 않아야 될 것을 결정하게 된다. 따라서 초자아는 성격의 도덕적 영역을 담당하는 역할을 하게 된다(Santrock, 2005).

이 세 가지 성격 구조 중 어느 것이 우세하냐에 따라 성격 특성이 결정된다. 원초아가 지배적이면 본능적 욕구를 통제하지 못하고 사회적 윤리에도 별다른 관심을 보이지 않게 되고, 자아가 우세하면 현실적인 사람이 되고, 초자아가 강하면 도덕적인 사람이 된다. 자아가 성격의 집행자로서 원초아와 초자아를 적절히 중재하여 3가지 성격 구조가 조화를 이를 건강한 성격이 발달한다(한유미, 2014).

본능적인 욕구를 추구하는 원초아와 이를 억제하려는 초자아 간에는 긴장상태가 발생한다. 이 때 자아가 본능적인 욕구와 이상적인 욕구를 현실적인 측면에서 제대로 중재 못하면 인간은 갈등을 겪게 된다. 이러한 갈등은 인간에게 불안한 마음을 갖게 하고, 이를 억제하고 방어하기 위해 방어기제를 사용하게 된다. 방어기제는 갈등 상황을 피하거나 스트레스 불안, 좌절로부터 자신을 보호하기 위해 사용되는 기제이다.

2) 심리성적 발달 단계

Freud에 의하면 개인의 성격은 영유아기의 여러 가지 경험에 의해 형성되며, 생후~6년까지 기본 골격이 형성되고 그 이후에는 마무리 단계에 지나지 않는다 하였다. 그는 성적인 본능을 가장 중요한 본능으로 보고 성적 본능 에너지를 리비도(libido)라고 가정하고, 리비도가 어디에 위치하느냐에 따라 욕구충족의 정도에 따라 성격 특성이 달라질수 있으며 인간의 성격은 5세경에 거의 완성된다고 보았다(심성경, 2013). 각 단계마다 출현하는 욕구가 충분한 만족을 얻지 못하거나 과다하게 충족되면 고착현상이 나타난다.

Freud의 심리성적 발달 단계는 다음과 같다.

(1) 구강기(oral stage, 출생~1세경)

생후 18개월까지의 기간으로 이때 리비도가 입과 혀, 입술 등 구강으로 집중하므로 영아가 생리적 쾌감을 얻는 주 기관은 입과 그 주위가 된다. 원초아가 행동을 지배하고 모든 만족의 근원은 먹는 것이다. 아기는 구강적 만족감을 위해 젖을 빨고 음식을 씹는 것으로 성적인 욕구를 충족시킨다. 이 시기에 구강적 욕구가 결핍되거나 과잉 충족되면 다음 발달 단계로 이행하지 못하고 이 시기에 고착되면 손가락 빨기, 과식, 수다떨기, 손톱 깨물기 등 구강적 성격을 지니게 된다. 즉 구강공격적 성격은 신랄한 논쟁과 비판을 좋아하고 구강 수동적 성격은 낙천적 성격, 수동적이고 미성숙하여 남에게 잘 속는다(이경님, 2014).

(2) 항문기(anal stage, 2~3세경)

이 시기는 리비도가 항문으로 옮겨가는 시기로 대변을 보유했다가 배설하는 쾌감을 통해 리비도의 만족을 얻는 시기이다. 이 시기에 배변 훈련 하면서 본능적 충동을 외부로부터 통제받게 된다. 이 시기에 원초아와 자아의 지배하에 현실적인 방법으로 절충을 통해 만족을 추구한다. 배변훈련의 경험은 영유아의 성격형성에 영향을 주는데 너무 강압적이거나 방임적이면 고착현상이 일어나 항문기적 성격을 지니게 된다. 즉 항문 강박적 성격은 고집이 세고 소극적이다. 청결과 질서 정리정돈에 집착한다. 또한 항문 폭발적 성격은 폭력적, 공격적이며 잔인한 성격을 들 수 있고, 낭비가 심할 수 있다(이경님. 2014).

(3) 남근기(phallic stage, 4~6세)

이 시기는 리비도가 성기에 집중되어 성기의 자극을 통해 쾌감을 느끼는 시기이다. 이 시기의 유아들은 자신이나 다른 성의 성기에 호기심을 보인다. Freud는 남근기에 가장 중요한 현상을 오이디푸스 콤플렉스(oedipus complex)와 엘렉트라 콤플렉스(electra complex)이다. 즉 동성의 부모에 대해 질투를 느끼면서 이성의 부모에 대해 성적인 애정과 접근을 시도한다.

오이디푸스 콤플렉스는 남아에게 나타나는데 남아는 어머니를 성적 애착의 대상자로 원하나 가장 큰 경쟁자인 아버지가 어머니를 좋아하기에 아버지를 질투하고 미워하지만 아버지가 자신을 사랑한다는 것을 알고 갈등한다. 어머니에 대한 애정의 경쟁 상대인 아버지에게 적대감을 느낄 뿐만 아니라 자신의 성기를 제거할 것이라는 거세불안까지 상상한다. 그리하여 남아는 어머니에 대한 성적욕망을 무의식적으로 억압하고, 아버지를 동일시하는 것으로 심리적 갈등을 해결하고 초자아가 발달된다. 이러한 과정에서 남아는 아버지의 도덕적 가치체계를 내면화하고 양심과 남성적 역할을 습득하여 자아이상을 발달시킨다.

엘렉트라 콤플렉스는 이러한 심리적 현상이 여아에게 나타나는 것으로 이 시기에 여아는 남근을 부러워하는 남근선망이 생기고 사랑의 대상으로 아버지를 원하나 어머니에 의해 좌절되기에 자신의 어머니를 동일시하려고 한다. 동일시를 통해 자신의 심리적 갈등을 해결함과 동시에 초자아의 발달하여 여성적 역할을 학습한다.

남근기에 고착된 남아는 경솔하고 과장이 심하며 야심이 강하고, 여아는 난잡하며 유혹적이고 경박하다고 한다(심성경, 2013).

(4) 잠복기(latent stage, 6~12세)

이 시기에는 공격성과 성적 본능이 특정 부위에 집중되지 못하고 잠복된다. 이 시기의 리비도의 지향 대상은 동성의 친구로 동일시의 대상도 주로 친구가 되며 이전의 성적 에너지는 부모의 애정의 발달과 동성친구와의 강한 유대, 지적 호기심, 운동 등에 집중된다. 이 시기에 동성간의 우정에 고착되면 생식기에 가서도 분리되지 못하고 동성애로 발전할 수 있다, 잠복기의 아동은 사회적, 도덕적 가치를 습득하게 되고 초자아가 발달하게 된다(심성경, 2013).

(5) 생식기(genital stage, 12세 이후)

사춘기에 접어들며 생식기관이 발달되고 2차성징이 발현된다. 이 시기에 리비도는 다시 성기에 초점을 맞추며 성적 에너지가 동성친구에게 집중되었던 것이 점차적으로 이성으로 대상이 옮겨진다. 이 전의 원초아, 자아, 초자아 간의 균형이 깨지면서 다시 갈등과 혼란을 겪게된다. 이 때 자아는 억압과 같은 방어기제를 통해 쾌락에 의존하는 원초적 기능을 제어하고, 합리화나 퇴행 등의 방어기제를 통해 초자아적 기능을 조절함으로써 이러한 갈등에 대처한다. 이 시기의 이성에 대한 성적 욕구는 심미적 활동, 예를 들어 독서, 사회봉사활동, 친사회적 활동 등 사회에서 기대되는 활동을 통하여 승화시킬 수 있다. 그러나 성적 에너지가 해소되지 못하면 자아와 초자아 간에 심각한 위기에 처하게 되어 부적절한 발달로 발전되어 문제행동, 우울 등의 부적응으로 나타나기도 한다.

3) 교육적 시사점 및 평가

Freud의 이론은 인생 초기 경험의 중요성, 특히 부모-자녀 관계를 중요시하여 부모의 역할과 자녀양육에 대한 관심을 새롭게 조명하였다. 또한 부모-자녀 간의 애착, 형제관계, 공격성, 도덕성, 성 역할 등 발달에 대한 연구를 활발하게 하는데 큰 역할을 하였다(Berk, 2012). 그리고 무의식의 영역을 개척하였고, 성격 발달에 관한 기본적 가설을 세운 것에 대해 정신 의학과 심리학에 크게 기여하였다.

그러나 Freud의 성격발달이론은 성적인 욕구를 지나치게 강조하여 특히 인간을 성욕과 과거의 경험에 의해 지배되는 수동적이고 소극적인 존재로 보았다는 점에서 비판을 받는다.

또한 오이디푸스 콤플렉스, 엘렉트라 콤플렉스 등 여성의 열등감에 대한 그의 편견은 비교 문화 연구 결과 등에서 그 보편성을 증명하지 못했다. 그리고 그의 개념과 가설들이 신경증 상대의 성인환자의 임상적 자료를 근거하여 구축하였기에 정상인이나 아동의 발달을 설명하는 데 무리가 있다고 보았다(홍순옥 외, 2013).

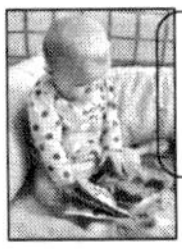

2. 에릭슨의 심리사회적 발달이론

Erikson(1902~1994)은 Freud의 영향을 받아 그의 정신분석이론을 기초로 하여 성격발달이론을 제시하였다, 그러나 Freud가 성적 요인을 강조한 반면 Erikson은 사회적 요인, 또래 관계를 포함한 인간관계에서 상호작용의 중요성을 더 강조하였기 때문에 그의 이론을 심리사회적 발달이론이라고 한다(심성경, 2013). Erikson은 원초아의 본능적 힘보다 자아의 기능을 더 중요시하며, 건강한 자아와 자아정체감을 더 강조하였다. 즉 의식적 자아의 성장에 관심을 가졌다. 각 단계에서 인간은 개인적 욕구나 사회적 욕구의 통합을 필요로 하는 특별한 문제에 직면하게 되는 심리적 위기를 설명하고 있다. 각 발달단계는 중요한 사회적 대행자(social agent)가 있으며, 이들에 의해 사회적 요구가 주어지게 된다. 영유아기에는 부모가, 학령기에는 교사가 또래집단, 이웃 등이, 청소년기에는 친구나 역할 모델이, 성인기에는 연인이나 배우자가 주요 사회적 대행자라고 할 수 있다(이경희, 2000).

1) 발달 단계

Erikson은 개인이 하나의 특별한 발달 단계에서 심리사회적 위기에 적절하게 대처하는 방법에서 나타나는 태도 혹은 일반적 감정 등을 심리사회적 감각이라고 하며, 일생을 8단계로 나누어 유형별로 설명하였다. 즉 성격발달이 이루어지는 사회적 환경을 아주 중요시 여겼기 때문에 심리사회적 이론이라 하였고, 생을 8단계로 나누어 각 단계마다 겪게되는 위기를 성공적으로 해결하면 건강한 자아가, 그렇지 못하면 부정적 자아의 성격이 발달된다고 보았다. 또한 한 단계의 해결은 다음 단계의 과제를 처리하는 기초가 된다(Kaplan, 1998)고 하였다. 심리사회적 발달 단계는 다음과 같다.

(1) 1단계: 기본적 신뢰감 대 불신감(0~18개월)

생후 18개월까지이며, 영아는 자신을 돌봐 주는 주 양육자와 사회적 관계를 맺게 되는데 그들의 양육방식이나 태도에 의해 아기의 신뢰감이나 불신감 발달이 결정된다(김미영, 2013). 즉 영아는 양육자와의 관계에서 따뜻하고 반응적인 양육과 같이 기본적인 욕구가 일관성 있게 충족되면 이 세상은 좋은 곳이라는 신뢰감과 확신을 갖게 된다. 이렇게 기본적인 신뢰감이 형성되면 세상에 대한 예측성이 희망이라는 것을 알게 되며 인생을 살아가는데 가장 먼저 터득해야 하는 것이다(홍순옥 외, 2013). 그러나 기본적인 욕구가 좌절되거나 일관성 없는 양육자의 보살핌은 불신감을 발달시킨다. 양육자에 대한 신뢰와 불신은 세상에 대한 믿음과 불신으로 발전할 수 있으며 영아가 성장 후 평생 영향을 줄 수 있다.

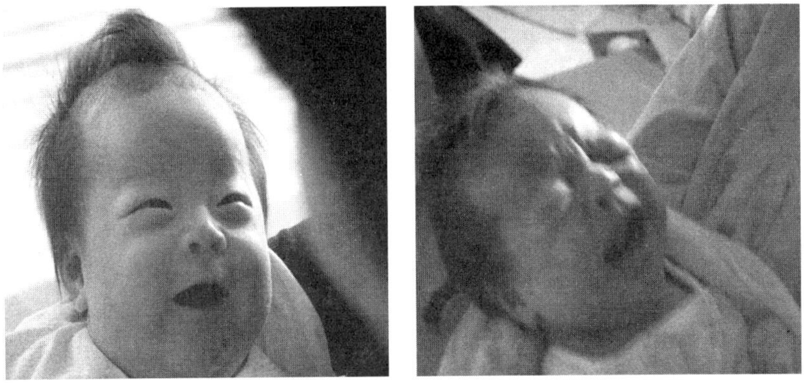

[그림 4-1] 신뢰감과 불신감의 발달

(2) 2단계: 자율성 대 수치심 및 회의감(18개월~3세)

18개월에서 3세 사이의 영아는 놀이와 일상생활에서 외부환경에 대하여 자신의 능력을 시험하고자 한다. 즉 이 시기의 영아는 새로운 운동 기술 등을 사용하여 스스로 선택하거나 결정하기를 원한다. 이 과정에서 영아가 양육자로부터 적절한 격려를 받거나 성공을 경험하게 되면 자율성을 발달시키고, 양육자에 의해 제지받거나 실패를 경험하게 되면 자신에 대한 수치심을 발달시키게 된다. 따라서 이 시기에는 영아가 적절한 성취감을 획득할 수 있도록 양육자의 지지와 배려가 특히 필요하다(이경님, 2013). 이 시기의 쟁점은 자율적이고 창의적인 되느냐 아니면 의존적이고 자기회의 가득한 부끄러운 사람이 되느냐 하는 것이다. 이 시기의 영아는 다른 사람들에게 여전히 의존하고 있지만 자신의 자유로운 선택의 자율성도 경험하기 시작한다. 따라서 떼쓰기나 완강한 거부 등이 나타나지만 이 시기의 중요한 과업은 자기통제이다. 그 중 배변훈련과 같은 배설기능의 통제가 중요하다. 영아는 자신의 행동을 통제할 수 있는 정도를 스스로 발견하는 과업이 요구된다.

따라서 영아에게 스스로 탐색할 기회가 주어지고 독립심이 조장되면 자율감이 형성되고 그런 기회가 주어지지 않고 지나친 사랑과 과잉보호를 받게 되면 세상에 효과적으로 대처할 자신의 능력에 회의를 느끼고 수치심을 갖게 된다.

(3) 3단계: 주도성 대 죄책감(3~6세)

이 단계는 3세에서 6세까지로 Freud의 남근기에 해당되며, 이 시기의 유아는 행동 범위로 확대되고 확실하게 자기주장도 하게 된다. 자신의 행동을 스스로 계획하고 목표를 수행하는 능력을 갖게 되며 유아가 의도한 바를 성공적으로 실행되면 주도성을 형성한다. 좌절되면 지나친 죄의식을 발달시키게 된다. 이 단계에서 경험하는 심리사회적 갈등은 주도성 대 죄책감이다. 이 시기에 부모나 교사가 유아 스스로 활동을 하도록 격려한다면 주도성이 발달하지만 부모 또는 교사의 지나친 통제로 유아가 스스로 과제를 완수할 수 있는 기회를 박탈하였을 경우에 자신감을 잃을 뿐 아니라 죄책감을 갖게 된다.

이 시기에 터득해야 하는 것은 목적의식이다. 주도성을 발달시키는 과정에서 목표를 설정하는 것이 보이고 목적에 따라 활동하는 경향이 늘어나며 독립된 인격체로 살아갈 수 있다. 이 시기에 자신의 신체에 대한 탐색, 성기에 대한 호기심 등으로 처벌을 받거나 비난을 받게 되면 죄책감이 발달하고 주체적인 행동을 방해한다(홍순옥 외, 2013).

(4) 4단계: 근면성 대 열등감(6~11세)

이 단계는 6~11세 시기로 Erikson은 자아성장의 결정적 시기로 보았다. 이 시기는 역동적이고 활동적인 시기로 가정을 벗어나 사회에 의해 조직적인 학교생활을 통해 지적 능력과 그 사회에서 요구하는 규범과 행동양식을 익힘으로써 근면성 발달의 결정적 시기이다. 이 시기에 학교생활이나 친구관계에서 순조롭게 적응하고 학습이 잘 이루어지면 만족감을 느끼고 근면성을 형성하지만 학교생활에서 부모나 교사로부터 자신의 일을 인정받지 못하거나 무능감이 생기면 열등감을 발달시킬 수 있다(이경님, 2013).

이 시기에는 부모나 교사가 학업에만 관심을 갖지 말고 아동의 잠재력을 키워 주며 격려하는 태도와 성실히 학습할 수 있는 환경과 성취감 및 유능감을 획득할 수 있는 발달 수준에 적합한 과제의 부여가 필요하며 또래관계도 중요하다.

(5) 5단계: 자아정체감 대 역할 혼미(12~18세)

이 단계는 13세경부터 사춘기에 이르는 시기로 급속한 성적 성숙이나 새로운 사회적 압력과 요구에 대응해야 한다. 청소년은 이 시기를 통해서 자신이 하고 싶고 되고 싶은 자아와 자신에게 적합한 성적 역할에 대해 재통합하게 된다(김미영, 2013).

청소년들의 새로운 과제는 자아정체감의 확립에 있다. 그러기에 청소년들은 '나는 누구인가'라는 의문과 함께 고민하고 자신과 현실에 대해 정확히 의식하면 자신의 역할, 능력, 직업선택, 가치관에 대해 정체감을 가지게 된다. 그러나 자신의 정체감에 대해 고민한 적이 없거나 방황하여 문제 해결하지 못하면 정체감을 확립하지 못해 역할 혼미에 빠지게 된다. 자아정체감의 확립은 성인기 이후의 안정된 삶과 적응의 기초가 된다. Erikson은 이 시기를 1단계인 구강기와 함께 인간발달에서 가장 중요한 시기로 보았다(이경님, 2014).

(6) 6단계: 친밀감 대 고립감(성인 초기)

성인 초기에 해당되는 시기로 타인과 자신의 정체성을 통합하여 친밀감을 나눌 수 있는 관계를 형성하는 것이다. 진정한 친밀감은 합리적인 자아정체감이 형성되었을 때에만 가능하며 이는 우정과 사랑 모두에서 필요하다(김미영, 2013). 이 단계에서 이성이나 동성에 대해 배려하고 이타적 행동을 보인다면 친밀감을 발달시키게 된다. 이러한 친밀감은 자신의 이익과 관계없는 상대방에 대한 순수한 사랑을 의미하고 친밀감은 사랑과 결혼으로 나타난다. 진정한 정체감 형성은 성인기의 적절한 친밀감의 발달을 통해 이루어진다. 그러나 대인관계에서 단절되거나 자신이 이익이 우선인 대인관계는 고립감을 낳게 한다.

(7) 7단계: 생산성 대 자기 침체성(성인 중기)

이 시기의 주요 발달 과제는 친밀감을 가진 두 남녀가 다음 세대에 관심을 가지고 그들의 친밀감을 확대시켜 생산성을 획득하는 것이다. 일이나 직업 관계에서도 건설적으로 되어 자녀를 출산하고 키우고, 자신의 일에 창의적인 성취나 업적을 통해 생산성을 발휘하며 사회적으로는 후세대를 양성하는데 노력을 기울인다. 자신이 가지고 있는 것을 타인이나 사회에 나누지 못할 때 침체감에 빠지게 된다(이경님, 2014).

(8) 8단계: 자기통합감 대 절망감(노년기)

성인기 후기인 마지막 단계는 신체적 노쇠, 직업에서의 은퇴, 배우자의 죽음 등으로 인생에 대해 무력감을 느낄 수 있게 하면서 한편으로는 자신의 존재에 대해 성공과 실패를 받아들임으로써 도달하게 되는 자아통합의 단계로 설명될 수 있다(김미영, 2013). 반면, 후회하며 통탄하고 자신의 삶을 공허하다고 느끼게 되면 절망감에 빠진다고 하였다.

표 4-1

심리사회적 발달 단계

단계/연령	심리사회적 발달 위기	주요 사건	중요 관계	심리사회적 양식	덕목	부적응	내용
1단계 (0~18개월)	신뢰감 대 불신감	수유	어머니	받고: 주고	희망	감각왜곡-거부	반응적이고 따뜻한 양육자에 의해 기본적 욕구가 충족되면 신뢰감이 형성된다.
2단계 (18개월~3세)	자율성 대 수치감	배변 훈련	부모	보유: 배설	의지	충동성-강박	배변, 식사, 걷기, 탐색, 말하기 등을 스스로 할 수 있으면 자율성이 발달하고, 그렇지 못하면 수치심이나 회의감이 초래된다.
3단계 (3~6세)	주도성 대 죄책감	탐색	가족	창조: 시도	목적	냉혹-억제	목적 있고, 책임 있는 사회화된 행동에 참여할 수 있을 때 주도성이 발달하고, 그렇지 못하면 죄책감이 발달한다.
4단계 (6~12세)	근면성 대 열등감	학교	이웃, 학교	솔선적 시도: 협력적 시도	유능성	좁은 안목-무능	새로운 인지적, 신체적 기술을 숙달하는데 에너지를 쏟을 때 근면성이 극대화되며 그렇지 못할 때 열등감이 발달한다.
5단계 (13~19세)	정체감 대 역할 혼미	친구관계	또래 집단	자아확인: 상호작용	소속감	광신-거절	청소년은 '나는 누구인가?'라는 질문에 답을 구하려고 애쓰며, 성적, 정치적, 직업적 정체성을 확립하려고 하며, 이에 실패하면 정체감 혼란에 빠진다.
6단계 (20~24세, 성인 초기)	친밀감 대 고립감	애정관계	이성, 친구	양보: 자아 발견	사랑	난잡-배타적	성인 초기에는 타인과의 사랑과 동반자 의식을 추구함으로써 친밀감을 발달시킨다. 거절당할까 두려워서 이를 포기하면 고립감을 느끼게 된다.
7단계 (25~64세, 성인 중기)	생산성 대 침체성	직업과 자녀 양육	배우자, 동료	출산: 양육	배려	과대확장-거부	중년기에는 의미있는 직업이나 창조적인 활동, 가족부양 등을 통해 다음 세대에 기여한다. 그렇지 못하면 침체감에 빠진다.
8단계 (65세~죽음)	자아통합감 대 절망감	인생에 대한 회고	인류	실존확인: 현실수용	지혜	무례-절망	자신의 삶을 돌이켜 보고 긍정적인 평가를 하는 노인은 통합감을 가지며, 그렇지 못한 경우는 목표달성을 못했다고 후회하고 절망감을 경험한다.

2) 교육적 시사점 및 평가

Erikson은 Freud의 이론을 기초하여 확장시키면서 정신분석이론의 신뢰도와 적용가능을 증가시켰다. Erikson에 의하면 발달은 정상적인 성인이 전 생애에 걸쳐 이루어진다고 보고, 인간발달의 8단계를 통해 자아발달 과정을 다루어 인간이 관계 속에서 발달하는 과정을 설명하는데 기여하였다(문혁준 외, 창지사).

Erikson은 Freud 이론에서 심리성적 단계에 대해 심리사회적 단계를, 생물학적 영향에 대해 문화적 영향을, 자아방어에 대해 자아정체감을, 비정상적인 연구대상 대신에 정상적인 연구대상을, 특정한 문화적 시각에 대해 비교 문화적 시각을, 아동기에 대한 성인의 회상 대신에 아동에 대한 관찰을, 그리고 아동발달에 성인발달을 첨가시켰다(Miller, 2011).

그러나 Erikson의 연구방법에 대한 부분은 비판의 대상이 되고 있다. 발달단계 설정의 근거가 부족하고 각 단계가 그 다음 단계로 어떻게 전환되는지에 대한 설명이 모호하다는 점이다. 또한 Freud와 마찬가지로 인간의 초기경험을 중요시하면서 인간을 수동적이고 비판적으로 본 측면이 있다.

- 프로이드 심리검사 연구소 http://proid.co.kr/
- 프로이드 관련 책
  프로이트의 꿈의 해석, 무의식에 비친 나를 찾아서. 김서영 저, 사계절, 2014.

참고문헌

김연진, 이경화, 김지혜(2014). 영아발달. 서울: 태영출판사.
김영옥, 백혜리, 최미숙, 황윤세(2009). 아동발달론. 경기: 공동체.
심성경(2013). 영아발달. 경기: 공동체.
이경님(2014). 영아발달. 동아대출판부.
이경희(2000). 아동발달과 부모교육. 경기: 교문사.
한유미(2014). 영아발달. 서울: 창지사.
홍순옥, 박순호, 김인순(2013). 영아발달. 경기: 양서원.
Berk, L. E.(2008). Infants and children(6th Ed.). Ma: Addison-Wesley.
Crain, W.(1992). Theories of Development: Concepts and Application. Pearson.
Santrock, J. W.(2005). 아동발달 심리학(Child development). 곽금주, 정윤경, 김민화, 박성혜. 송현주 역. 서울: 박학사.

제 5 장

행동주의이론과 사회학습이론

1. 파블로프의 고전적 조건형성이론
2. 왓슨의 행동주의이론
3. 스키너의 조작적 조건형성이론
4. 반두라의 사회학습이론

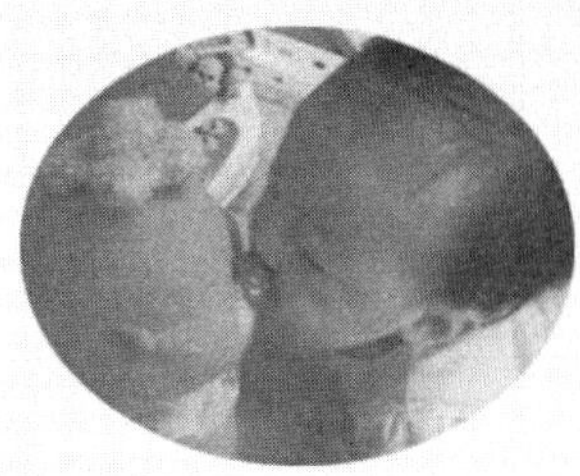

1. 파블로프의 고전적 조건형성이론

정신분석이론은 인간행동의 원천을 무의식적 동기와 욕구에 있다고 보는 관점이고, 행동주의이론은 관찰 또는 측정이 가능하고 기록할 수 있는 인간의 행동을 보는 관점이다. 행동주의 이론에 따르면 인간은 외부 환경의 자극에 반응하는 수동적인 존재이므로 인간의 발달은 환경의 영향에 의해 결정된다는 것이다. 발달은 학습에 의해 이루어지며 학습의 법칙이나 원리에 따라 진행된다고 한다. 학습에 의해 나타나는 결과가 바로 행동의 변화이고 이것이 발달이라는 것이다. 인간의 행동은 외부 환경에 의해 형성된다는 것을 전제로 학습화되는 과정을 강조한다. 학습이론은 행동주의에 바탕을 둔 이론이다. 행동주의 이론에 기초를 두고 있는 대표적인 학습이론에는 고전적 조건화와 조작적 조건화가 있고 사회학습이론이 있다. 행동주의와 사회학습이론을 대표하는 이론가들은 고전적 조건화이론을 전개한 Pavlov를 시작으로 하여 Watson, Skinner, Bandura 등이 있다.

고전적 조건형성이론(classical conditioning theory)은 러시아의 생리학자인 Pavlov가 제시한 이론이다. 그는 자극과 반응 간의 관계를 최초로 연구하였다. 개의 타액분비에 관한 연구를 하였는데 개가 입 안에 실제 음식이 들어가기 전에 침을 분비한다는 것을 발견했다. 이는 음식을 주기 직전 종소리를 들려주는 반복된 절차를 통해 음식이 없이도 종소리만 듣고도 침을 흘린 것이다. 조건 자극인 종소리와 조건반사인 침의 분비 사이의 연합을 조건화 또는 학습이라고 하며, 개는 종소리만 듣고도 침을 분비하는 것을 학습한 것이다. 이러한 학습은 반응적 조건화(respondent conditioning)라고 한다.

[그림 5-1] 파블로프의 타액분비 조건형성에 관한 실험장치
출처: Rice, 1998, 김미영, 2010: 193 재인용

1) 주요 개념

음식물로 인해 침을 분비하는 것은 무조건반사이고, 타액을 분비하는 것과 전혀 관계가 없는 어떤 조건을 주어 그에 대해 타액을 분비하게 하는 과정을 고전적 조건형성이라 한다. 이 실험에서 조건자극(CS)이 무조건자극(US)보다 먼저 주어진다. 즉 Pavlov는 개에게 음식물을 주기 직전에 먼저 종소리를 들려주었다. 처음에는 종소리가 개에게 아무런 영향을 주지 못한다.

고전적 조건형성은 일정한 자극에 의해서 선천적으로 유발되는 반응을 그것과 아무런 관계가 없는 중립자극과 연결시킴으로써 그 중립자극이 조건자극으로 변화되어 조건반응을 일으키게 한다는 것이다. 이러한 조건자극으로 인하여 일어나는 조건반응은 주어진 자극에 대한 새로운 반응으로써 학습된 반응이다.

(1) 무조건 자극(US: Unconditional Stimulus)

- 무조건 반응을 불러일으키는 자극
- 개가 침을 흘리도록 원인을 제공하는 음식물

(2) 무조건 반응(UR: Unconditional Response)

- 선천적이고 영구적인 반응
- 음식물이 입 속에 들어오면 자동적으로 침을 흘리는 반응

(3) 중립자극(NS: Neutral Stimulus)

- 중성자극, 무조건 반응을 불러일으키지 못하는 자극
- 처음에 들려주는 종소리

(4) 조건자극(CS: Conditional Stimulus)

- 조건형성 이후에 중성 자극이 반응을 일으키면 이 중성자극이 바로 조건자극
- 종소리와 음식물을 연결하면 종소리만 듣고도 침을 흘리게 되는데 이때 종소리가 조건자극

(5) 조건반응(CR: Conditional Response)

- 조건자극에 나타나는 반응
- 종소리에 침을 흘리는 반응

US (음식물)
• 개에게 고기를 주면
⇨
UR (타액분비)
• 개는 침을 흘린다

• 아무런 반응을 일으키지 못하는 종소리를 들려줌
• 종소리는 처음에는 아무런 반응을 일으키지 않음

종소리 + US (음식물) ⇨ **UR (타액분비)**

• 중립자극 종소리와 음식물 고기를 연결하여 주기를 여러 번 반복함

CS (종소리) ⇨ **CR (타액분비)**

• 종소리만 듣고도 개가 침을 흘리게 됨

[그림 5-2] 고전적 조건형성 실험

2) 교육적 시사점 및 평가

Pavlov는 현대 학습이론의 아버지라 불리우며 소화생리학자로 자극과 반응 간의 관계를 최초로 연구한 학자이다. 인간의 감정이나 행동은 후천적인 조건형성의 결과로 보기 때문에 선천적인 반응에만 초점을 두는 고전적 조건형성에는 한계가 있다. 동물을 대상으로 한 Pavlov의 고전적 조건화를 유아의 정서 연구에 적용시킨 사람은 Watson이다. 이 이론의 한계점으로는 실험 상황에서 동물을 대상으로 한 연구결과를 인간의 행동에 동일하게 적용하였다는 점에서 비인간적이며, 실험실 내에서 이루어진 행동변화를 일반화하기가 어렵다는 것에 이론의 한계가 있다.

2. 왓슨의 행동주의이론

Watson은 Pavlov의 동물을 대상으로 한 고전적 조건화 실험을 유아 정서연구에 적용하여 실험하였다. 어린 유아가 전에는 무서워하지 않았던 쥐를 큰소리와 조건화시킴으로써 쥐를 무서워하게 되는 것을 보여 주었다. 그는 11개월이 된 자신의 아들 Albert가 놀이용 쥐에게 다가갈 때마다 쇠막대기를 두드림으로써 무서움을 조장하였다. 전에는 쥐를 무서워하지 않던 Albert는 그러한 상황을 몇 번 경험한 후 쥐를 보기만 해도 울기 시작하였다. 연구의 윤리적 문제가 제기되기는 했지만 그와 같은 실험을 반복하자 토끼, 모피코트, 흰털이 달린 사물 등을 보고서도 놀라게 되었다. 이 실험을 통해 인간이 가지는 두려움, 분노, 사랑 등의 정서 역시 조건화에 의해 학습된다고 하였다(Crain, 1992). 이와 같이 고전적 조건화의 학습은 의식적인 통제가 불가능한 반사행동, 정서반응, 내장운동에서 나타난다는 것이다. 인간의 학습, 즉 발달을 이러한 측면에서만 설명한 고전적 조건화는 발달이 학습과 동일함을 보여준 것이다.

Watson의 실용적인 업적 중 하나는 조건 형성된 정서를 탈조건화하는 방법으로 토끼에 대한 공포반응을 제거한 예를 들 수 있다. 높은 의자에 앉아 간식을 먹고 있는 토끼를 무서워하는 아이에게 토끼장에 있는 토끼를 멀리서 보여주었다. 그 후 아이가 두려움을 약간만 느낄 정도의 거리에 토끼를 두었으며, 아이가 너무 두려워하지 않도록 주의하면서 이를 반복한 결과 마침내 아이는 한 손으로 과자를 먹으면서 다른 손으로 토끼와 놀 수 있게 되었다(조성연 외, 2006).

1) 주요 개념

Watson은 출생 직후에는 학습되지 않은 세 가지 정서반응–공포, 분노, 사랑–만이 있다고 하였다. 이 세 가지 조건자극과 정서반응에서 서로 다른 신체반응을 관찰할 수 있다(강봉규 외, 2006).

(1) 공포

Watson에 따르면 공포반응을 일으키는 대부분의 자극은 학습된 것이라는 것이다. 공포를 일으키는 무조건 자극으로 갑작스런 소음과 신체를 지탱하는 힘을 상실할 때(아기의 머리가 갑자기 뒤로 젖혀지는 경우처럼)를 들고 있다. 좀 더 나이든 아동들은 낯선 사람, 쥐, 개, 어둠 등과 같은 다양한 종류의 것들도 무서워하게 되고, 공포를 느낀 아동은 갑자기 움찔거리거나 깜짝 놀라고 숨을 가쁘게 쉬며, 주먹을 꽉 쥐고, 눈을 꽉 감거나 뒹굴고 우는 등의 행동을 한다는 것이다.

(2) 분노

분노는 처음부터 학습된 것이 아니라 신체적인 움직임을 하지 못하게 할 경우에 보이는 반응이다. 예를 들면, 2세 된 영아를 붙들어서 가고 싶은 곳으로 못하게 하면, 그 아이는 소리를 지르고 몸을 경직시킬 것이다. 길 한가운데서 막대기처럼 뻣뻣하게 주저앉아 버틴 채 얼굴이 새파랗게 질릴 때까지 고함지른다. 처음에는 분노를 일으킨 한 상황, 즉 강제로 붙잡혀있는 것에 대한 반응이었지만 나중에는 다른 여러 상황에서도 분노를 나타내게 된다는 것이다. 영유아가 하기 싫어하는 어떤 행동들을 요구할 때, 즉 세수를 하라거나 변기에 앉으라거나 옷을 벗으라거나 목욕을 하라는 등의 말을 들었을 때 화를 내게 된다는 것이다. 이와 같은 명령들은 그러한 상황과 신체적 구속 사이에 연결이 되기 때문에 분노를 일으키게 된다.

(3) 사랑

사랑이란 쓰다듬어 주거나 가볍게 흔들거나 톡톡 건드림으로서 자동적으로 일어나는 반응이다. 이 때 영유아는 미소짓거나 소리내어 웃거나 즐거운 소리를 내거나 등 다정하고 유순하며 보기에 좋은 유쾌한 반응들을 한다. 영유아는 처음에는 어떤 특정인에게 애정을 느끼지 않지만 곧 애정을 느끼도록 조건형성이 된다. 엄마의 얼굴은 아기에게 사랑을 전해주는 행동과 함께 나타나기 때문에 엄마의 얼굴은 그 자체로서 엄마에 대한 좋은 감정을 일으키게 하는 조건자극이 된다. 후에는 어떤 식으로건 엄마와 연결된 사람들이면 모두 이와 같은 반응을 일으키게 된다. 그러므로 타인에 대한 부드럽거나 긍정적인 감정은 2차 조건형성을 통해 학습되어 지는 것이다.

2) 교육적 시사점 및 평가

정신분석이론이 주목받던 시기에 아동 연구에 영향을 준 또 다른 관점은 Locke의 백지설에 영향받은 행동주의였다. 미국의 행동주의는 Watson에 의해 창시되었으며, 그는 심리학이 객관적인 과학이 되려면 보이지 않는 정신보다는 자극과 반응 같은 직접 관찰 가능한 것을 연구해야 한다고 주장하였다. 행동주의에 따르면 발달은 개체의 내적인 힘이 아닌 외적인 힘, 즉 다양한 환경에 의해 일어나므로 아동은 환경에 비해 상대적으로 수동적 위치를 차지한다는 것이다. 또한 아동발달이 양적인 것이며 누적적이고 연속적인 특성을 갖는다는 것이다. 이와 같은 Watson의 입장은 Pavlov의 동물 학습에 관한 연구에 자극받은 것이었다.

Watson 이후 행동주의는 여러 학자들의 연구를 통해 심리학의 대표적인 이론 중 하나로 발전하였다. 이 이론은 학습상태가 이루어지는 방법인 조건반사를 이용하여 과학적으로 설명함으로써 이후 학습이론의 발전에 중요한 기초를 제공하였다. 그러나 아동의 발달이 전적으로 조건형성에 의해 이루어질 수 있다는 극단적인 환경주의적 입장을 주장하여 반감을 일으키기도 하였으며 인간을 기계처럼 개념화한다는 점도 많은 비판을 받았다.

3. 스키너의 조작적 조건형성이론

Skinner는 고전적 조건형성이론을 수용하여 조작적 조건형성이론(operant conditioning theory)으로 발전시켰다. 그는 인간의 행동이 반응행동보다는 조작행동에 의해 더 많이 좌우된다고 보았다. 인간의 행동이 그 행동의 결과에 의해 변화된다고 보고, 환경을 조작하여 행동의 반응을 일으킬 수 있다고 하였다. 모든 행동이 환경에서 주어지는 단서와 행동 결과의 상호관계에 대한 분석으로 이해될 수 있다는 이론이다.

Skinner는 조건형성의 원리를 설명하기 위해 "스키너상자"를 만들어 실험을 하였는데 쥐가 지렛대를 누르는 행위는 먹이가 나오기 때문인 것으로 보고 보상(강화물)이 행동을 조작한다고 하였다. 먹이를 받아먹을 수 있는 긍정적 결과를 여러 번 반복하게 되면 쥐는 점차 지렛대 누르기와 먹이와의 관계를 학습하게 된다. 이러한 과정을 통해 쥐는 지렛대를 누르는 행동을 학습하게 되는 것이다. 이러한 실험을 통해 인간은 스스로 어떤 행동을 하고 그 행동의 결과가 긍정적일 때, 그와 같은 행동이 나타날 확률이 높아진다는 것이다. 즉 보상이 주어지거나 긍정적인 강화를 받게 되면 그 행동은 반복되어 나타나고, 강화되지 않거나 처벌받은 행동은 다시 발생할 확률이 줄어든다.

[그림 5-3] 스키너 상자
출처: 서봉연 외, 1983 재인용

1) 주요 개념

(1) 조작적 행동

조작적 행동은 제시되는 자극없이 자발적으로 방출되는 반응으로 원래의 환경을 조작하여 어떤 결과를 낳게 하는 행동이다. 즉 조작적 조건화에 의해 습득된 행동을 말한다. 강화를 받는 행동은 지속적으로 유지되고 강화를 받지 못하는 행동은 소멸되는데 이처럼 강화에 의해 조작적 행동이 조건화되는 것이다. 조작적 조건화는 학습하는 사람으로 하여금 어떤 행동패턴을 발달하게 한다(강문희 외, 2007; 김영옥 외, 2009).

(2) 강화

강화는 한 행동에 뒤따르는 자극이 그 행동을 다시 일으킬 가능성 또는 확률을 증가시키는 것으로 행동재현의 가능성을 높인다. 강화는 의도하는 행동의 빈도를 증가시키기 위해 강화를 활용한다. 강화에는 정적 강화와 부적 강화, 일차 강화와 이차 강화가 있다.

정적 강화는 반응 후 반응확률을 증가시키는 자극이다. 즉 아동이 원하는 자극을 제시하는 것으로 아동이 바람직한 행동을 했을 때 그 아동이 원하는 선물을 주거나 칭찬을 하는 것이다. 부적강화는 반응확률을 높이기 위해 아동이 싫어하는 자극이나 대상을 제거시켜 주는 것이다. 부적 강화는 행동 후에 싫어하는 혐오작극, 꾸중, 잔소리, 청소, 전기충격 등을 제거해줌으로서 행동의 확률을 증가시키려는 것이다(김영옥 외, 2009).

일차 강화는 생리적 욕구를 감소시키는 것, 자연적인 강화 속성, 무조건적이고 학습이 필요없는 것을 일차강화라 하고, 이 때 사용되는 것(예, 음식, 물)을 일차강화물(강화요인)이라 한다. 이차 강화는 생리적 욕구를 감소시키지 않는다. 학습이 필요한 사회적 강화로 이 때 사용되는 것(예, 부모의 미소나 칭찬, 주의를 기울여주는 것, 돈, 관심, 칭찬, 애정 등)을 이차강화물이라고 한다(강문희 외, 2007).

(3) 벌

벌은 바람직하지 않은 행동을 감소시키기 위한 행동통제 기법이다. 바람직하지 않은 행동 뒤에 불쾌한 자극을 주거나 특권을 박탈하여 그 행동을 억제시키고자 하는 것이다(김영옥 외, 2009).

(4) 행동형성

행동형성은 목표가 되는 복잡한 행동이나 기술을 학습시키는 것이다. 행동형성의 과정은 이미 일어나고 있는 행동 중 목표로 삼고 있는 바람직한 행동에 가까운 행동을 찾아내는 데서 시작하여 의도하는 행동에 점차적으로 강화를 함으로써 목표행동을 형성할 수 있도록 만들어가는 것이다(김영옥 외, 2009).

2) 교육적 시사점 및 평가

Skinner는 인간의 행동에는 고전적 조건형성으로 설명되는 음식물의 타액 분비나 큰소리에 놀라는 반응과 같은 수동적이고 기계적인 반응행동만 있는 것이 아니라 능동적 존재인 유기체가 자발적으로 행동을 일으키기 위한 조작 행동도 가능하다고 주장하였다. 그러므로 조작적 조건형성에서는 자극이 반응을 유도한다는 고전적 조건형성과는 달리 자극이 주어지기 전에 먼저 반응이 일어나야 한다는 것을 강조한다. 즉 고전적 조건형성에서는 자극의 반응에 선행하였으나 조작적 조건에서는 반응이 자극에 선행한다(김미영, 2012). 조작적 조건형성의 학습이론은 아동발달에서 단계를 설정하지 않는 이론으로 기본원리는 인간 대부분의 행동은 자극과 반응 간의 관계를 학습한 결과로 설명한다.

이 이론은 영유아교육 프로그램에 광범위하게 적용되고 있다. 영유아는 계속적인 반복, 연습 및 모방을 통해 학습자에게 강화나 보상을 줄 때 학습을 잘하게 된다는 것이다(김미영, 2010). 학습이론에서 강화와 모델링은 유아의 바람직하지 못한 행동을 제거하고 사회적으로 수용되는 바람직한 행동으로 형성시키는 주요 기제이다. 이러한 원리는 아동의 행동형성 및 문제행동 수정을 위한 교육 프로그램에 지대한 영향을 미쳤다. 또한 외현적 행동의 즉각적인 원인에 대한 학습이론의 강조는 중요한 임상적 통찰과 실제적 적용을 가져왔다. 조작적 조건형성의 원리는 동물사육사들이 동물에게 사람이 원하는 어떤 행동을 형성시키는 데에도 사용되고 있다.

그러나 이 이론은 다음 몇 가지 한계점을 지니고 있다. 첫째, 동물실험에서 얻어진 원리를 인간에게 적용함에 따라 고전적 조건화 이론은 반사반응과 같은 단순한 행위는 설명할 수 있으나 인간의 복잡한 행위는 설명할 수 없다는 점이다. 둘째, 인간을 보는 관점이 적극적이고 주도적인 존재가 아니라 환경에 의해 통제되는 소극적 존재로 보고 있다는 점이다. 발달에 있어서 환경을 강조

한 나머지 생물학적인 영향을 무시한 것이다. 셋째, 학습이론은 아동을 환경적 자극에 단순히 반응하는 피동적인 존재로 보고 아동의 사고나 정서발달을 간과한다는 점이 비판을 받고 있다(김영옥 외, 2009).

Skinner 이론은 고전적 조건형성의 한계를 극복하고 학습이론의 범위를 상당히 넓혔다는 평가를 받고 있다. 또한 조작적 조건형성의 원리를 이용한 행동수정기법은 아동의 문제행동을 수정하고 바람직한 행동을 학습시키는데 유용하게 활용되고 있다.

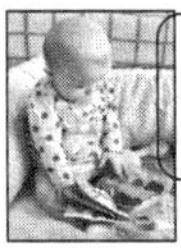

4. 반두라의 사회학습이론

Bandura의 사회학습이론은 인간이 강화나 처벌 없이도 타인의 행동을 관찰하고 모방함으로서 행동, 사고, 감정을 학습한다고 보는 관점이다. 학습은 보상과 벌에 의해 이루어진다는 행동주의 이론과 달리, 인간의 행동변화는 환경을 선택하는 인간의 내적동기와 관련되어 있어 아동 자신이 모델의 행동을 관찰하여 이를 모방함으로써 이루어진다는 것이다. 이 이론은 관찰학습 또는 모방학습이라고도 말한다(Bandura & Walters, 1963).

사회학습이론은 눈으로 보이는 대상을 관찰함으로서 모델에 의한 모방, 동일시 등을 다룬다. Bandura(1977)에 따르면 성 역할의 발달, 공격적 행위, 친사회적 행동 등은 다른 사람을 관찰하여 모방한 행동이라 한다. 그러나 그는 아동들은 보이는 모든 행동을 자동적으로 모방하지는 않는다고 한다. 관찰학습이론에서는 먼저, 아동들이 모델에 주의를 기울였다가, 관찰한 내용을 기억하고, 행동하기 위해 움직임을 동원하고, 동기가 작용하여 모방행동을 일으킨다는 것이다.

관찰학습, 즉 사회학습과정에서는 관찰자의 집중능력이나, 관찰대상의 흥미를 끄는 요소, 외부의 상황들이 작용하여 관찰학습의 효과를 결정짓는다. 또한 공격적인 행동에 대해 보상받지 않는 장면이라도 그 장면을 자주 접하는 아동들이 훨씬 더 공격성을 보인다고 한다(Bandura & Walters, 1963).

Bandura는 행동의 원동력이 환경이라는 초기 행동주의의 기본적인 가정에서 벗어나 발달 과정이 개인과 환경 간의 상호성에 의한다는 상호결정론(reciprocal determination)적 입장을 취했다. 또한 자기효능감(self efficacy), 즉 자신이 어떤 일을 잘해 낼 수 있다는 개인적 신념이 발달됨으로써 아동은 어떤 행동을 모방할 지를 결정하는데 도움을 받게 된다고 보았다(권민균 외, 2012).

1) 주요 개념

(1) 관찰학습의 인지과정

사회학습이론의 중심은 관찰 학습이며, 직접적인 강화를 받지 않더라도 관찰과 모방을 통해 학습이 가능하고 또 다른 아동이 보상이나 벌을 받는 것을 관찰함으로서 간접적 강화를 받게 된다는 것이다. 모델이 하는 행동을 보고 강화를 받는 것을 대리적 강화라 하고, 다른 사람의 행동을 관찰함으로써 학습되는 현상을 관찰학습이라고 한다. 이 때 대리적 조건화에 의한 학습이 가능한데 직접적인 개인적 경험뿐만 아니라 타인의 경험을 관찰하는 것만으로도 행동이 조성되고 강화될 수 있다.

관찰학습은 다음의 네 가지 인지과정을 거쳐서 일어난다. 즉 모델의 행동에 주의를 기울이는 주의 과정, 관찰된 내용을 기억하는 파지 과정, 모방하려는 행동을 직접해 보는 운동재생 과정, 모방행동에 대한 보상이 주어짐으로써 관찰행동의 발생 비율을 높이는 동기화 과정이다.

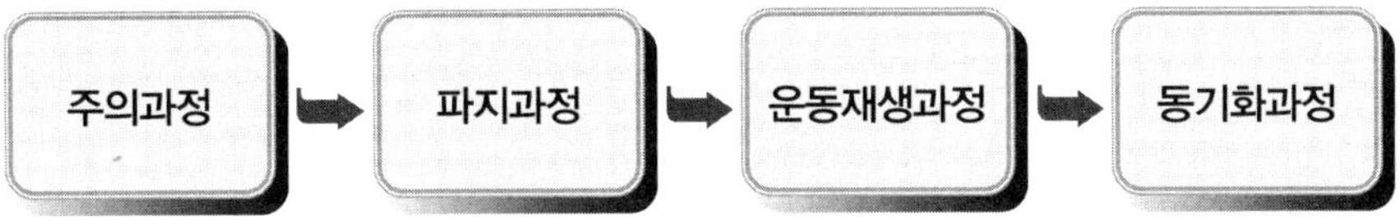

[그림 5-4] 관찰학습의 인지과정

① 주의 과정(attention process)

주의는 모방대상에 관심을 기울이는 과정이다. Bandura는 관찰한 것만 학습한다는 관점에서 관찰자의 선택적 주의집중은 과거의 강화에 영향을 받는다고 주장한다. 주의는 또한 관찰자의 욕구, 흥미 같은 심리적 특성들에 의해 좌우되는 것으로 사람들에게 노출된 모든 것이 자동적으로 학습되지 않는다는 것이다(강문희 외, 2007; 김영옥 외, 2009).

② 파지 과정(retentional process)

파지는 모방대상이 행동을 상징적인 형태로 기억해 두는 과정이다. 모델을 관찰한 후 일정기간동안 모델의 행동을 언어적 방법이나 심상을 사용하는 상징적인 형태로 기억함으로써 영속적 기억 속에 파지된다. 이렇게 상징적으로 표상할 수 있어 관찰에 의한 학습이 가능한 것이다. 학습한 내용을 실제로 기억하지 못하면 효과가 없음을 뜻하기 때문에 상징적 부호화와 연습과정을 포함한다. 파지는 한 사건을 내면화하고 나중에 그 순서를 재생하도록 해 준다(강문희 외, 2007; 김영옥 외, 2009).

③ 운동재생 과정(motor reproduction process)

운동재생은 학습된 것을 어느 정도 정확하게 재생하는가 하는 과정이다. 행동을 정확하게 재생하려면 필요한 운동기술을 갖추어야 한다. 운동재생은 기억되어 있는 내용을 정확하게 재생하는 과정으로 학습자의 운동기술과 신체적 능력, 성장과 연습이 필요하다. 이 과정에는 모델의 행동을 비교하면서 계속 자기의 행동을 수정하여 모델의 행동을 재생할 수 있게 해 주는 교정적 피드백이 필요하다(강문희 외, 2007; 김영옥 외, 2009).

④ 동기화 과정(motivational process)

수행은 강화와 동기적 변인들에 의해 좌우된다. 위의 모든 과정을 통하여 습득된 행동은 강화요인과 동기화 수준에 따라 모방될 수도 있고 안 될 수도 있다. 사람들은 자신이 배운 것 모두를 실행하지 않기 때문이다. 강화는 학습을 수행으로 옮기게 하는 역할을 하고 이미 학습한 것을 활용하도록 동기부여한다(강문희 외, 2007; 김영옥 외, 2009).

(2) 상호결정론

Bandura는 발달과정에서 개인, 행동, 환경 간의 관계는 양방향적이라고 주장한다. 개인은 아동의 인지능력, 신체적 특성, 성격, 신념, 태도 등을 말하며, 이는 행동이나 환경에 영향을 미친다. 아동의 행동은 자신에 대한 느낌, 태도, 신념에 영향을 미친다. 환경도 행동에 영향을 미친다. 아동의 행동의 결과나 아동이 관찰하는 모델은 아동 자신의 행동에 영향을 미치고 아동의 행동은 자신의 환경에 영향을 미친다. 사회학습이론에서 아동의 발달은 아동과 환경 간의 계속적 상호작용에 의해 이루어진다는 것이다. 따라서 아동은 자신의 발달과정에서 능동적으로 참여하는 존재라는 것을 알 수 있다(김영옥 외, 2009).

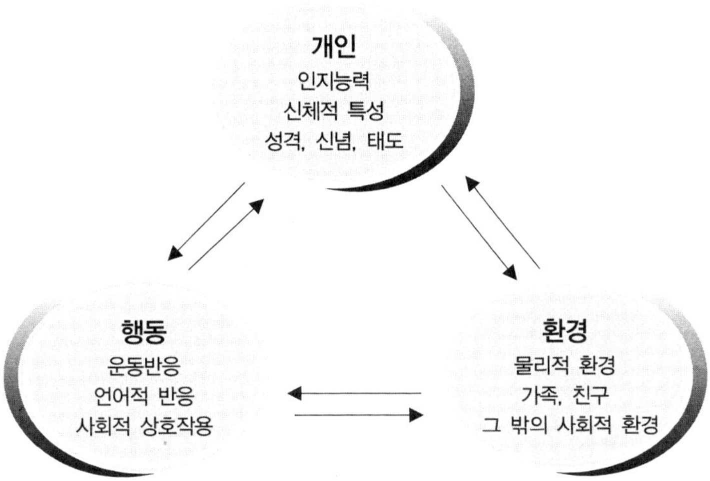

[그림 5-5] 반두라의 상호결정론

(3) 자기효능감

사회학습이론에서 중요한 요소 중 하나는 자기효능감이다. 자기효능감은 자신이 어떤 일을 잘해 낼 수 있다는 개인적 신념으로서 어떤 행동을 모방할지를 결정하게 된다. 자신감이 부족한 사람들은 자신의 결점에 주의를 집중하고 있기 때문에 당면과제에 충분한 주의를 기울이지 않아 실제보다 어렵다고 생각하게 되어 실패의 가능성이 높아지게 된다. 자기효능감을 높이기 위해서는 자신이 하는 일에 대해 믿음을 가지고 스스로 수행하며 자기개발을 위해 노력하는 것이 필요하다(강문희 외, 2007).

2) 교육적 시사점 및 평가

Bandura를 비롯한 사회학습이론가들은 쥐와 같은 동물보다 아동을 대상으로 연구하였기 때문에 아동의 발달이나 행동을 설명하는데 도움이 되고 있다.

특히 아동의 공격적인 행동이나 친사회적인 행동, 성 역할 등의 발달이 다른 사람을 관찰하고 모방함으로써 배울 수 있다는 것을 보여주고 있다. 그러나 모방을 통한 학습은 아동의 능동성을 간과하고 있다는 점을 지적받고 있다. 모델링과 강화가 아동의 발달을 완전히 설명하지 못한다는 한계점이 있으나 Bandura가 인지의 역할을 강조하여 아동이 자신의 학습 과정에서 적극적인 역할을 하는 존재임을 인정했다는 점은 주목을 받고 있다.

사회학습이론은 전통적인 학습이론인 행동주의의 제한점을 보완하면서 학습이 일어나는 사회적 상황을 강조하고 아동이 자신의 발달에 능동적인 영향을 미친다는 점을 인정하였다. 아동발달에서 사회적 · 정서적 · 동기적 측면을 고려함으로서 인간발달에 대한 이해를 넓혔다. 또한 관찰학습과 상징적 표상을 통해 인간의 사고가 사회와 어떻게 연관되는가를 구체적으로 보여주었다. 그러나 인지발달과정에 대한 설명이 없고, 발달이 관찰학습에 어떻게 영향을 미치는가 하는 점은 규명되지 않았다. 또한 아동의 관찰학습이 사회 · 경제적 지위나 문화, 성 등 인구학적 요인에 따라 다를 수 있음에도 불구하고 그에 대한 설명은 불충분하다는 한계를 지니고 있다(Miller, 1993; 김영옥 외, 2009 재인용).

참고문헌

강문희, 김매희, 유정은(2007). 아동발달론. 경기: 공동체.
강봉규, 신현숙, 장선철(2006). 아동발달. 서울: 태영출판사.
곽노의, 김경철, 김유미, 박대근(2007). 영유아발달. 경기: 양서원.
권민균, 문혁준, 권희경, 성미영, 신유림, 안선희, 안효진, 이경옥, 천희영, 한유미, 한유진, 황혜신(2012). 아동발달. 서울: 창지사.
김미영(2010). 아동발달. 경기: 정민사.
김영옥, 백혜리, 최미숙, 황윤세(2009). 아동발달론. 경기: 공동체.
서봉연 역(1983). 발달의 이론. 서울: 중앙적성출판부. Crain, W. C.(1980). .Theories of Development.
윤영애, 강순미, 조대헌(2011). 아동발달. 서울: 태영출판사.
이명조(2005). 영유아발달과 교육. 경기: 양서원.
조성연, 이정희, 천희영, 심미경, 황혜정, 나종혜(2006). 아동발달의 이해. 서울: 신정.
Bandura, A.(1977). Social Learning Theory. Englewood Cliffs. NJ: Prentice-Hall.
Bandura, A. & Walters, R. H.(1963). Social learning and personality development. New York: Holt, Rinehart & Winston.
Berk, L. E.(2006). Child Development(7th ed.). Boston, MA: Allyn & Bacon.
Miller. P. H.(1993). Theories of Development Psychology(3rd ed.). NY: W. H. Freeman and Company.
Rice, F. P.(1998). Human Development(3rd ed.). NY: Prentice-Hall.

제 6 장

인지발달이론

1. 피아제의 인지발달이론
2. 비고스키의 사회문화적 인지발달이론
3. 정보처리이론

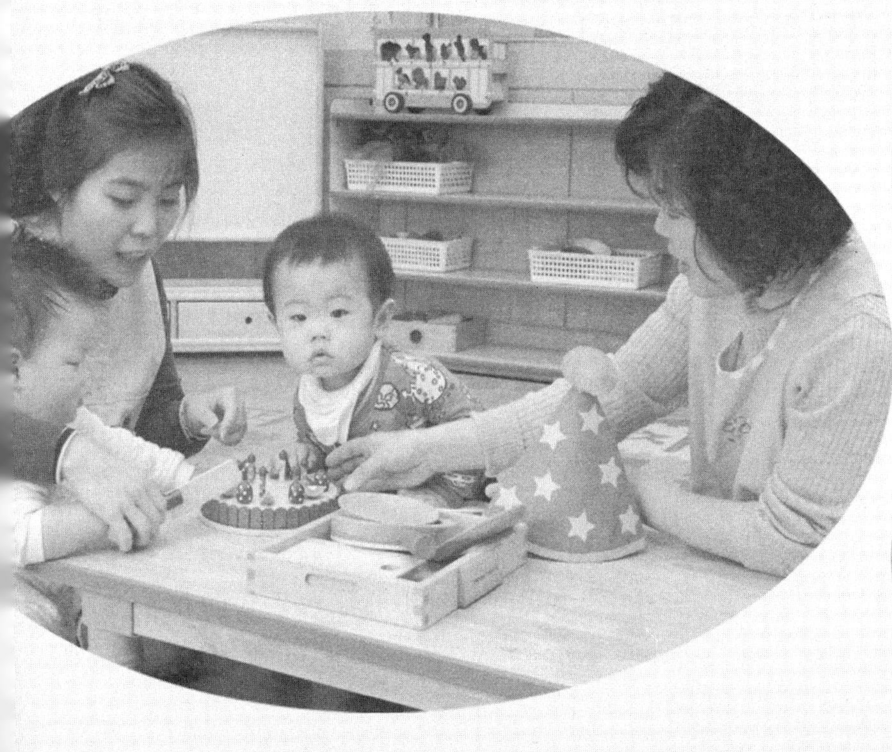

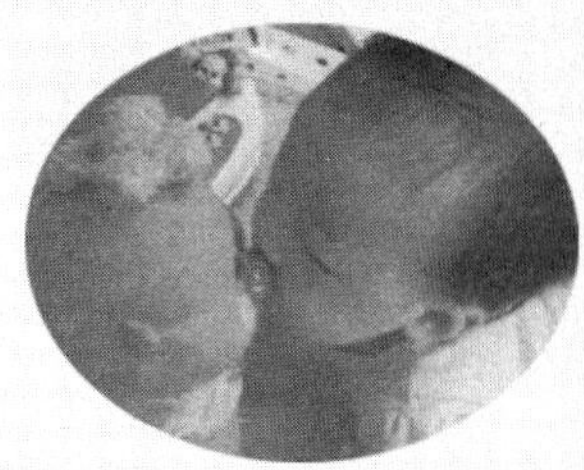

1. 피아제의 인지발달이론

Jean Piaget(1886~1980)는 1986년 스위스 Neuchatel에서 태어났다. 어려서부터 과학에 깊은 관심을 가졌던 그는 10세에 공원에서 본 흰 참새에 대한 논문을 발표하고, 21세에 자연과학분야에서 박사학위를 받았으나 지식의 근원에 관한 문제를 알고자 아동심리 분야에서 연구를 하기 시작하였다. 1920년 Alfred Binet의 심리측정 연구실에서 지능검사 항목에 대한 아동의 반응에 대한 연구를 하는 중 Piaget는 아동의 오류 반응이 일관성이 있다는 것을 알아냈으며, 이를 통하여 아동사고의 기저에는 성인과는 다른 체계가 있음을 발견하였다(Marc & Michael, 2009). 이런 관심은 그의 자녀들을 직접 관찰하고 기술하면서 체계화시켜 나갔다. 아동의 지식이 어떻게 발달하며, 문제들을 어떻게 생각하고 어떻게 해결해 가는지, 즉 인지발달이 어떻게 이루어지는지를 설명하고자 하였다. 수많은 논문과 저서를 낸 Piaget는 현재 인지발달심리학에서 가장 영향력 있는 연구자(Bidell & Fisher, 1972)로 꼽히고 있다.

1) 주요 개념

(1) 도식

Piaget는 인간의 신체가 구조를 갖는 것처럼 정신에도 구조가 있다고 믿었으며, 이러한 정신구조를 설명하기 위해 도식(schema)이라는 용어를 사용하였다(유안진 외, 1998). 아동은 자기 자신만의 인지적 세계를 창조해 나가는데, 이때 사용하는 것이 도식이다. 도식이란 정보를 조직화하여 해석하는데 사용하는 '이해의 틀'로서 아동의 정신세계에 이미 존재하고 있다. 아동은 태어날 때부터 반사능력을 가지고 태어나는데, 이 반사행동을 통해서 주위세계를 해석하며 이후, 이들 반사의 구조가 변화하면서 인지가 발달하게 된다. 예를 들면, 갓 태어난 신생아는 빨기와 같은 단순한 반사운동적 도식만을 갖는다. 그래서 신생아는 출생시 입 안에 들어간 것은 무엇이나 빨지만 점차 우유를 제공하는 자극(젖꼭지)과 우유를 제공하지 않는 자극(손가락)을 구별하게 된다. 도식은 최초에 빨기 반사와 같은 감각운동적 도식을 가지고 태어나기 때문에 아기의 경우에는 사고과정에 쓰이기보다는 활동적 또는 행동적 유형으로 나타난다(김미영, 2010).

(2) 적응, 동화와 조절, 평형

Piaget는 아동들의 인지발달 과정은 적응(adaptation)의 과정이라고 하였다. 즉 아동들이 세상에 적응해 가는 과정이 곧 인지발달과정이라는 것이다(Lamp et al., 2002). 아동들은 새로운 대상을 만나게 되면 자신이 기존에 가지고 있는 이해의 틀에 맞추어서 대상을 이해하려고 한다. 이를 동화(assimilation)라고 한다. 아기는 주변환경을 자기가 이미 가지고 있는 도식에 동화시키는 것이다. 예를 들면, 어떤 아기가 자기 집에 있는 반려견을 통해 강아지라는 말과 개념을 배웠다. 그 아기는 한동안 강아지와 같은 특징을 가진 털이 달린 네 발 동물은 무조건 '강아지'라고 부른다. 동화과정을 통해 새로운 정보를 받아들이는 것이다. 그러다 어느 날 아기가 동네에서 고양이를 보았다. 아기가 고양이를 보고 강아지라고 하자 어머니가 저것은 강아지가 아니라 '고양이'라고 말해 주었다. 이때 아기는 고양이를 이미 가지고 있는 '강아지'라는 기존의 틀로는 이해할 수 없는 새로운 대상에 맞닥뜨리게 되고 이미 가지고 있는 인지구조를 변화시킴으로써 새로운 대상을 이해한다. 이러한 과정을 조절(accomodation)이라고 한다. 아동은 이미 가지고 있는 도식을 주변 환경을 통해 조절해 나간다. 이와 같이 아기들은 동화와 조절을 통해 도식을 이용하고 변경하며 주변환경에 적응한다. 평형은 동화와 조절의 균형을 의미한다. 새로운 자극을 접했을 때 그 자극이 기존의 도식과 맞지 않으면 불균형 상태가 일어나며, 불균형 상태는 긴장과 갈등을 유발하여 평형 상태로 되돌아가려는 노력을 활성화시킨다. 아동은 인지적 평형과 불균형 상태를 끊임없이 왔다 갔다 하면서 인지발달을 이루어 나가게 된다.

(3) 유전과 환경

Piaget에 의하면 유전은 신생아가 세상에서 맞닥뜨리게 될 문제들에 대응할 수 있는 기본 장치로서의 역할을 수행한다고 하였다. 그러나 이러한 유전의 작용이 아동의 발달을 결정짓는 전체적 요인은 될 수 없다고 하였다. 유전적 잠재능력의 실현은 아동 자신이 환경과 상호작용하면서 겪게 되는 경험의 종류에 따라 달라지기 때문이다. Piaget는 환경적 요인으로서의 물리적 경험에 관심을 가졌다. 아동은 생활 가운데서 대상들을 접할 때 그 대상들을 만져 보고 관찰하고 냄새를 맡아 보는 직접적 경험을 해 본다. 이러한 과정을 통해서 아동은 사물의 성질이나 그것이 작용하는 방식에 관한 지식과 논리를 만들어 간다. 아동의 논리나 지능의 발달은 수동적인 대상의 관찰에 의한 것이 아니고, 그 대상에게 영향을 주는 아동 자신의 어떠한 행위로부터 유아 스스로 도출해 낸 어떤 결론에 따른 것이다. 이와 같이 Piaget는 생물학적 성숙이 어떤 기본능력으로서 결정적 역할을 하지만 환경이 이를 촉진하는 역할을 한다고 보았다. 즉, Piaget가 말하는 인지발달이란 개체가 환경과의 상호작용을 통해서 적응해 가는 과정이다(조형숙 외, 2013).

2) 인지발달 단계

Piaget는 인지발달을 질적으로 확연히 다른 4단계, 감각운동기, 전조작기, 구체적 조작기, 형식적 조작기 등으로 구분하였다.

(1) 감각운동기(sensori-motor stage, 출생~만 2세)

이 시기 동안 영아는 감각운동적인 활동을 통해 환경과 상호작용하면서 세상에 대한 이해를 넓혀 나간다. 영아들은 처음에는 생득적인 반사가 출발점이 되지만 시행과 오류의 과정을 통해 사건을 반복함으로써 초기 도식을 조절하고 이를 강화해 나간다. Piaget는 이 시기 동안 발생하는 놀이와 모방은 기존 도식을 강화하고 새로운 도식을 발달시키는데 중요한 역할을 한다고 하였다. 놀이는 동화의 한 형태로 영아들은 즐거움을 위해 기존의 도식을 재연한다. 또 모방은 조절의 한 형태로 영아는 타인을 모방하면서 자신의 도식 구조에 존재하지 않는 행위를 배우고 따라 한다((Marc & Michael, 2009). Piaget는 감각운동기를 6개의 하위단계로 나누어 설명하였다.

① 단순반사 단계(simple reflex, 0~1개월)

이 단계에서 감각과 운동을 통합하는 기본 수단은 젖 찾기나 빨기와 같이 영아가 선천적으로 갖고 태어나는 반사활동이다. 영아는 태어난 직후에는 반사자극이 있는 상황에서만 반사활동을 하지만 이후에는 분명한 반사자극이 없는 상황에서는 반사활동과 같은 비슷한 행동을 만들어 내는 능력을 발달시킨다. 예를 들면, 영아는 태어난 직후에는 병이나 젖을 아기의 입 앞에 바로 갖다 대어 주거나 입술에 닿게끔 해 주어야 빨기 행동을 하였으나 나중에는 우유병이나 젖이 가까이에만 있어도 빨려고 한다.

② 1차 순환반응 단계(primary circular reactions, 1~4개월)

1차 순환반응 단계에서는 반사행동이 보다 정교화되고 적응적인 도식으로 발달하는데, 영아는 처음에는 우연히 발생한 재미있거나 흥미로운 사건을 다시 반복하려고 한다. 예를 들어, 영아가 자기 입 주위에 놓인 손가락을 우연히 빨고 이것이 자신에게 만족을 주게 되면 그 행동을 반복하게 된다. 이 시기에는 영아 자신의 신체가 관심의 집중 대상이 되어 '1차' 라고 하며, 순환반응이라는 개념은 반복적 행동을 묘사하기 위해 사용되었다.

③ 2차 순환반응 단계(secondary circular reactions, 4~8개월)

이 시기의 영아는 자기 자신과 상호작용하던 것에서 벗어나 보다 대상 중심적이 되고 주변 세계에 대해 집중하게 된다. 예를 들면, 우연히 딸랑이를 흔들어 본 영아는 매우 놀라워한다. 그리고 이 놀라움을 다시 맛보기 위해 딸랑이를 흔드는 행위를 반복한다. 그리고 이 시기의 영아는 옹알이라든가 어른들이 내는 소리와 같은 다른 사람들의 단순한 행위 및 신체적 동작의 일부를 모방하기도 한다.

④ 2차 순환반응의 협응 단계(coordination of secondary circular reactions, 8~12개월)

이 시기의 영아는 예전에 학습한 도식들을 협응적인 방식으로 손쉽게 통합시키고 또 재통합시키며, 행동은 예전보다 훨씬 더 외부세계를 향한다. 예를 들면, 영아는 물체를 바라봄과 동시에 그 물체를 움켜잡거나 딸랑이와 같은 장난감을 시각적으로 관찰함과 동시에 촉각적으로 탐색해 보기 위해 만지작거린다. 또 이 시기는 의도적인 행동이 나타난다. 예를 들어, 막대를 이용하여 자신이 가지고 놀고 싶은 장난감을 끌어올 수 있으며, 어떤 한 블록을 갖고 놀기 위해 다른 블록을 치워 버릴 수 있다.

⑤ 3차 순환반응 단계(tertiary circular reactions, 12~18개월)

이 단계의 영아는 활발한 실험을 통해 물체가 가지고 있는 다양한 속성과 자신이 이 물체에 대해 일으킬 수 있는 수많은 변화에 대해 즐거워한다. 예를 들면, 블록을 땅에 떨어뜨려 보기도 하고, 돌리기도 하고, 다른 물체를 맞히기 위해 던져보기도 하고, 돌려보기도 한다. 이전 단계에서는 예전에 일어났던 사건을 다시 반복시키는 데에만 집중되었다면 이 시기는 새로운 것에 대한 흥미와 호기심이 발달하는 시기이다.

⑥ 도식의 내재화 단계(internalization of schemes, 18~24개월)

이 시기 영아의 정신적 기능은 단순한 감각운동적인 것에서 상징적인 것으로 바뀌고, 상징을 이용할 수 있는 능력을 발달시킨다. 영아는 정신적 심상을 통해서 표상적인 사고를 할 수 있는데, 눈앞에 없는 사물, 또는 사건을 머리 속에서 이미지로 떠올려 생각하고 이를 행동으로 나타낼 수 있다. 예를 들면, 유아용 침대 기둥 사이에 장난감이 끼였을 경우, 18개월 이전의 영아들은 장난감이 빠질 때까지 무선적인 방식으로 장난감을 잡아당기고 움직일 것이다. 6단계의 영아들은 상황을 분석하고 문제에 대한 다양한 해결책을 정신적으로 표상하면서 그 장난감을 빼낼 체계적인 방법을 찾는다(Corrigan, 1981).

(2) 전조작기(preoperational period, 2세~7세)

조작(operation)이란 아동이 어떤 행동을 하기 전에 그 행동을 정신적으로 그려 보는 내면화된 행동을 말한다. 조작은 고도로 조직화되어 있고 특정한 논리적 원리와 규칙을 따른다. 전조작기 사고는 불완전하고 제대로 조직되어 있지는 않지만, 행동을 통해 이미 정립되어 있는 것을 사고의 수준으로 재구성할 수 있는 능력의 시작이라고 할 수 있다(Santrock, 2007). 전 조작기는 상징적 기능 단계와 직관적 사고 단계로 나눌 수 있다.

① 상징적 기능 단계(symbolic function substages, 2세~4세)

이 단계의 유아는 눈에 직접 보이지 않는 물체를 정신적으로 표상할 수 있는 능력, 즉 상징적 기능을 습득한다. 이러한 상징적 기능은 유아의 언어, 그림, 가상놀이에서 나타난다. 언어가 발달하면서 시간이나 장소의 한계를 벗어나서 자유롭게 생각한다. 그림을 그릴 때는 해에 눈, 코, 입을 그리는 것과 같이 눈에 보이는 것을 그리는 것이 아니라 자신의 머리 속에 있는 심상을 그린다. 또 소꿉놀이에서 모래를 밥이라고 하거나 자신이 엄마라고 하는 것과 같이 실제의 물건이 아닌 것을 그 물건인 것처럼, 실제의 그 사람이 아닌데 그 사람인 것처럼 가장하여 놀이를 하기도 한다. 이 시기의 발달에는 질적인 변화가 있음에도 불구하고 몇 가지 중대한 결함을 가지고 있는데, 그 중에 자기중심성과 물활론이 있다.

- **자기중심성**(egocentrism): 자기중심성이란 우주의 모든 현상을 자기중심적으로 생각하는 것으로 타인도 동일한 방식으로 지각한다고 생각하는 것이다. 자신이 느끼는 것을 다른 사람도 느끼며, 자신이 알고 있는 것을 다른 사람도 알고 있다고 생각한다. Piaget와 Inhelder(1969)는 '세 산 모형 실험'을 통하여 이 시기 유아들의 자기중심성에 대하여 연구하였다. 유아는 산 모형 주위를 돌아다니면서 각각 다른 위치에서 그 산들이 어떻게 보이는지를 알게 된다. 그런 다음 유아를 산 모형이 놓인 탁자의 한쪽에 앉히고, 인형을 탁자의 이쪽 저쪽에 놓으면서 인형이 보고 있는 산의 모습이 담긴 사진을 고르게 한다. 이 때 유아는 자신에게 보이는 대로 사진을 고른다. 이 실험은 이 시기의 유아들은 아직 다른 사람의 입장, 생각, 사고 등을 이해하는 능력, 즉 조망수용능력이 발달되어 있지 않음을 보여 준다.

[그림 6-1] 세 산 모형 실험(Piaget & Inhelder, 1969)

• **물활론**(animism): 물활론이란 무생물이 살아 있고, 사람처럼 감정이나 의도를 가지고 있으며 움직일 수 있다는 믿음이다. 물활론적 사고를 하는 유아는 생물과 무생물을 구분하지 못한다. 예를 들어, 책상에 부딪힌 유아는 책상이 자신을 다치게 했다고 하면서 책상을 때리거나, 자신이 장난감을 망가뜨리면 장난감이 아프다고 생각하며 미안하다고 사과를 한다. 이런 특징은 그림을 그릴 때도 나타나는데, 이 시기의 유아들이 그린 그림에서 해나 나무와 같은 무생물이 사람의 모습을 하고 있는 것을 볼 수 있다.

② 직관적 사고 단계(Intuitive thought substages, 4세~7세)

이 시기의 유아는 원시적인 추론을 하기 시작하고 모든 종류의 질문에 대한 답을 알고 싶어 한다. 그러나 자신이 알고 이해하는 것에 대해 아주 확신에 찬 것처럼 보이다가도 그것을 어떻게 아는지에 대해서는 아무 설명도 하지 못한다. 이 시기의 유아들은 중심화(centration), 즉 여러 특성들 중에서 오직 한 가지 특성에만 치중하는 성향이 있어 범주화 및 보존개념 습득에 어려움이 있다.

• **분류 및 유목화**(classification): 이 시기의 유아들은 어떤 특성에 따라 범주화할 수 있는 사물들을 순서 없이 제시하고, 이를 분류하라고 하면 어려움을 가진다.

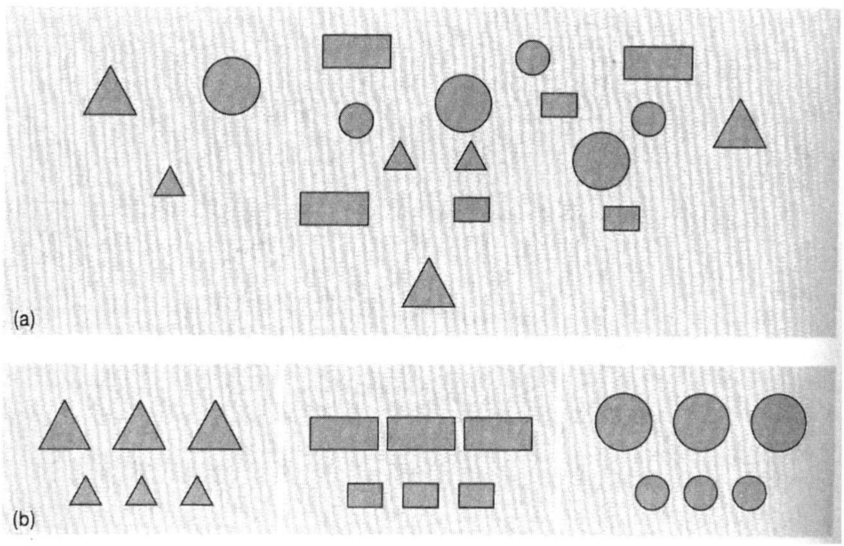

[그림 6-2] 배열 (Santrock, 2007)

또 7세 이전의 유아에게 노란색 꽃 12송이, 파란색꽃 4송이인 16송이의 꽃을 보여주고 "꽃이 더 많니, 노란색 꽃이 더 많니?"라고 물으면 유아는 "노란색 꽃이 더 많다"고 대답한다. 이것은 유아가 아직 유목에 대한 개념을 습득하지 못하고 있음을 보여주는 예이다.

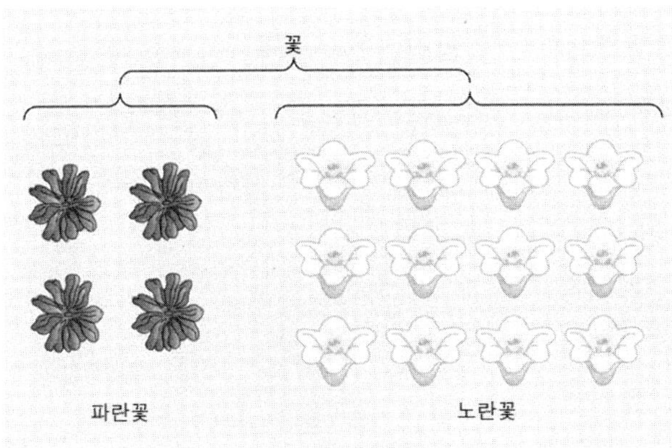

[그림 6-3] 유목화

• **보존**(conservation): 전조작기 사고의 특징인 중심화는 유아의 보존개념에서 도 잘 나타난다. 보존이란 물체나 물질의 외양이 변한다 해도 그 길이, 수, 질량, 분량, 면적, 무게, 부피는 변하지 않는다는 인식이다. 유아에게 2개의 동일한 컵에 똑같은 양의 액체를 부어 제시하고 유아에게 "이 두 컵에 동일한 양의 물이 들어 있냐"고 물어 보면 대부분의 아동은 "그렇다" 고 대답한다. 그 후 두 컵 중 한 컵에 담긴 액체를 이 컵보다 길고 홀쭉한 다른 컵에 옮겨 붓고, "두 컵에 담긴 액체가 동일하냐"고 물으면 "아니오" 라고 대답한다. 이 시기의 유아들은 액체뿐만 아니라 수, 질량, 길이, 부피, 면적의 보존과제도 해결하지 못한다.

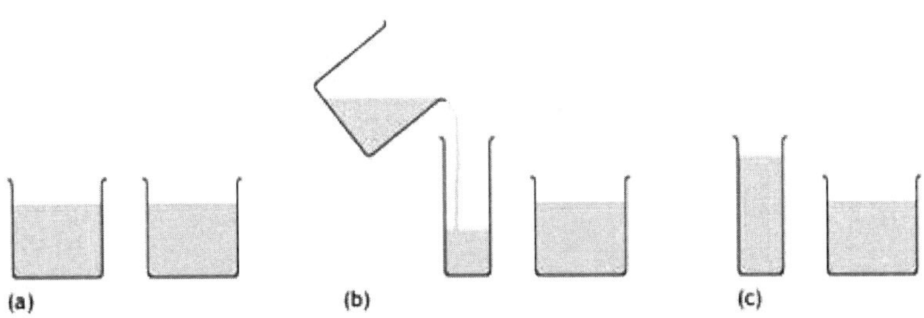

[그림 6-4] 보존과제

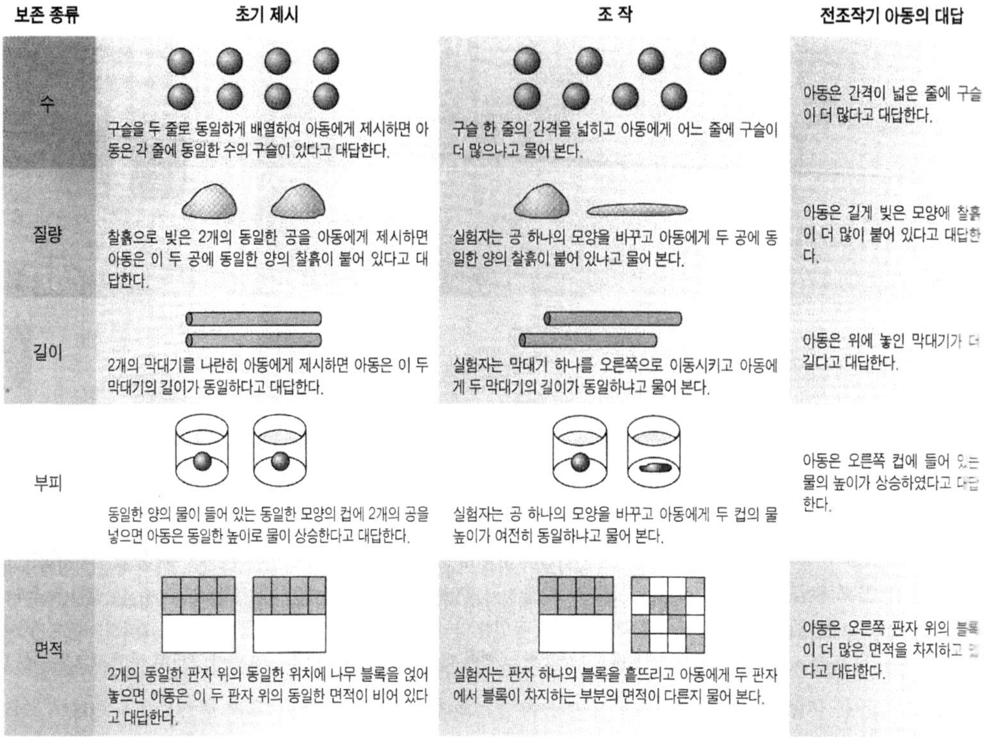

[그림 6-5] 여러 차원의 보존과제(Santrock, 2007)

(3) 구체적 조작기(concrete operational stage, 만 7~11세)

구체적 조작기의 아동은 눈에 보이는 지각적 특성에 의해서가 아니라 논리적 조작이나 규칙을 적용하면서 보존문제, 분류 및 유목화, 서열화의 문제를 풀게 된다.

① 보존개념의 습득

보존개념은 지각의 변화 과정을 역으로 거슬러 올라가면 본래의 상태로 되돌아 갈 수 있다는 가역적인 정신 활동과 물체의 한 가지 특성에 집중하기보다는 여러 특성을 통합할 수 있게 되면서 습득할 수 있게 된다. 예를 들어, 아동에게 2개의 동일한 찰흙 공을 제시한다. 이 중 하나를 길고 홀쭉한 막대기 모양으로 만들고 나머지 하나는 그대로 둔다. 그리고 나서 아동에게 공 모양과 막대기 모양 중 어느 족에 찰흙이 더 많은지를 물어 보면 7~8세의 아동들은 찰흙의 양이 동일하다고 대답한다. 이 질문에 올바르게 대답하기 위해서는 막대기 모양의 찰흙이 다시 공 모양이 되는 것을 상상할 수 있어야 하며, 길이 또는 너비 중 한 가지 특성에만 집중하지 않고 두 가지 차원에 대한 정보를 통합할 수 있어야 한다.

② 분류와 유목화

구체적 조작기의 아동들은 사물을 그룹 또는 하위 그룹으로 분류하고 그 사물들 간의 관계를 알아낼 수 있다. 예를 들면, 구체적 조작기의 아동은 4세대의 가계도에 대한 이해를 할 수 있다(Furth & Wachs, 1975). [그림 6-6]의 가계도를 보면, 할아버지(A)가 3명의 자녀(B, C, D)를 두고 있고 이 자녀들이 각각 2명의 자녀(E, J)를 두고 있으며, 이 중 한 자녀(J)가 3명의 자녀(K, L, M)를 두고 있다. 구체적 조작기 아동은 J가 아버지이자 형제이면서 동시에 손자이기도 하다는 사실을 이해한다. 이 분류 체계를 이해하는 아동은 그 체계 내에서 수직으로, 수평으로, 사선으로 왔다 갔다 하며 그 관계를 이해할 수 있다(Santrock 2007).

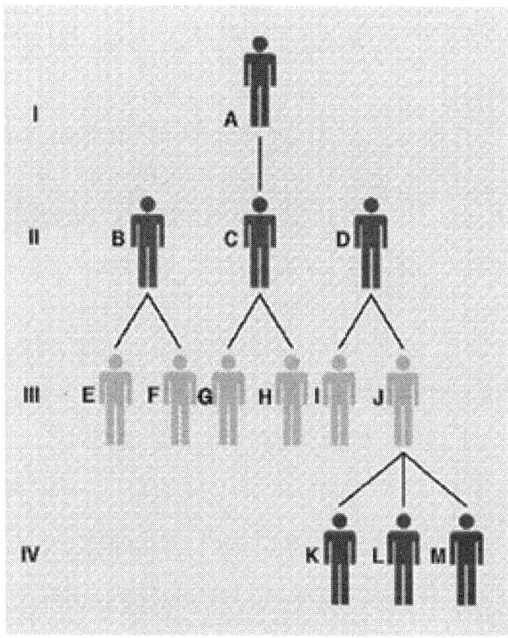

[그림 6-6] 분류 및 유목화

③ 서열화

구체적 조작기의 아동들은 길이 등과 같은 양적 차원에 따라 사물을 배열할 수 있다. 예를 들면 막대기 8개를 길이의 순서대로 배열 수 있다.

④ 조망수용능력

구체적 조작기의 아동들은 자기중심적인 사고에서 벗어나 타인의 입장, 감정, 인지 등을 추론하고 이해할 수 있는 조망수용 능력을 발달시키게 된다. 따라서 앞서 설명한 Piaget와 Inhelder(1969)의 '세 산 모형 실험'에서 인형이 보는 산 모양을 추론할 수 있게 된다.

그러나 구체적 조자기 사고가 전조작기 사고보다 진전되어 있기는 하지만 구체적 조작기 사고에도 한계가 있다. 구체적 조작기 아동은 뚜렷하거나 구체적인 대상이 아니면 직관적 사고 수준에서 벗어나는 논리적 추론을 할 수가 없다.

(4) 형식적 조작기(formal operational stage, 만 11세 이후)

형식적 조작기는 청소년기에 해당하는 것으로, 이 시기의 사고는 구체적 조작기의 사고보다 추상적, 이상적, 그리고 가설 연역적인 것으로 특징지워진다.

① 추상적 사고

청소년은 더 이상 실제적이고 구체적인 경험만을 바탕으로 생각하지 않는다. 청소년은 가상의 상황, 즉 순전히 가설적인 상황이나 추상적인 계획을 바탕으로 사건을 지어 낼 수 있으며, 이에 대한 논리적 추론이 가능하다. 예를 들어, 구체적 조작기 아동이 'A=B이고 B=C이면 A=C이다'라는 논리적 추론을 하기 위해서는 구체적인 구성 요소인 A, B, C를 눈으로 직접 보아야 하지만, 형식적 조자기의 청소년은 말로만 들어도 이 문제를 해결할 수 있다(Santrock, 2007).

② 이상적 사고

형식적 조작기 사고는 추상적일 뿐만 아니라 이상적인 것들에 대해서도 사고의 범위를 확장시킨다. 구체적 조작기 아동의 사고가 구체적, 실제적, 제한적이라면 청소년은 자신이나 타인에 대한 희망과 같은 이상적인 것들에 대해서도 생각을 하게 되며, 이러한 생각을 갖게 되면 이상적인 기준에 따라 자신과 타인을 비교하기도 한다. 또 미래의 가능성에 대한 환상 같은 것을 갖기도 한다.

③ 논리적 사고

청소년은 보다 논리적으로 사고한다. 청소년들은 문제를 해결하기 위해 계획을 수립하고 이를 해결하기 위한 방법들을 체계적으로 검증하면서 마치 과학자처럼 사고하기 시작한다. Piaget는 이러한 과정을 설명하기 위해 가설 연역적 추론(Hypothetical-deductive reasoning)이라는 용어를 사용하였다. 가설 연역적 추론을 가장 잘 설명할 수 있는 것이 스무고개이다.

3) 교육적 시사점 및 평가

Piaget의 이론은 교육에 대해 다음과 같은 점을 시사한다(Heuwinkle, 1996). 첫째, 아동들은 무작정 교사를 모방하거나 기계적으로 행동하기보다는 스스로 무언가를 발견하여 그것에 대해 생각해 보고 논의를 할 때 학습 효과가 가장 크다. 둘째, 교사는 아동들의 사고를 촉진시키기 위해 학생들의 말에 귀를 기울이고, 학생들을 관찰하고, 학생들에게 질문을 던져야 한다. 셋째, 아동의 학습은 자연스럽게 이루어져야 한다. 아동이 충분히 성숙하여 준비가 되기 이전에 너무 많은 것을 강요해서는 안 된다. 넷째, 교사들은 학생들의 자발적인 탐색과 발견을 강조해야 한다. 이미 정해진 교재나 과제에 얽매이지 않고 활동에 대한 학생들의 관심과 자연스러운 참여도를 관찰하여 학습과정을 어떻게 꾸려 나갈지를 결정해야 한다.

Piaget는 발달심리학 분야의 거장이자, 현재 우리가 아동 인지발달이라고 부르는 분야의 창시자였다. 심리학자들은 동화, 조절, 대상영속성, 자기중심성, 보존 등과 같은 수많은 대표적 개념을 Piaget로부터 배웠다. 또한 Piaget는 아동을 관찰하는 데 있어서도 천재적이었다. 그의 주의깊은 관찰은 아동이 주변 세계에 대해 어떻게 행동하고 적응하는지를 발견할 수 있는 창조적인 방법들을 제시하였다(Santrock, 2007). 그러나 Piaget이론은 수많은 의문이 제기되기도 하였다. 첫째, 최근 어린 아동들의 인지 능력은 Piaget가 생각했던 것보다 뛰어나고, 청소년과 어른의 인지 능력은 결함이 많다고 보고 있다(Flavell, Miller, & Miller, 2002). 둘째, Piaget는 하나의 단계에서는 단일한 구조의 사고만이 가능하다고 믿었으나 최근에는 아동의 인지 발달이 Piaget가 생각했던 것만큼 단계별로 이루어지는 것은 아니라는 것이다(Santrock, 2007). 셋째, Piaget는 문화나 교육의 영향을 과소평가하였다. 아동이 속한 문화가 인지 발달을 할 수 있는 기회를 얼마나 제공하느냐에 따라, 또 교사가 어떤 교육을 시키느냐에 따라 인지적 사고의 발달을 촉진시킬 수 있다(Gelman & Brenneman, 1994).

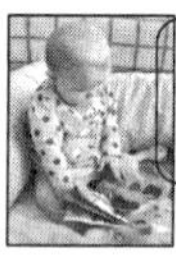

2. 비고스키의 사회문화적 인지발달이론

러시아의 발달학자인 Lev Vygotsky(1896~1934)는 Piaget와 같이 아동이 적극적으로 그들의 지식을 구성한다고 믿었다. 그러나 Vygotsky는 인지 발달에 있어서 사회적인 상호작용과 문화를 Piaget보다 더욱 강조하였다. 유아가 어떻게, 왜, 지금, 그들이 행하고 있는 것과 같은 행동을 발달시키게 되었는가를 이해하기 위해서는 그 유아가 살고 있는 사회와 문화의 역사적 배경을 이해해야만 한다고 하였다. 왜냐하면 유아의 발달이란 그 유아 자신이 속한 사회와 문화, 역사적 환경 가운데서 겪게 되는 수많은 경험 속에서 가능해지기 때문이다(조형숙 외, 2013). Vygotsky의 이론은 문화와 사회적 상호작용이 어떻게 인지발달을 이끄는지를 강조하는 사회 문화적 인지이론이다.

Vygotsky는 Piaget와 같은 해에 태어났으나 37세의 나이로 일찍 생을 마감하였다. Vygotsky의 이론은 점점 더 많은 사람들의 관심을 받고 있는데, 그 이유는 최근 아동발달에서 사회, 문화적 요인의 중요성에 대한 인식이 고조되고 있기 때문이다.

1) 주요 개념

(1) 근접발달영역(zone of proximal development, ZPD)

근접발달영역이란 아동이 스스로의 힘으로 문제를 해결할 수 있는 수준인 실제적 발달수준과 성인이나 유능한 또래로부터 도움을 받아 문제를 해결할 수 있는 수준인 잠재적 발달 수준간의 중간영역을 의미한다. Vygotsky는 아동이 독립적으로 할 수 있는 능력뿐만 아니라 도움을 받아서 할 수 있는 능력까지 관심을 넓혔다(권민균 외, 2012). Vygotsky가 근접발달영역을 강조한 밑바탕에는 사회적 영향, 특히 아동의 인지발달에 있어 아동에 대한 지도가 갖는 중요성에 대한 그의 믿음이 자리잡고 있다. 근접 발달영역은 성숙되는 중에 있고 보다 능숙한 자의 도움을 받아야만 성취될 수 있는 아동의 인지 능력을 따로 구분하고 있다(Kozulin, 2000). Vygotsky(1962)는 이러한 능력을 발달의 '씨앗' 또는 '꽃'이라고 불러 발달의 '열매'와 구별하였으며, 발달의 '씨앗' 또는 '꽃'을 갖게 되면 그 '열매'는 아동이 독자적으로 성취할 수 있게 된다고 하였다.

[그림 6-7] 근접발달영역(전현표, 2009)

(2) 비계(scaffolding)

근접발달영역과 밀접한 관련이 있는 개념이 비계이다. 비계는 건축학에서 사용하는 용어로 건물을 지을 때 발판으로 사용하다가 건물이 완성되면 제거해 버리는 장치를 말한다. Vygotsky는 건물을 지을 때의 비계와 같이 아동이 문제를 해결할 수 있도록 성인이나 유능한 또래가 도움을 주다가 아동이 스스로 문제를 해결할 때쯤 도움은 더 이상 필요 없다고 하였다. 비계설정을 위해 성인은 아동이 아무것도 알지 못한 때는 직접적으로 지시하는 방법을 사용하고, 과제를 처리가능한 단위로 세분화하며, 아동의 주의를 환기시키려는 노력을 하는 등 다양한 수준으로 아동에게 도움을 주는 방법과 양을 조절해 나가다가, 아동의 능력이 증가되면 스스로 문제해결을 할 수 있도록 이와 같은 지원을 제거한다. Vygotsky는 아동의 인지발달은 자신이 속한 문화에서 보다 성숙한 구성원과의 상호작용을 통해 이루어진다고 보았다.

(3) 언어와 사고

Vygotsky는 인간이 신체적 능력을 확장하기 위해 물리적 도구를 사용하는 것과 같이 정신적 능력을 확장하기 위해 심리적 도구를 개발한다고 하였다. 이 도구들에는 그림, 숫자, 음표, 지도 등과 같은 상징체계들이 있는데, 이보다 더 중요한 상징체계는 언어라고 하였다(Routledge, 2009). Vygotsky는 언어는 유아의 사고 발달에 필수적이라고 믿었는데, 이것은 사고가 언어발달에 우선한다고 한 Piaget의 생각과는 차이가 있다.

Vygotsky(1962)는 어린 아동은 언어를 사회적 의사소통을 목적으로 할 뿐만 아니라 자신의 행동을 계획하고 조정하기 위해서도 사용한다고 하였다. 이와 같은 목적으로 사용하는 언어를 내적 언어(inner speech), 또는 사적 언어(private speech)라고 한다. Piaget는 사적 언어를 자기중심적이고 미성숙한 것으로 보았지만 Vygotsky는 사적 언어는 아동기 초기 사고에서 중요한 역할을 한다고 하였다. Vygotsky는 생의 초기에는 언어와 사고가 각각 발달하다가 나중에 가서 병합된다고 하였다. 그는 모든 정신적 기능이 외부적, 혹은 사회적 근원을 가지고 있다고 생각하였다. 아동이 자신의 생각에 내적으로 집중할 수 있기 위해서는 우선 다른 사람들과 의사소통을 하면서 언어를 사용한다. 또한 아동이 외적 언어가 아닌 내적 언어를 사용할 수 있기 위해서는 오랜 기간 동안 외적으로 의사소통을 해야만 한다. 이러한 외적 언어에서 내적 언어로의 전환 과정은 3~7세 사이에 일어나며, 이 과정에는 혼잣말을 하는 과정이 포함된다. 그 후 어느 정도의 시간이 지나면 아동은 말하지 않고서도 행동할 수 있게 된다. 이러한 단계에 도달했다는 것은 아동이 자신의 자기중심적 언어를 내적 언어의 형태로 내면화시켰다는 뜻이 되며, 이것이 곧 생각이 된다(Santrock, 2007).

2) 교육적 시사점 및 평가

Vygotsky의 이론은 교육적으로 다음과 같은 중요한 시사점을 가지고 있다.

첫째, 개인의 발달에서 사회적, 문화적 맥락의 중요성을 강조한다. 대부분의 발달이론가들은 보편적인 발달에 초점을 두었으나 Vygotsky는 발달의 보편적인 목표라는 것은 없으며, 이상적 사고나 행동은 각 문화권마다 다르다고 보고 문화적 상대성을 인정하였다(정옥분, 2012). 둘째, 근접발달영역에 대한 개념이다. Vygotsky의 근접발달영역에 대한 개념은 구체적으로 아동의 능력에 대한 평가, 교수법, 그리고 발달 과정에 대해 여러 가지 긍정적인 영향을 주었다. 이 개념은 단순하게 현재 발달 수준에 근거하여 아동을 평가하지 않고, 잠재적인 능력에 대한 관심을 갖도록 하였다. 또한 또래나 교사들과의 상호작용을 통해 아동이 잠재능력을 발휘하는 교수법에 대한 관심을 갖게 하였다(권민균 외, 2012). 셋째, 언어의 중요성에 관한 것이다. 언어는 유아의 인지 발달에 결정적인 역할을 하며, 문화적 활동에 효과적으로 참여하게 하고 타인과의 의사소통에 중요한 수단이 되므로 교사는 유아의 언어 능력 발달에 최대한 관심을 기울여야 하며, 부모 또한 자녀에게 모범적인 언어사용 모델이 되도록 주의를 기울여야 한다는 것이다(Routledge, 2009).

Vygotsky의 이론은 교육적인 측면에서 중요한 영향을 미쳤으나 동시에 비판도 있다. 그의 이론에 대한 비판은 다음과 같이 요약될 수 있다. 첫째, 인간의 생물학적 측면을 간과했다는 점이다. 물론 생물학적 영향력의 중요성은 인정하였지만 유전이나 뇌의 성장이 유아의 인지발달에 미치는 영향에 대해서는 거의 언급하지 않았다는 비판을 받고 있다(정옥분, 2012). 둘째, Vygotsky가 주장한 근접발달영역 등의 개념정의가 명확하지 않기 때문에 경험적 검증이 어렵다는 지적을 받고 있다. 또한 성인이나 또래들, 즉 타인의 역할을 지나치게 강조한다는 것과 능동적인 활동 참여자가 되기 위해 아동이 무엇을 해야 하는지에 대하여 충분히 설명되지 않았다는 비판을 받고 있다(권민균 외, 2012).

3. 정보처리이론

정모처리이론은 아동이 정보를 처리하고 검토하고 정보에 대해 전략을 세우는 것을 강조한다. 정보처리이론가들은 인간의 인지과정을 컴퓨터가 정보를 처리하는 과정과 비교하여 설명하였는데, 육체적인 뇌는 컴퓨터의 하드웨어와 유사하고 인지는 소프트웨어와 유사하다고 하였다. 컴퓨터가 새로운 기술로 더 우수한 정보를 처리할 수 있는 것처럼 아동은 점차적으로 정보처리 능력을 발달시키며, 이는 아동으로 하여금 점점 더 복잡한 지식과 기술을 획득하게 한다. 정보처리이론의 중심은 기억과 사고의 처리라고 할 수 있는데, 정보처리에 대한 선두적인 전문가인 Siegler(1998)는 개인이 지각하고, 부호화하고, 표시하고, 저장하고, 정보를 다시 생각해 낼 때, 사고하는 것이라고 하였다(Santrock, 2007).

1) 주요 개념

(1) 부호화(encoding)

부호화는 정보를 기억 속에 집어넣는 기제로 이를 잘 하기 위하여서는 주의, 시연, 조직화, 정교화 등의 전략이 필요하다.

① 주의(attention)

주의는 기억을 하기 위한 첫 번째 과정으로 특정한 자극에 관심을 보이고 잠시 몰두함으로써 기억될 수 있는 역할을 한다. 걸음마 시기의 영아는 집중하지 못하고, 한 행동에서 다른 행동으로 주의가 쉽게 전환되며, 어떤 한 대상이나 사건에 초점을 맞추고 짧은 시간 동안만 집중한다. 취학 전 연령의 아동들은 과제수행이나 문제해결에 관련된 것보다는 눈에 띄거나 두드러진 차원에만 주의를 기울인다. 그러나 6, 7세 이후의 아동들은 문제 해결에 관련된 차원에 더 효율적으로 주의를 기울인다.

② 시연(rehearsal)

시연은 기억 속에 정보를 오래 머무르게 하기 위해 정보를 계속해서 반복하는 것이다. 시연으로 기억 속에 많은 정보를 저장할 수는 없지만, 좀 더 오랫동안 정보를 유지시킬 수 있다. 시연은 짧은 기간 동안 일련의 목록을 기억할 필요가 있을 때 가장 유용하다.

③ 정교화(elaboration)

정교화는 기억해야 하는 항목들에 무엇인가 덧붙이거나 의미 있게 연결함으로써 기억을 촉진시키는 것을 말한다. 정보와 관련하여 이미지화하거나 개인적 경험을 연결하는 것 등이 이에 포함된다.

④ 조직화(orgarnization)

조직화는 기억해야 할 것들을 의미 있는 것으로 관련지어 묶거나 범주화하는 방법이다. 예를 들면 버스, 의자, 사과, 기차, 옷장, 포도 등의 사진을 주고 이를 기억하라고 할 때 버스와 기차는 탈것으로, 사과와 포도는 음식으로, 의자와 옷장은 가구로 범주화하여 기억을 하면 더 잘할 수 있다.

(2) 저장(storage)

아동은 정보를 부호화한 뒤에 그 정보를 보유하고 저장해야 한다. 기억저장의 가장 중요한 특징은 시간에 따라 감각기억, 단기기억, 장기기억 등의 세 가지 저장소를 갖는다.

① 감각저장(sensory storage)

감각기억은 원래의 감각세계로부터 받아들인 정보를 순간적으로 포착하는 것으로 1, 2초 동안만 유지된다. 따라서 시연과 같은 정신적 처리과정을 통해 단기기억이나 장기기억화 시키지 않으면 빨리 잊어버린다. 5세 유아의 감각기억 용량은 성인의 감각기억 용량과 동일하다(Morison, Holmes, & Haith, 1974).

② 단기저장(short term storage)

많은 정보들은 소리와 시각에 대한 감각기억을 넘어서 오랫동안 지속되지 않는다. 이런 정보는 한순간만 보유된다. 그러나 어떤 정보는 특별한 주의를 기울였을 때 단기기억으로 전환된다. 단기기억이란 제한된 용량의 기억체계로 정보가 책략을 이용하지 않는 한 30초 정도만 정보를 보유한다. 감각기억과 비교해 볼 때, 단기기억은 용량이 제한되어 있지만, 비교적 더 길게 정보를 저장할 수 있다. 숫자들로 되어 있는 짧은 자극 목록을 빠른 속도로 제시했을 때, 2, 3세 영유아들은 2개의 기억량을 가지며, 7세에는 5개, 12, 13세에는 7개까지 증가한다.

③ 장기저장(long term storage)

장기기억은 영구적으로 오랜 시간 많은 양의 정보를 가지고 있는 기억형태로 시간이나 용량은 무제한이라고 할 수 있다.

(3) 인출

인출은 저장된 정보를 찾아내기 위해 기억의 저장소를 탐색한다. 부호화와 마찬가지로 탐색도 자동적으로 일어나거나 또는 노력을 요할 수도 있다. 인출은 인출과제의 위치나 특성에 따라 달라진다.

① 순차적 위치 효과(serial position effect)

순차적 위치 효과는 회상이 목록의 앞쪽과 뒤쪽의 항목이 중간에 있는 것보다 더 잘 회상하는 것을 말한다. 이 가운데 초두효과는 목록 중 초기에 나와 있는 항목이 가장 쉽게 기억되는 경향을 말하며, 최신효과는 목록의 마지막에 있는 항목이 가장 쉽게 기억되는 경향을 말한다.

② 재인(recognition)

재인은 어떤 자극이 이전에 경험한 것과 동일하거나 유사하다는 것을 인지하는 것으로, 선다형 문제와 같이 그 자체가 인출단서로서 존재하기 때문에 가장 간단한 인출방식이다.

③ 회상(recall)

회상은 빈칸 채우기나 문제 풀기와 같이 특별한 단서 없이 이전에 학습한 정보를 인출해야 하는 기억과제를 말한다. 회상하기 위해서는 부재한 자극의 정신적 이미지를 생성할 수 있어야 하기 때문에 재인보다 더 이후에 발달한다.

2) 교육적 시사점 및 평가

정보처리이론은 인간의 인지과정을 컴퓨터의 정보처리 과정과 비교함으로써 인간의 복잡한 사고과정을 가시화하고 알기 쉽게 풀이하였다. 그러나 과업의 처리기제나 과정에만 초점을 맞추었을 뿐, 그 과정이 일어나는 맥락이나 개인의 욕구, 능력 및 이들 간의 관련성은 간과했다는 비판을 받고 있다(Miller, 1993).

참고문헌

권민균, 문혁준, 권희경, 성미영, 신유림, 안선희, 안효진, 이경옥, 전희영, 한유미, 한유진, 황혜신(2012). 아동발달. 서울: 창지사.

김미영(2010). 아동발달. 경기: 정민사.

전현표(2009). 위키백과. Vygotsky ZPD. svg.

조형숙, 박은주, 강현경, 김태인, 배정호(2013), 유아발달. 서울: 학지사.

Berstein, M. & Lamp, M. 편저. 곽금주, 김민화, 신혜은, 김연수, 이새별, 이승진 공역(2009), 발달과학, 서울: 학지사.

Bidell, T. L., & Fisher, K. W.(1992). Beyond the stage debate: Action, structure, and variability in Piagetian theory and research. In R. J. Sternberg & C. A. Berg (Eds.). Intellectual development, 100-140. New York: Cambridge University Press.

Corrigan, R.(1981). The effects of task and practice on search for invisibly displaced objects. Developmental Review, 1, 1-17.

Flavell, J. H., Miller, P. H., & Miller, S. A.(2002). Cognitive development(4th ed.). Upper Saddle River, NJ: Prentice Hall.

Gelman, R., & Brenneman, K.(1994). Domain specificity and cultural variation are not inconsistent. In L. A. Hirschefeld & S. Gelman (Eds.), Mapping the mind: Domain specificity and culture. New York: Cambridge University Press.

Heuwinkle, M. K.(1996). New ways of learning 5 new ways of teaching. Childhood Education, 72, 27-31.

Kozulin, A.(2000). Vygotsky. In A. Kazdin(Ed), Encyclopedia of psychology. Washington, D. C, & New York: American Psychological Association and Oxford University Press.

Lamp, M., Bornstein, M., & Teti, D.(2002). Development in infancy. Mahwah, NJ: Lawrence Elbaum Associates.

Miller, P. H.(1993). Theories of developmental psychology(3rd ed.). NY: W. H. Freeman and Company.

Morison, F. J,, Holmes, D. L., & Haith, D. L.(1974). A developmental study of the effects of familiarity on short term memory. Journal of Experimental Child Psychology, 18, 412-425.

Piaget, J. & Inhelder, B.(1969). The child's conception of space. New York: W. W. Norton.

Routledge, S. S.(2009). Introducing Vygotsky: A guide for practitioners and students in early years education. London and New York.

Santrock, J. W.(2007). 곽금주, 정윤경, 김민화, 박성혜, 송현주 역. 아동발달심리학. 서울: 박학사.

Vygotsky, L. S.(1962). Thought and Language. Cambridge, MA: MIT Press.

제 3 부

영아의 연령 및 영역별 발달

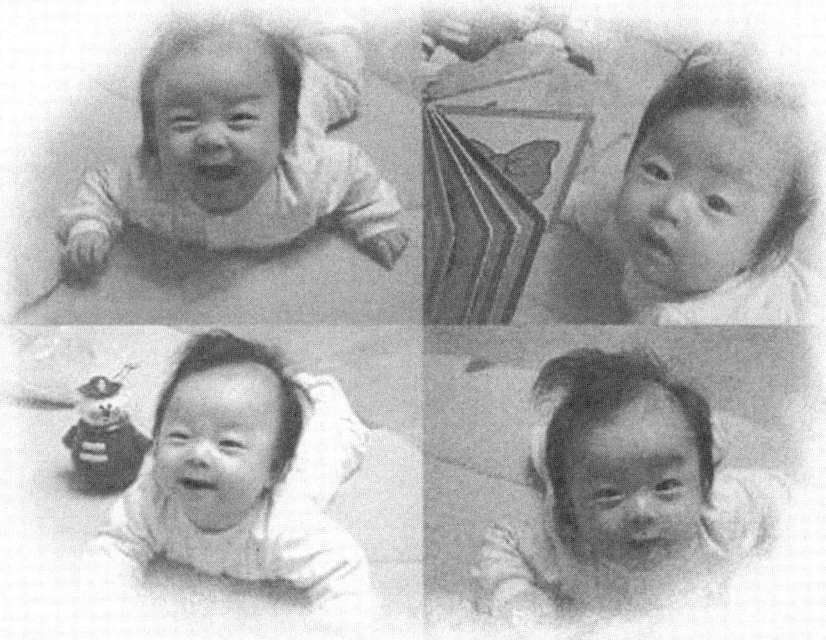

제 7장

생애시작

1. 태아기 발달
2. 신생아 발달

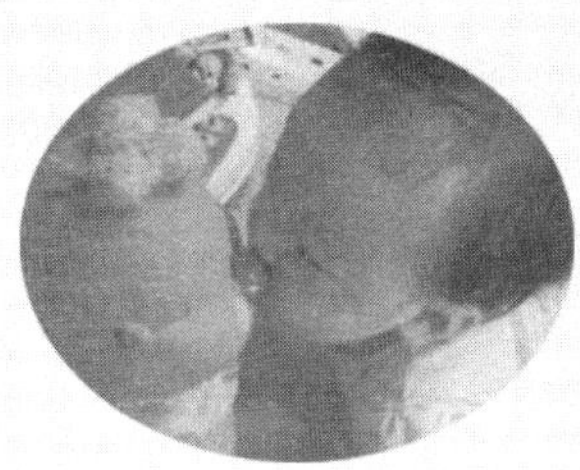

1. 태아기 발달

태아란 임신 초기부터 출생 시까지의 임신된 개체를 의미한다. 수정 후 2주 후부터 8주까지는 배아, 수정 8주 이후부터 출생 때까지를 태아로 구별한다. 의학적으로 정자와 난자가 만나서 수정된 후 세포 분열하는 3주~8주까지는 태아가 아닌 배아라고 부르고 그 후 9주부터 출산까지를 태아라고 한다.

1) 태아의 성장 · 발달

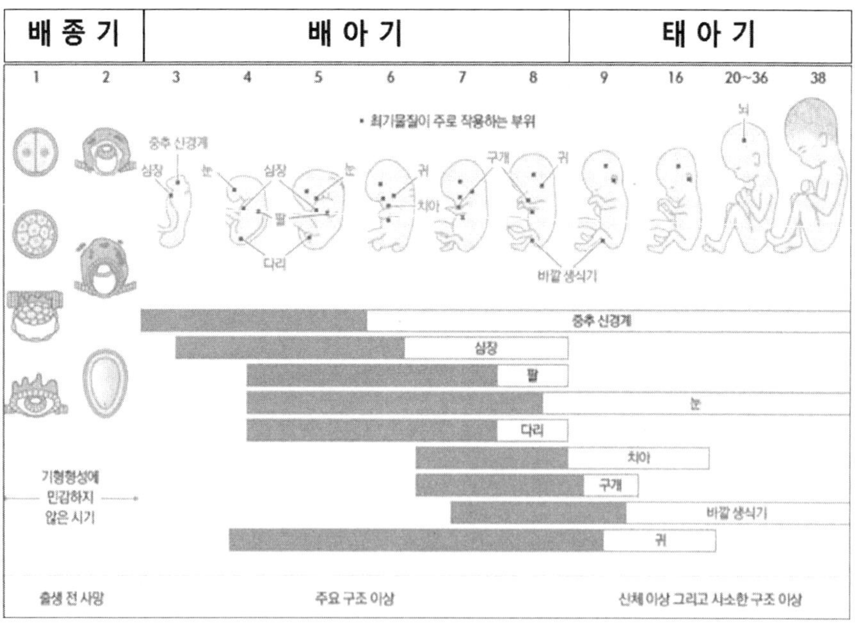

[그림 7-1] 태아의 발달과정

출처 : Morre & Persaud(1993). Berk(2006). 재인용

태내기는 임신으로 시작하여 출산에 이르기까지 대략 266일, 28주 동안 이루어지며 34~40주 사이에 산모의 자궁에서 세상 밖으로 나오게 된다. 이것은 단세포의 수정체에서 수많은 세포분열을 통해서 하나의 인간으로 탄생하게 되며 임신기간은 크게 3단계로 나눌 수 있다. 1단계 배종기, 정자와 난자가 수정되는 순간부터 자궁벽에 안착하는 약 2주간의 시간을 이야기한다. 2단계 배아기, 임신 3주~8주간의 시간을 이야기하며 이 시간동안 각각의 기관들이 형성된다. 마지막으로 3단계 태아기, 임신 8주 이후부터 출산까지의 시간으로 태아가 성장하는 시간이 된다.

(1) 배종기

수정 후 약 2주경의 시간이 지나면 수정체는 자궁착상이 끝난다. 하지만 수정체의 약 30%는 착상하지 못하는 경우도 발생을 한다. 그것은 정자와 난자가 부정확하게 수정이 되었다거나 세포분열이 온전하게 이루어지지 못하였기 때문이다. 산모의 자궁에서 부적절한 수정체는 자궁의 착상을 거부함으로 배아기에 이루지 못하게 한다.

(2) 배아기

자궁벽에 수정체가 착상한 이후부터 약 8주까지의 시간을 배아기라고 한다. 이 기간 동안 태반이 발달하며 탯줄이 형성되게 되며 외 · 중 · 내배엽 등으로 구분하여 세부적인 기관들이 형성된다. 처음으로 신경계가 가장 빠르게 발달하며 외배엽으로 뇌, 척수, 피부, 치아가 원시적인 척수인 신경관이 형성되고 중배엽은 근육, 골격, 혈관 내배엽은 허파, 간, 소화기관이 발달한다.

신경관이 형성되고 3~4주경에는 뇌를 형성하는데 신경관 내부에서는 정보를 저장, 전달하는 뉴런이 생성되기 시작한다. 임신 2개월째에는 눈, 귀, 토, 턱, 목 등이 형성되고 팔, 다리, 손가락, 발가락이 보이기 시작한다. 또한 내장

기관이 발달하고 소장과 대장, 심장에 심방이 형성된다. 배아기 기간에 입 주위와 발바닥은 자극에 반응하며 조금씩 움직일 수 있게 되며 [그림 7-1]을 보면 사람에 가까운 모습으로 성장한다.

(3) 태아기

임신 8주후부터는 태아기에 접어들게 된다. 외형적으로 완전한 사람의 모습을 하고 있으며 빠르게 성장한다. 이 시기에 각각의 기관들, 근육, 신경계가 조직화되고 상호간 연결이 된다. 또한 운동을 시작하고 손가락 빨기를 시작한다.

(4) 3개월

내 · 외부의 생식기가 발달하고 태아의 성별을 구별할 수 있으며 통상적으로 남아의 생식기가 여아보다 빨리 발달한다.

(5) 4개월

태아의 성별이 뚜렷이 구분되고 눈의 홍채가 발달하며, 모든 신경들과 아래 잇몸에 치아가 형성되고, 손톱과 발톱이 생긴다. 간이 기능을 시작하고 갈비뼈와 척추는 연골조직에서 경화되기 시작하며 이때 산모는 태동을 느낄 수 있다.

(6) 5개월

임신 5개월부터 태아는 소음에 불편해하며 스트레스를 받고 빛을 감지할 수 있으며 이것은 청각과 시각이 기능을 시작함을 이야기한다. 허파는 아직 미성숙하고, 대뇌가 호흡과 체온을 조절할 정도로는 발달되지 못한 상태이다.

(7) 6개월

뇌 발달이 이루어져 모든 뉴런들이 형성된다. 나머지 임신기간은 물론 출산 이후에도 더 이상의 뉴런의 생성은 이루어지지 않는다. 눈꺼풀이 분리되고 속눈썹이 형성되며 심장박동이 뚜렷해지는 상태이다.

(8) 7개월

호흡과 삼키기를 통제할 수 있을 정도로 신경계가 성숙한다. 대뇌가 빠르게 발달하고 감각기능과 운동기능을 통제하는 대뇌조직이 형성되어 통증을 느낄 수 있으며 하루의 11%를 깨어서 활동한다. 태아는 소리에 민감하게 반응하며 믹서소리에 놀람을 나타내며 소리에 반응하여 눈을 깜박거리기 시작한다.

(9) 8 · 9개월

8개월부터 피아지방층이 형성되며 9개월부터는 계속해서 성장하며 동시 호흡, 소화, 체온기능 등이 출산을 위한 준비를 한다. 이 때부터 태아의 머리는 자궁경부로 향하며 질병에 대한 항체가 혈액을 통해 태아에게 흘러간다.

표 7-1

월별 태아의 발달과정

구 분	특징
2개월	두뇌의 형태가 나타남
3개월	기억력이 생긴다(학습이 가능한 상태)
4개월	소리를 듣는다. 기쁨, 불안 등 감정발달
5개월	발길질, 손가락 빨기, 소리에 반응, 미각발달
6개월	두뇌활동이나 감정이 풍부, 촉각발달

7개월	명암을 구분, 바깥 소리를 구분, 후각발달
8개월	빛과 어둠(명암)을 감지함
9개월	배냇짓(자면서 웃거나 눈, 코, 입 따위를 쫑긋거리는 짓), 맛 선호
10개월	머리를 골반에 두고 나올 준비를 함

2) 태아의 학습능력

임신 후 6개월이 지나면 태아가 의식을 시작한다. 생리학적, 신경학적, 생화학적, 심리학적 연구 등에서 밝혀졌으며 태아는 기억할 수 있고 학습도 가능하다.

(1) 시각

태아와 어머니의 뇌는 탯줄을 통해 연결되어 있어 어머니의 뇌를 통해서 보내져 온 멜라토닌이라는 호르몬의 증감을 통해 태아는 명암을 감지하게 된다. 태아가 태내에서 어두움을 인지하고 있음을 확인하기 위해 원숭이를 이용하여 실험을 한 결과 원숭이의 뱃속에 있는 새끼원숭이가 감지하고 있음을 확인하였다. 태아가 직접 산모의 뱃속에서 눈으로 사물을 바라보고 느끼는 것이 아니라 산모의 시각으로 바라본 것들로 느끼고 바라본 감정들이 호르몬을 통해 태아에게 전달 및 간접경험을 하게 된다.

- 임신 8주 시각발달, 임신 7개월부터 명암을 구분함
- 눈부신 빛을 비추면 손가락 빨기를 함
- 입체, 두렷한 명암, 곡선에 더 흥미를 느낌
- 6개월 : 물체의 깊이를 감지하고 중간색을 구분함
- 태아교육 : 좋은 명화와 그림책

(2) 청각

태아는 수정 후 4개월이 지나면 직접 음성을 들을 수 있다. 5개월부터는 산모의 음성을 기억하며, 산모의 음성에 따라서 심리상태가 변화함을 볼 수 있다. 이후부터는 음성뿐만 아니라 소리를 기억하게 된다. 또한 7개월쯤 되면 소리를 분간하는 능력이 있어 소리에 따라 좋고 싫은 반응을 보이게 된다, 어머니의 심장박동, 현악기의 클래식, 작은 새의 지저귐, 바람소리 등의 자연음을 매우 좋아한다. 좋은 소리와 싫어하는 소리 중 어느 쪽을 자주 들려주느냐에 따라 그 후의 성장에도 큰 영향을 주게 된다.

- 3주, 듣기 시작함
- 3개월, 소리 나는 방향을 인식
- 4개월, 음색을 구별함
- 5개월, 소리에 반응
- 높낮이가 있는 소리를 좋아함
- 높은 음에 가락이 있고 억양이 강한 말을 좋아함
- 태아교육 : 클래식 등 정서가 담긴 음악

(3) 스트레스

산모가 고민, 불안감을 가지면 각자 차이가 있지만 태아는 스트레스를 받게 된다. 즉 산모의 스트레스는 태아에게 전이되면 그 스트레스는 태아의 신체적, 정신적 발달의 방해요소로 작용하고 유산에까지도 영향을 미친다. 따라서 태아의 성장과 발달을 위해서 산모의 심적인 안정과 스트레스로부터 철저한 관리가 중요함을 볼 수 있다.

'후천적인 영향'에 의해 형성된다고 믿어졌던 '남자다움과 여자다움'이라고 하는 성격도 태아에서의 스트레스에 의해 영향력을 미친다. 한 예로 제 2차 세계대전 경의 독일에서 임신 초기에 공습을 받은 산모의 아기는 호모섹슈얼적인 성격을 가진 사내아이가 많았다는 보고가 있었으며 1971년 일본 다나교수에 의해 일본에서도 똑같은 경향이 있다는 연구결과가 있다(천종후, 2000).

(4) 지각

태아는 수정 후 4개월 정도의 시간이 지나면 지능을 관리하는 기관이 형성된다. 또한 수면 중에 발달시키기 때문에 뇌의 발달을 위하여 산모의 육체적, 정서적 안정이 중요하다. 이유는 산모의 육체적, 정서적 상태가 태아의 수면에 영향을 미치며, 곧 태아의 정서와 지능발달에 영향을 주기 때문에 산모는 안정적인 수면환경을 만들어 주도록 노력하여야 한다.

인간의 뇌 세포 수는 약 150억 개로 태아인 동안에 만들어지며 출생 이후 늘거나 재생되지는 않는다. 태아기 266일 동안 150억 개의 뇌신경 세포를 만들기 위해서 하루 평균 5~6천만 개의 세포를 생성하고 있다(천종후, 2000).

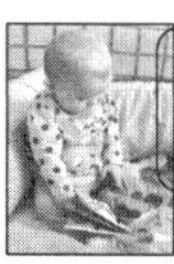

2. 신생아 발달

1) 신생아의 신체특성

신생아의 평균 체중은 약 3.4kg이고, 신장은 평균 50~51cm이며, 남아가 여아보다 약간 더 크고 무겁다. 신체의 비례도 성인과 달라 머리가 전체 몸길이의 1/4쯤 되며, 목은 머리가 뒤로 젖혀졌을 때만 보이므로 마치 머리가 바로 어깨 위에 붙어 있는 것처럼 보인다. 출생 당시의 신생아는 양수에 몸이 젖어 있으며, 피부는 치즈와 같은 물질로 덮여 있는데 이것은 출생 전 태아의 피부를 보호해 주는 역할을 한다. 신생아는 미숙한 형태나마 주요 신체구조가 형성되어 있고, 모든 뇌세포 역시 출생 시부터 존재하며 다양한 자극에 반응한다(이재연, 1993).

신생아의 24시간은 다음 중에서 한 가지 상태에 높여 있다. 첫째, 눈이 감겨져 있고, 호흡이 규칙적인 정규의 수면상태, 둘째, 사지의 운동과 얼굴을 찡그리는 불규칙한 수면상태, 셋째, 눈은 떠 있으나 활동하지 않는 졸린 상태, 넷째, 눈이 기민하게 움직이며 움직이는 물체를 쫓으며 방심하지 않는 비활동 상태, 다섯째, 몸 전체를 사용하여 광범한 근육활동을 하는 깨어 있는 활동의 상태, 여섯째, 우는 고통의 상태다. 이 중 네 번째의 상태가 학습과 타인과의 상호작용에 가장 적합하다(최보가, 1993).

Piaget는 인지발달 단계 중 신생아를 비롯한 영아기(0~2세)를 감각 · 동작기(sensori-motor period)라 명명하였다. 아기는 태어나자마자 감각 · 동작적인 행동을 하면서 환경을 인식하게 되고 사물을 지각하게 되는데 이러한 감각 · 동작적인 행동은 모든 지적발달의 기반이 된다.

처음에는 신체나 감각적인 관계, 환경적 대상에 대한 의식이 없지만 나중에는 대상과 자기를 의식하게 되고, 물체를 잡거나, 목표물을 향해 움직이거나, 소리와 행동을 모방할 수 있게 된다.

이 단계의 영아는 언어를 가지고 있지 않다. 따라서 영아는 그가 직접 다루는 사물이 아니면 그 사물은 존재하지 않는 것으로 생각한다. 이 때 영아의 사물에 대한 도식은 항구성을 가지고 있지 않다. 모든 것을 자기를 중심으로 보게 되며, 자신의 심리적 세계만 존재한다. 이 단계의 마지막 부분에 이르러서야 영아는 대상영속성(object permanence)이 발달하여 직접 체험하고 있지 않을 때도 대상이 계속 존재한다는 것을 이해하게 된다.

결국 2세경이 되어서야 영아는 대상영속성을 이해하게 되고, 대상이 자기 눈앞에서 사라지더라도 그 대상을 찾는 행동을 하게 된다.

목표에 이르는 일련의 행동을 할 수 있고, 그의 환경에 있는 어떤 질서를 알아챘다 하더라도 영아의 생각은 여전히 주로 감각적 경험에 제한되어 있고, 동작 활동에만 관련되어 있다. 감각 · 동작적인 활동이라 하더라도 이 기간 동안에는 처음 출생해서 가지고 있던 몇 가지 반사적인 도식(빨기, 잡기, 물기 등)에서부터 이제는 전혀 반사적인 것과 달라 보이는 상당히 크고 복잡한 도식들을 발달시키게 된다. 이러한 발달은 역시 영아가 근본적으로 환경에 대해서 가지는 감각 · 동작적인 활동에 의해 가능한 것이다. 따라서 이 감각 · 동작적인 활동은 발달의 모든 단계에 영향을 미치는 아주 중요한 기초가 된다.

2) 신생아의 발달특성

(1) 신생아의 지각

아기는 출생 직후부터 독특한 특징을 갖고 있는데 이는 자궁환경의 조건과 유전형질에서 비롯된 것이다. 모든 신생아가 다 똑같아 보일지라도 사실은 아기마다 셀 수 없을 정도의 많은 다양한 면들이 있다. 예를 들면 근육의 상태, 자극에 반응하는 강도, 손, 발을 움직이는 속도, 젖을 빠는 힘과 젖을 빠는 유형, 촉각 시각 청각의 민감성, 울음소리의 크기와 계속성, 민첩함의 정도, 수면양상, 새로운 경험의 수용성 여부 등에서 그 다양함을 볼 수 있다(Escalona, 1968).

신생아는 환경내의 다른 물체나 사건은 무시하는 반면, 어떤 특정한 대상이나 사건에 주의를 집중하는 약간의 지각적 편향성을 나타낸다. 가장 중요한 지각적 편향성은 어떤 방식으로 변화하거나 매우 다양하게 나타나는 자극에 주의를 기울이는 경향성이다. 움직이는 물체들, 흑백의 대조를 이루는 물체들,

혹은 크기, 리듬, 가락이 다른 소리를 내는 물체들이 가장 영아의 주의를 잘 끌고 지속시키는 경향이 있다(최보가, 1993).

(2) 신생아의 정서

신생아의 감정표현은 때로는 강하지만 다양하지는 않다. 배고픔과 통증 등으로 불쾌해지면 눈물을 흘리지 않은 채 버둥대며 온몸이 빨개지도록 울어댄다. 이러한 온몸 울음은 자라면서 아동이나 성인들처럼 상황에 따라 세분화된 것으로 바뀐다. 신생아는 충분히 젖을 먹고 평온한 상태에서는 반사적인 안락한 미소를 짓는다. 이것을 배냇웃음이라고 하는데 생후 6주 무렵 주위 사람의 얼굴과 목소리에 대한 반응으로 나타나는 사회적 미소(social smile)와는 뚜렷이 구분된다. 대부분의 경우 신생아는 만족, 불쾌, 그리고 그 중간상태(neutrality) 등 세 가지의 기본적인 정서상태에 있다고 할 수 있다. 그러나 몇 가지 현상들에 의해 신생아가 사회적 반응에 민감하게 지각한다는 것을 알 수 있다.

첫째, 생후 1일쯤 된 신생아는 다른 신생아의 울음에 따라 운다는 증거가 있다.

둘째, 만져 주고 안아 주면 신생아는 아주 민감하게 반응해 운다.

셋째, 신생아는 성인이 자신에게 해 주는 말의 리듬에 맞추어 움직인다.

넷째, 성인의 얼굴표정을 모방한다.

(3) 신생아의 울음

태어남과 동시에 일어나는 울음소리는 새로운 환경에 대한 아기의 첫 번째 음성표현이다. 분광사진(spectrographic, sound spectrogram)으로 분석한 결과 아기들의 울음소리는 일정한 리듬형식(울고, 쉬고, 들이마시고, 쉬는)으로 구성되어 있음을 알 수 있다(Ziajka, 1981).

출생 후 첫 몇 달간의 울음은 동물의 소리와도 비교할 수 있다. 신생아의 울음은 배고픔과 추위, 불편하고 아프거나 다른 신체적인 욕구를 표현하는 원초적인 목소리 신호이기 때문이다. 부드러운 울음은 다소 리드믹하고 가락적인 반복된 소리라는 특징이 있다. 이것이 언어발달의 첫 번째로 상징될 수 있다. 음성적인 표현은 두려움, 분노, 사랑의 기본적인 감정표현과 연결되어진다. 이를테면, 두려움은 갑작스럽게 숨을 몰아쉬게 하고, 입술을 오므리게 하고, 울게 만든다. 분노는 비명지르기와 호흡의 정지를 일으키고, 사랑은 부드럽고, 응얼거리는 소리나 만족한 듯 부글부글거리는 소리와 같이 표현된다. 신체움직임 또한 이런 소리와 일치한다. 두려움에선 몸이 위축되고 움추려진다. 분노에선 강직이 일어나고 사랑의 감정에서 이완된 많은 움직임을 나타낸다.

Boukydis(1985)도 울음이 의사전달의 역할을 한다고 했다. 그는 아기의 울음을 연구했는데, 울음은 상호교류적이고, 조정하고자 하는, 역동적인 관계라는 상황에서 발생한다고 언급했다. 또 Ostwald(1985)는 아기의 울음이 배고프고, 춥고, 외롭거나 아픈 것을 알려주는 대단히 효과있는 소리신호로써의 역할을 한다고 정의하면서 울음은 정서적인 욕구를 들을 수 있도록 표현하는 최초의 수단이라고 했다.

Hollien(1980)은 소리를 두 가지 차원으로 구분하였다. 첫째, 의사소통의 도구로써의 소리(communicative sounds)는 울음, 비명소리, 안달하는 소리, 흐느껴우는 소리, 목메는 듯한 소리, 훌쩍거리는 소리를 포함하고, 둘째, 생장으로써의 소리(vegetative sounds)로는 응얼거리는 소리, 낄낄거리는 소리, 만족한 듯 부글부글거리는 소리, 투덜거리는 소리, 빠는 소리, 한숨소리, 씩씩거리는 소리, 입맛 다시는 소리, 헐떡거리는 소리, 재채기 소리, 하품소리, 기침소리, 딸꾹질 소리를 말한다.

이상에서 알 수 있듯이 언어로 자신의 의사표현을 하기 이전의 아기, 특히 신생아에게 있어서의 울음은 운다는 그 행동자체로써의 의미가 아닌 비언어적인 의사소통의 도구가 되는 것이다.

3) 신생아의 반사

반사는 어떤 특정자극에 대한 반응으로써 예측이 가능하며, 학습된 것이 아닌, 자동적이고 비의도적인 반응행동이다. 신생아의 행동으로는 비자발적인 운동인 반사운동이 있으며, 대부분 4개월 이후에는 소멸되며 영아의 자발적인 운동으로 통합된다. 신생아의 반사운동은 타인과 비언어적 상호작용의 시작이 될 수 있다. 신생아의 비자발적인 움직임을 바라보는 주변사람 특히 주양육자의 반응은 반사운동을 자발적인 운동으로 발달하는 촉진이 될 수 있다고 생각해 볼 수 있다.

이러한 반사행동에는 두 종류가 있다.

(1) 생리적인 반사

생리적인 반사는 생존반사라고도 하며, Bowlby(1988)는 생존반사(survival reflexes)를 유해한 자극에 대해 보호기능을 할 뿐 아니라 영아의 기본 욕구를 충족시키는 기능으로 설명하였다.

생명을 유지하는데 중요한 역할을 수행한다. 중요한 생리적인 반사로는 구토, 재채기, 딸꾹질, 하품, 눈 깜박거리기 등이 있다. 신생아의 동공은 빛의 밝기에 따라 열려지고 닫혀진다. 신생아의 눈물은 눈을 계속적으로 닦아주고, 자극물을 씻어주는 역할을 한다. 그러나 가까운 물체에 자동적으로 초점을 맞추는 기능은 아직 나타나지 않는다. 또한 신생아는 어떤 물체가 입안으로 들어가면 반사적으로 침을 분비한다.

(2) 원시반사

모로반사, 바빈스키반사, 걸음마반사 등의 원시반사(primitivw reflexes)는 대부분 수개월 이내에 사라지는데, 이는 대뇌피질이 발달함에 따라 신생아의 반사운동이 점차적으로 의식적이고 자발적인 행동으로 대체되기 때문이다(정옥분, 2012).

바빈스키반사(Babinski reflexes)는 손톱과 같이 딱딱한 도구로 신생아의 발바닥을 뒤꿈치에서 앞쪽으로 건드리면 발가락을 바깥쪽으로 부채처럼 펴는 반사이다.

어떤 자극에 대하여 복합적인 행동반응을 나타내는 반사이다. 요람에 혼자 누워 있을 때 신생아는 아주 무력한 상태이다. 그러나 어른이 안으려고 가까이 접근하면 아주 다른 존재로 변한다. 예를 들어 배가 고플 때는 다른 포유동물의 새끼와 마찬가지로 젖꼭지를 찾는 것처럼 어른의 몸을 입으로 더듬는다. 그러다가 옷이나 머리카락, 피부 등 무엇이라도 잡히면 아기는 몸통이나 팔, 다리를 활발히 움직이는 활동적인 존재로 변한다. 이러한 찾기반사를 빨기반사(sucking reflex)와 같은 것으로 보는 학자도 있으나 이와는 구별된다.

아기의 입이나 어딘가에 닿으면 아기는 머리를 자극방향으로 향하고, 입도 자극하는 물체를 찾으려고 한다. 이런 반응은 손가락을 사용하여 알아볼 수도 있는데 만약 자극이 젖꼭지일 경우 아기는 그것을 찾아 빨기, 삼키기, 숨쉬기의 협응행동을 수행한다. 이런 빨기반사의 비율과 강도에는 심한 개인차가 있다.

잡기반사(grasping reflex)는 손바닥이나 손가락이 자극을 받으면 자극에 사용된 물건을 힘주어 잡는 반응을 말한다. 어떤 아기는 너무 힘을 주어 잡아서 몇 분 정도는 그냥 매달릴 수 있는 정도까지 이른다. 3-4개월이 되면 잡기반사는 자발적인 잡기 행동으로 대체된다.

신생아는 성인이 놀라는 것처럼 갑작스런 강한 자극에 반응을 보인다. 모로반사(Moro reflex)는 큰소리가 나거나 밝은 빛이 비춰지고 혹은 아기의 자세를 갑자기 변화시킬 때 아기가 팔과 다리를 뻗쳤다가 다시 오므리는 반응이다.

아기의 배 부분을 수평으로 받아주면 아기는 마치 수영하는 것과 같은 수영반사(swimming reflex)를 보이기도 한다.

또한 아기를 수직으로 받쳐 주면 발과 다리를 위로 올리고 또 내림으로써 마치 걷는 것과 같은 걷기반사(walking reflex)도 보인다. 이런 반응은 출생 직후 곧 사라지나 걸을 준비가 될 만큼 성숙해지는 영아 중기에서 말기 사이에 다시 나타난다.

신생아 시기의 움직임은 특별한 형태의 자극에 대해 반응하는 타고난 자동 반응인 반사(reflex)로 설명될 수 있다(김혜금 외, 2011, 46). 이를 간략히 정리하면 다음과 같다.

표 7-2

반사의 특징

구분	특징
찾기반사 (rooting reflex)	입 주변의 뺨을 건드리면 자극을 준 쪽으로 머리를 돌리며 입을 살짝 오물거린다.
빨기반사 (sucking reflex)	우유병, 젖꼭지, 손가락 등 얼굴에 닿으면 무엇이든 입으로 규칙적으로 빤다.
목강직반사 (asymmetry tonic neck reflex)	등을 바닥에 대고 눕히고 머리를 한쪽으로 돌리면 한쪽 팔은 머리가 향하고 있는 방향 앞으로 펴고, 다른 팔은 구부리며 마치 펜싱 자세를 취한다.
모로반사 (moro reflex)	신생아의 등을 수평으로 받친 채 갑자기 머리를 떨어뜨리거나 또는 갑자기 큰 소리를 내면 팔과 다리를 벌리고 손가락을 펴며 마치 무엇을 껴안으려고 하는 자세를 한다.
파악반사 (palmar reflex)	신생아의 손바닥을 손가락으로 누르면 성인의 손가락을 자동적으로 쥔다.
걷기반사 (stepping reflex)	신생아의 팔 밑을 잡고 평평한 곳에 맨발이 닿게 하면 걷는 것처럼 발을 교대로 움직이다.
바빈스키반사 (babinski reflex)	발가락에서 발뒤꿈치 쪽으로 발바닥을 건드리면 발가락을 부챗살처럼 펴고 발을 안으로 비튼다.

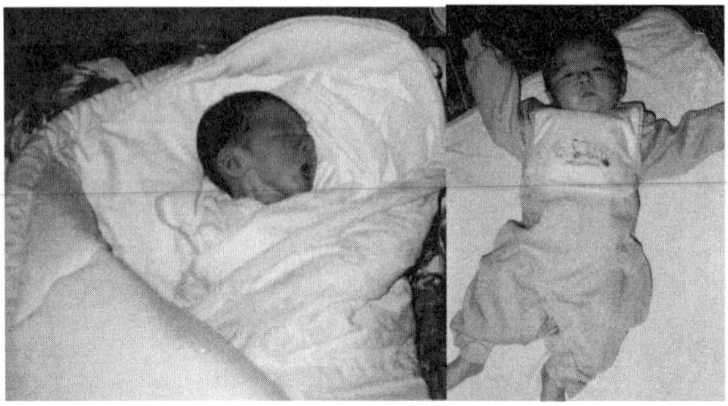

[그림 7-2] 신생아

갓 태어난 신생아들은 뇌신경이 아직 성장하지 못하고 기타 여러 근육이나 조건들이 발달하지 못해서 엎드려 놓으면 고개를 전혀 가누지 못하고 뺨과 배꼽을 포함하여 몸 전체를 바닥에 닿게 된다. 그러다 조금씩 성장하면서 신체의 기능이 발달하여 6주가 되면 머리를 약간 들어 올릴 수 있게 된다. 2개월이 되면 앉혀 놓았을 때 어느 정도 고개가 안정되며, 3개월이 되면 아이를 엎어놓았을 때 고개를 수직으로 들어 올릴 수 있고 물체가 움직일 때 고개를 돌리면서 물체를 바라볼 수 있게 되어 자유롭게 고개를 가눌 수 있는 시기가 된다.

목가누기에 대한 객관적인 검사로 "견인반응"이 있는데 아이를 똑바로 누운 자세에서 고개를 반듯하게 하고 아이의 두 손을 잡아 천천히 위로 45도 정도까지 잡아 올리면서 고개가 제대로 따라 올라오는지를 관찰하는 방법으로 3개월이 훨씬 지났음에도 불구하고 고개를 잘 가누지 못하고 견인반응에서 고개가 축 뒤로 늘어져 있는 경우에는 뇌성마비 등의 발달장애가 의심되므로 전문적인 검사를 받아보셔야 한다.

– 소아과 전문의 장영택(2000) –

참고문헌

이재연 역(1993). 아동발달. 서울: 문음사.

정옥분(2012). 영아발달. 서울: 학지사.

천종후(2000). 태아교육을 통한 기독교교육의 재정립 : 태교의 성경적 의미 고찰. 한세대학교 신학대학원 석사학위논문.

최보가 역(1993). 아동발달. 서울: 형성출판사.

Boukydis, Z.(1985). Infant crying: Theoretical and research perspectives. NY: Plenum Press.

Bowlby, J.(1988). A secure base: Clinical applications of attachment theory. London: Routledge.

Escalona, S.(1968). The roots of individuality. Chicago: Aldine.

Herr, A. S., & Swim, T.(1998). Creative resources for infants and toddlers. Albany, NY: Delmar Publishers.

Hollien, H.(1980). Developmental aspects of neonatal vocalization. In T. Murry & J. Murry(Eds.), Infant communication: Cry and early speech(20-85). Houston, TX: College Hill Press.

Ostwald, P. F.(1985). Musical behavior in early childhood. Developmental Medicine and Child Neurology, 15(1), 367-375.

Ziajka, A.(1981). Prelinguistic communication in infancy. New York: Proeger.

제 8 장

신체 · 운동발달

1. 만 0세의 신체 · 운동발달
2. 만 1세의 신체 · 운동발달
3. 만 2세의 신체 · 운동발달

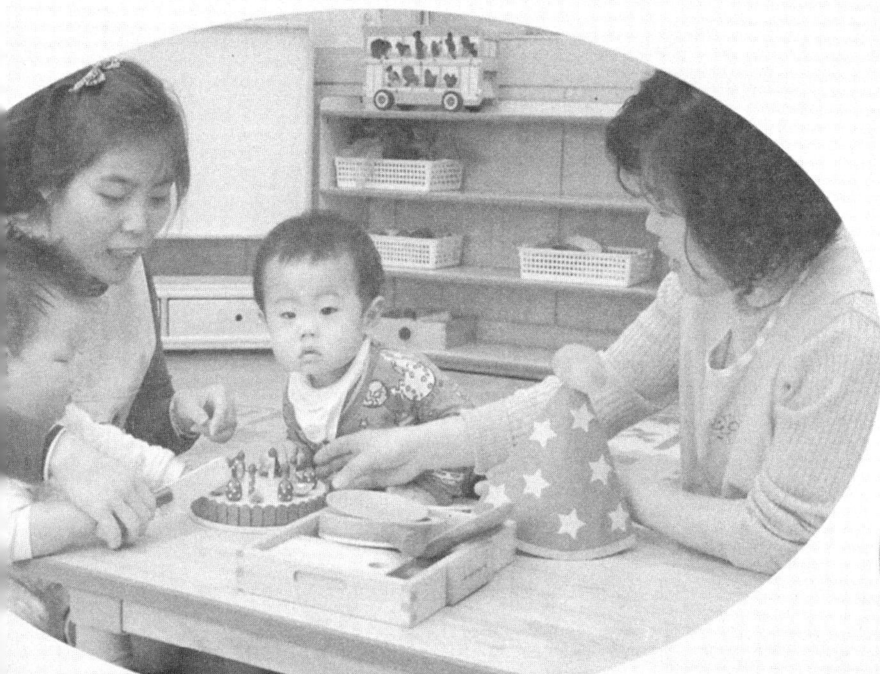

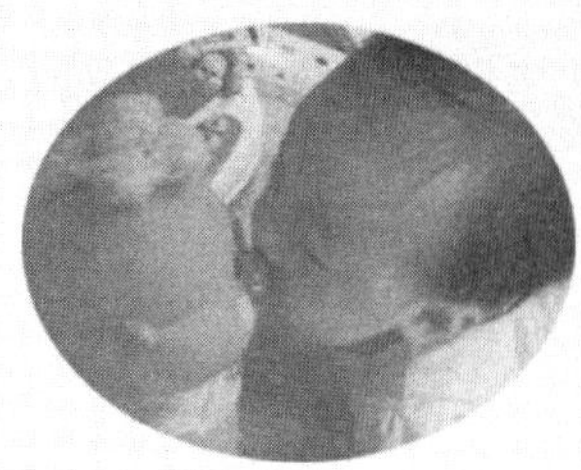

영아의 신체 · 운동발달은 발달심리학에서 신체발달(physical development), 운동발달(motor development), 감각 및 지각발달(sensory & perceptual development)로 구분하고 있다. 신체발달은 신장과 체중, 골격 등의 발달을 말하며, 운동발달은 신체의 움직임으로 앉기, 기기, 서기, 걷기 등의 대근육의 움직임과 잡기, 던지기, 차기 등 소근육의 움직임을 말한다. 특히 영아기의 두뇌발달에 많은 영향을 미치는 감각 및 지각발달은 시각, 청각, 미각, 후각, 촉각 등의 오감각과 이를 통한 반복적인 경험으로 인식하게 되는 것을 말한다. 본 장에서는 이러한 영아기의 신체 · 운동발달과 감각 및 지각발달을 연령별로 살펴보고자 한다.

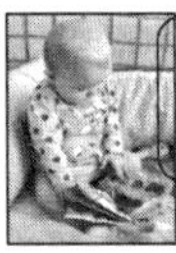

1. 만 0세의 신체 · 운동발달

출생 후에서 12개월까지 영아기는 매우 급속한 신체 성장이 이루어지는 시기이기도 하지만 성인의 돌봄이 없이는 아무것도 할 수 없는 시기이다. 이 시기는 출생시 몸무게의 세 배가 되며, 고개를 가누고, 뒤집고, 잡아주면 앉을 수 있게 되는 등 서서히 신체이동능력이 발달하게 된다.

1) 생후 1개월

(1) 신체적 특징

생후 1개월의 신생아는 성인이 움직여 주는 자세로 엎드려 있거나 다리를 위로 향하게 세우고 누워 있거나 한다. 출생 당시 신생아의 신체적 크기는 임신동안 어머니의 영양 및 건강상태, 부모의 체격, 아기의 성별 등과 관련이 있다. 신생아의 평균 체중은 남아가 3.4kg, 신장은 50.8cm, 여아는 3.30kg,

신장은 50.1cm 정도이다. 생후 3~4일 정도는 체중감소가 있기도 하나 일주일 정도가 지나면 다시 정상적으로 회복된다. 두위는 남아가 34.1cm, 여아가 33.5cm, 흉위는 남아가 33.1cm, 여아가 32.7cm로 신생아는 머리가 비교적 커서 두위가 흉위보다 크며 차차 자라서 돌 때쯤 되면 흉위가 두위보다 커지게 된다.

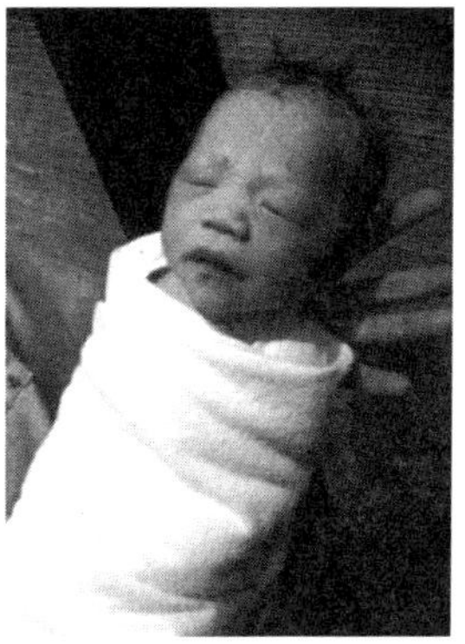
[그림 8-1] 신생아

(2) 생리적 특징

① 호흡과 맥박

신생아의 호흡과 맥박은 성인에 비해 빠르고 불규칙하며, 정상 신생아의 호흡수는 분당 40~50회이며, 맥박수는 분당 120~160회 정도이다. 이러한 호흡수, 맥박수는 아기가 평온할 때의 수치이며, 울거나 보채면 이보다 훨씬 증가할 수도 있다. 시각은 아직 불완전하여 빛을 비추면 약간 반응하는 정도이며, 얼마 동안은 울어도 눈물이 나지 않으며, 청각기능은 일주일 정도 지나면 큰소리에만 반응하고, 탯줄은 건조해 가면서 검은 색으로 변하여 생후 7~10일경 탯줄이 떨어진다(강동구보건소).

② 체온

신생아의 체온은 성인보다 다소 높은 37~37.5℃이다. 땀샘이 잘 발달되지 않아 체온조절 능력이 성인보다 미흡하여 외부의 온도에 영향을 많이 받기 때문에 갑작스러운 온도 변화를 피하고 체온을 일정하게 유지시켜 주어야 하며, 신생아가 있는 방의 온도는 22~24℃, 습도는 40~60%가 적당하다.

③ 수면

신생아의 수면은 50%가 REM 상태이지만 차츰 감소하며 성인이 되면 20%

정도로 감소한다. 수면의 형태변화는 출생 초기의 뇌의 미성숙과 이후의 빠른 성장으로 인해 나타나는 현상으로 설명할 수 있다(정옥분, 2012).

신생아의 하루 수면시간 17~18시간 정도인데 최근에는 여성들이 출산 후 걱정하는 육아고민의 1위가 아기의 수면문제라고 한다. 신생아의 수면이 불규칙적이어서 가족 모두가 동원되어 아기를 돌보는 경우가 늘어가고 있다는 것이다. 그러다 보니 SBS에서 방영된 '우리 아이가 달라졌어요'(430회)의 신생아 특집으로 수면습관을 만들어 주기 위한 수면 환경과 부모의 양육의 방법 등에 대해 다루기도 하였다.

④ 배설

생후 첫 1주는 매일 변색이 달라서 이행변이라고 하며, 녹황색을 띤다. 이후에는 수유에 따라 변의 묽기는 다르기도 한다. 모유를 먹는 아기는 변의 상태가 묽고 횟수가 잦은 편이며 분유를 먹는 아기들은 녹색 변을 보게 된다.

신생아기에는 점액변, 과립변, 소화불량변, 백색변, 혈변 등 여러 가지 변이 가능하므로 주양육자는 잘 살피는 것이 중요하다.

2) 생후 2~12개월

(1) 신체발달

생후 3개월경까지는 매월 평균적으로 약 900g씩 몸무게가 증가하고 6개월경까지는 매월 평균적으로 450g씩 증가하며, 생후 1년이 되면 약 9.90kg으로 출생할 때 몸무게인 3.41kg의 약 3배가 된다.

1세까지 영아들의 성장률은 비슷하다. 남자 영아는 71.75cm~81.25cm이고 여자 아이는 69.85cm~79.38cm이다. 남자 영아와 여자 영아 모두 다음 몇 년 동안 매년 10~13cm 정도 성장한다. 1세경에 남자 영아는 8.4~12.0kg이고 여자 영아는 7.8~11.2kg 정도이다(심희옥, 2004).

이 같이 몸무게와 키는 신체성장의 중요한 지표로 수유량과 함께 주양육자가 쉽게 파악할 수 있다.

(2) 운동발달

운동발달은 다리, 몸통 등의 대근육의 발달이 먼저 이루어지고 손과 손가락을 사용하는 소근육의 운동능력은 늦게 발달된다. 소근육 운동은 손과 팔의 사용을 조절하는 운동으로 영아의 지각 능력, 모방기능과 관련이 있고, 영아의 행동 능력을 표현하는 수단이 되며, 눈과 손의 협응, 사물의 조작력, 손가락의 민첩성 등을 통하여 사물을 다양하게 탐색하도록 돕는다(심희옥, 2004).

영아의 뇌신경이 점차 성숙해지면서 골격이나 근육에 힘이 생기게 되어 머리를 가누고, 기어다니며 앉고, 걷게 되는 운동기능이 발달하게 된다. 이러한 운동발달은 일정한 원칙에 의하여 진행한다(장영택, 2000).

- 머리에서 다리 쪽으로 순서대로 일어나게 되어 목을 가누고, 뒤집고, 앉고, 기어다니고, 걷는 등 위에서 아래로 진행한다.
- 큰 운동이 먼저 발달한 후에 작은 미세한 운동이 발달하게 된다.
- 운동발달은 신경계 성숙이 있어야 진행하게 된다.
- 원시적 반사가 소실되면서 자기 의지대로 할 수 있는 기능이 나타난다.

① 대근육 운동

이 시기에는 팔, 다리, 몸통과 같은 대근육을 사용하는 대근육 운동을 하게 되는데 목가누기, 뒤집기, 앉기, 기기, 잡고서기, 혼자서기, 걷기 등의 운동능력이 점진적으로 발달한다. 턱을 드는 반복적인 행동은 점차 가슴을 드는 행동으로 발전하며 6~7개월경에는 앉기도 하고 배밀이도 하면서 점차 기어 다니다가 돌 무렵부터는 서려고 시도하기 까지 계속해서 대근육 운동을 하게 된다.

심희옥(2004)의 연구에서는 2개월이 된 영아는 엎드려 놓았을 때 45도 정도를 유지하는 비율이 79.7%로 증가하였고, 엎드린 자세뿐 아니라 지지를 해서 앉혀 놓았을 때 68.9%의 영아들이 목을 가눌 수 있었으며 3개월에는 90도 정도를 유지하는 비율이 80.9%로 증가했다고 한다.

생후 3개월이 된 영아는 자신의 머리와 가슴을 일으키고 팔로 바닥을 밀어 움직이려 한다. 4~8개월 영아는 신체의 반복적인 움직임에 흥미를 느끼기 때문에 목욕을 하면서 팔을 휘두드다가 물이 튀기고 성인이 반응하면 이러한 행동을 계속하기도 한다. 또한 엎드렸을 때 배밀이가 가능하여 탐색 지점을 향해 이동하기도 한다. 5개월경에는 누운 상태에서 엎드린 상태로 뒤집는 것이 먼저 나타나며 6~7개월경에는 엎드린 상태에서 누운 상태로 뒤집는다.

6~7개월이 되면 만지거나 다가가고 싶은 사물이나 사람이 있으면 그 곳을 향해 기어가기도 하며, 성인의 손을 잡고 일어서기가 가능하다. 9개월경에는 소리가 나거나 움직이는 장난감을 가지고 앉아서 탐색하며 놀이한다. 6~12개월의 영아는 신체 움직임이 이전보다는 활발해지면서 사물에 대한 적극적인 탐색을 하기 때문에 기어다니다가 서서히 주변 사물이나 사람을 의지해서 일어나서 걸으려 하고 점차 주변 도움 없이 걷는 단계에 이르게 된다.

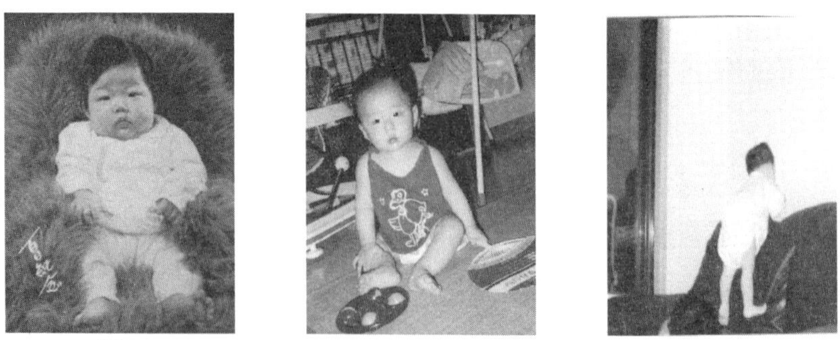

백일 6개월 10개월

[그림 8-2] 영아의 운동발달

표 8-1

0~12개월 영아의 운동발달의 특징

0~3개월	4~6개월	7~9개월	10~12개월
• 엎드려 누워 있을 때 머리를 똑바로 세우려고 한다. • 머리와 어깨를 들기 시작한다. • 옆에서 뒤로 뒤집기를 시도한다. • 눈 앞의 움직이는 물건을 쫓는다.	• 한 손을 대상물을 향해 뻗는다. • 뒤에서 옆으로 뒤집기한다. • 앞에 놓여진 물건을 잡으려 한다. • 도움받아 앉는다. • 한쪽에서 다른 쪽 손으로 물건을 옮긴다.	• 혼자서 앉는다. • 서 있는 자세로 들어 올려 주면 반사적으로 걷는 듯이 다리를 움직인다. • 선 자세로 물건을 끌어당긴다. • 손뼉을 친다. • 어른의 도움으로 서 볼 수 있다.	• 다리로 몸 전체의 무게를 지탱한다. • 손을 잡고 걷는다. • 가구를 잡고 걷는다. • 계단을 기어서 오른다. • 앉을 때 앞으로 쓰러지지 않고 균형을 잘 잡는다.

*출처: 최석란 외(2008). p. 2.

② 소근육 운동

영아가 누운 자세에서 팔을 뻗는 행동을 측정했을 때, 손을 뻗는 행동은 1개월 영아들 중 62.7%가 보였으며, 앉기 자세에서 뻗기 행동이 나타나는 것은 대략 4개월경으로 알려져 있다. 앉는 자세에서 뻗기 행동은 블록에 대한 뻗기와 잡기 행동에서 관찰된다(심희옥, 2004).

이 시기의 영아는 3~4개월이 되면 손바닥으로 잡고, 4~5개월이 되면 물체를 한 손에서 다른 손으로 옮기며, 9개월이 되면 손가락 끝으로 사물을 잡을 수 있다(Berk, 1994). 이는 국내 연구(심희옥, 2004)에서도 비슷한 결과임을 알 수 있다. 즉 미세한 근육의 조절을 해야 하는 블록과 같은 작은 물체를 잡은 행동의 관찰결과, 4개월 영아 중 32.5%는 손바닥 전체로 잡았으며, 5개월경부터는 엄지 안쪽과 나머지 손가락 끝으로 잡는 비율이 점점 증가한다는 것이다.

5~6개월경에는 한 손으로 잡기, 6~7개월경에는 양손으로 잡기, 7~8개월경에는 물체 두 개를 부딪쳐 소리내기, 9개월경에는 방향과 모양, 크기에 대한 형태 파악을 위해 손의 조절을 적절히 하게 된다(유효순 · 원혜경 · 김정희, 2013). 이같은 잡기와 같은 조작기능은 뇌신경의 발달과 밀접한 관련이 있으므로

이 시기에 여러 조작운동의 기회를 제공하는 것이 중요하다(박형욱, 2000).

마사지는 근골격계, 신경계와 순환기계를 직접적으로 자극함으로써, 이 기관들에 의해 조절되는 생화학적, 생리적 과정들에 영향을 주어 전반적인 신체적인 발달에도 도움을 줄 수 있습니다.

• 연령별 아기 마사지

연령	마사지방법	마사지 시간
0~2개월	간단하게 손을 만져 준다든지 팔 다리를 구부렸다 폈다 하거나 배와 등을 가볍게 쓰다듬어 주세요.	5~10분 정도
3~35개월	간단한 마사지로 시작하여 어느 정도 익숙해지면 점차 정교한 마사지를 단계별로 시작해 주세요.	10~20분 정도
0~2개월	아기마사지는 언제까지나 해줄 수 있습니다. 가능한 시기까지 계속해 주세요.	10~20분 정도

출처: 〈강동구 보건소〉해피맘 해피아이 http://health.gangdong.go.kr

2. 만 1세의 신체 · 운동발달

만 2세 미만의 영아기에는 몸무게와 키의 변화에 따른 성장뿐 아니라 대근육 조절하기, 소근육 조절하기, 대근육과 소근육의 협응력 기르기, 이동과 비이동 동작 시도하기 등이 이 시기에 필요한 기본운동능력이다.

1) 13~18개월

(1) 신체발달

13개월이 된 영아의 몸무게는 10.5kg이고 키는 77.5cm이며, 이 시기에는 몸무게가 약 1kg 정도 증가하여 18개월에는 11.7kg이 된다. 키는 6cm 정도 증가하여 18개월에는 83.2cm 정도가 된다.

(2) 운동발달

'아장이(toddler)' 명칭은 걷기 기술을 충분히 숙달하지 못한 아이의 특징적인 걷는 모양에서 유래한 듯 한다(심희옥, 2004). 이러한 걸음마기 시기의 영아들은 놀잇감을 가지고 노는 행동뿐 아니라 또래나 가족 구성원과 접촉하기 위해 목적 있는 움직임을 통해 대근육의 협응력이 발달한다고 볼 수 있다.

[그림 8-3] 16개월 영아

생후 12개월경이 되면 혼자 일어서기 시작하며 걷기도 한다. 걷는 모습이 불안정해 보이는 모습이지만 시각적으로 정한 목표지점을 향해 뒤뚱거리며 이동하는 반복적인 놀이행동에서 점차 놀잇감을 들고 이동하는 동작까지 가능하게 된다. 물론 계속 걸어 다니는 것은 아니고, 걷는 동작을 하다가 앉아서 놀이하고, 기어다니는 동작과 걷는 동작으로 많은 움직임을 보인다.

생후 14개월의 영아는 경사의 기울기에 따라 자신의 이동행동을 조절할 수 있다. 만일 경사가 걸어 내려오기에 너무 가파르다고 지각되면, 영아들은 앉아서 미끄러져 내려온다(Adloph, Gibson, & Eppler, 1990; 심희옥, 2004). 또한 이 시기에는 들고 있던 공을 던지거나 발로 차는 행동을 시도하기도 하는 등 움직임의 반경이 점점 넓어진다고 볼 수 있다.

2) 19~24개월

(1) 신체발달

영아의 신장은 1년 동안 출생시보다 1.5배가 증가하고, 체중은 3배 증가하여 두 돌 무렵에 신장은 성인의 1/2이 되고 체중은 출생시의 4배가 된다.

19개월 영아의 몸무게는 12.1kg이고 키는 83.8cm이며, 이 시기 영아의 몸무게와 키는 영아간에 다소 차이가 있다.

(2) 운동발달

성인의 손을 잡고 함께 실외 산책을 가는 것이 가능하며, 혼자 걸을 때에도 바퀴달린 장난감을 끌고 걷기도 한다. 예를 들어 바퀴달린 강아지 인형이나 나비를 밀거나 끌면서 자유롭게 걸어다닌다. 이 시기에는 대·소근육의 협응능력이 이전 시기에 비해 현저히 발달하여 실외에서 산책시 막대 리본테이프를 들고 가면서 움직임을 관찰하며 팔을 더 흔들어 보이는 행동도 가능해진다.

만 0~1세의 신체·운동영역

– 제3차 어린이집 표준보육과정(중앙육아종합지원센터, 2013)

- **신체·운동영역의 목표** : 감각 및 기본 신체·운동능력을 기른다.
- **신체·운동영역의 내용범주별 목표**
  - 감각과 신체 인식하기 : 감각적 자극에 반응하기, 감각기관으로 탐색하기, 신체탐색하기
  - 신체조절과 기본운동하기 : 신체 균형잡기, 대근육 조절하기, 소근육 조절하기, 기본운동하기
  - 신체활동에 참여하기 : 몸 움직임 즐기기, 바깥에서 신체 움직이기, 기구를 이용하여 신체활동 시도하기

소근육 운동은 점점 정교해지며 고리끼우기, 입체도형 등으로 조작하는 놀잇감을 사용하는 놀이나 숟가락, 포크 사용, 신발 벗고 신기 등 일상생활에서 수행하는 기본생활습관을 통해 소근육의 협응능력이 발달하기도 한다고 볼 수 있다.

3. 만 2세의 신체 · 운동발달

만 2세 영아기에는 신체를 이용한 놀이할 수 있는 운동기능이 발달하고 신체 움직임이 유연해지며, 이동능력과 운동능력이 발달하면서 점점 대근육을 사용하여 활발히 움직인다.

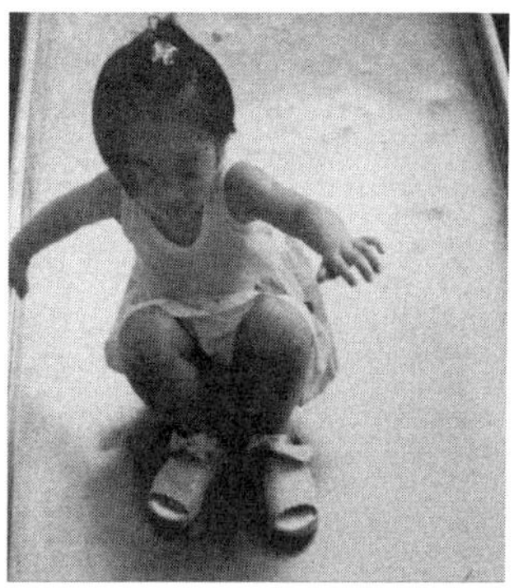

[그림 8-4] 28개월 영아

계단을 자연스럽게 오르내릴 수 있으며, 미끄럼틀을 혼자 타고 놀이가 가능하며, 한 발로 서 있기나 두 발 모아 뛰기 등 다양한 신체활동이 가능해지기 시작한다. 또한 다양한 이동 동작과 비이동 동작을 하면서 자신의 신체 움직임에 흥미를 느끼기 때문에 주변의 또래나 성인의 행동에 관심을 갖고 모방하는 행동을 많이 보이기도 한다.

신체 · 운동능력이 발달하면서 혼자 놀이에서 점차로 또래와 놀이가 증가하고, 실외 놀이시에도 행동반경이 넓어지며 풍선이나 리본테이프, 공 등을 가지고 놀기도 한다. 또한 성인의 도움을 받아 세발자전거를 타는 것이 가능하며, 인형 유모차를 끌고 다니거나 난간을 붙잡고 계단을 오르내리며 조금씩 신체의 균형감각을 발달시키며 다양한 시도를 한다. 따라서 만 2세가 되면 안전하게 신체활동할 수 있도록 안전한 환경의 제공과 성인의 보호가 더 필요하게 된다.

한편, 눈과 손의 협응력이 발달하면서 이 전 시기보다 정교한 움직임이 가능하여 뚜껑 열기나 구슬 끼우기 등의 조작놀이나 역할놀이 의상 입기 등의 놀이를 통해 자조기술을 발달시키게 된다. 또한 안전가위로 오리기도 가능하여 오리고 붙이는 놀이도 즐기며, 기본적인 리듬악기로 연주하려 하고 즐거움을 표현하기도 한다. 뿐만 아니라 영아의 개인차에 따라 시기는 조금씩 다르지만 음식을 먹을 때 포크 대신 젓가락을 사용하는 것이 가능해 지며, 그리기 도구를 사용하는 빈도가 증가하기도 한다.

이 시기에 신체 · 운동발달 못지않게 중요한 것이 있다면 구강관리라고 할 수 있다. 혼자서 칫솔질을 하겠다고 하지만, 초기에는 성인이 칫솔을 함께 잡고 이닦는 방법을 지도해 주어야 한다. 칫솔을 그냥 물고 있기 보다는 칫솔질을 하는 이유와 방법에 대한 학습이 필요한 시기로 이때의 습관이 지속될 수 있기 때문이다. 영아가 식사 후에 이닦는 습관이 자연스럽게 이루어지도록 성인이 먼저 이닦는 모습을 보여주거나 그림책, 이야기, 놀이를 통해 이닦는 습관을 형성하도록 하는 것이 바람직하다.

▣ 영유아 건강검진

- **대상**: 생후 4개월, 9개월, 18개월, 30개월, 42개월, 54개월, 66개월
- **내용**

  기본 진찰, 신체 계측(신장, 체중, 두위), 건강 교육(안전, 영양, 수면) 청각 문진, 시각 검사, 구강 검사

  ※ 검진기관 문의는 가까운 공단지사(1577-1000) 또는 공단홈페이지(http://www.nhic.or.kr)에서 확인하실 수 있습니다(http://www.anseong.go.kr/).

만 2세의 신체 · 운동영역

– 제3차 어린이집 표준보육과정(중앙육아종합지원센터, 2013)

- **신체운동영역의 목표** : 감각, 신체조절 및 기본 운동 능력을 기른다.
- **신체운동영역의 내용범주별 목표**
  - 감각과 신체 인식하기 : 감각능력 기르기, 감각기관 활용하기, 신체를 인식하고 움직이기
  - 신체조절과 기본운동하기 : 신체 균형잡기, 대근육 조절하기, 소근육 조절하기, 기본운동하기
  - 신체활동에 참여하기 : 신체활동에 참여하기, 바깥에서 신체활동하기, 기구를 이용하여 신체활동하기

참고문헌

강동구 보건소. 해피맘 해피아이. http://www.gangdong.go.kr/

김혜금, 송영주, 임양미, 김현자, 김진숙(2011). 정신건강론. 경기: 정민사.

박형욱(2000). 영아의 운동발달과정 분석을 통한 상지운동 학습기구 개발에 관한 연구. 서울대학교 대학원 박사학위논문.

심희옥(2004). 한국 영아 신체 및 운동발달. 한국영아발달에 관한 단기종단적 연구 심포지움 자료집, 101~136. 한국영아발달연구센터.

유효순, 원혜경, 김정희(2013). 영아발달. 서울: 창지사.

장영택(2000). 육아정보. 대한소아과학회. http://www.pediatrics.or.kr/

정옥분(2012). 영아발달. 서울: 학지사.

중앙육아종합지원센터(2013). 제3차 어린이집 표준보육과정에 기초한 연령별 보육프로그램의 활용.

최석란, 서원경, 이현옥, 박선화, 신지연(2008). 영아와 함께 하는 놀이. 경기: 교문사.

Bowlby, J.(1988). A secure base: Clinical applications of attachment theory. London: Routledge.

SBS '우리아이가 달라졌어요'(430회) http://program.sbs.co.kr/

제 9장

인지발달

1. 만 0세의 인지발달
2. 만 1세의 인지발달
3. 만 2세의 인지발달

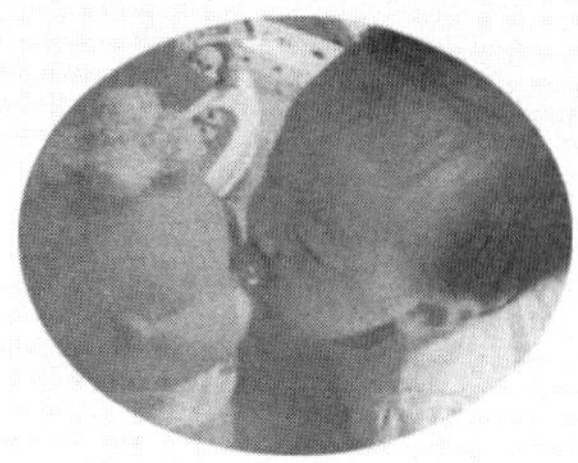

영아기는 두뇌발달을 포함하여 급성장하는 시기로 오감각과 운동기능을 통해 탐색하며 다양한 정보를 받아들이는 기초가 이루어지는 시기이다. 영아가 이해하고 기억하는 것은 자신이 직접 눈으로 보고, 들어 보고, 자신의 손과 발 등으로 접촉하고 몸을 움직여 경험하는 것에 의존한다. 그러한 측면에서 볼 때 시각, 청각, 촉각 등의 지각은 영아기의 주요한 인지발달 영역으로 설명되고 있다.

서유헌(2006)은 두뇌발달의 기초가 되는 이 시기에 어느 한 부분의 뇌가 발달하는 것이 아니라 모든 뇌가 골고루 왕성하게 발달하므로 어느 한쪽으로 편중된 학습은 좋지 않다고 주장하였으며, 오감학습을 통해 두뇌를 자극할 때 학습이 꾸준히 지속적으로 이루어져야 뇌발달이 효과적으로 이루어진다고 하였다.

1. 만 0세의 인지발달

영아가 색과 형태, 깊이를 지각하게 되는데 이는 감각기관을 통해 외부에서 주어지는 자극을 받아들이고 해석하는 과정으로 오감을 통해 탐색하고 자신의 사고과정을 발달시켜 가는 과정이라 볼 수 있다. 이에 감각을 통한 사고과정을 간략히 살펴보면 다음과 같다.

1) 시각의 발달

0~6개월의 영아는 눈으로 초점을 맞추고 움직이는 사물을 따라 계속 주시하고, 낯설고 새로운 사물이나 사람에 대해서 점차 인식하기 시작한다.

시력측정을 통해 영아들의 시력을 알아본 결과, 생후1주 된 영아들은 정상시력을 가진 성인의 약 1/30 정도의 시력을 가지고 있으며, 2개월이 되면 성인의 1/15, 4개월에는 성인의 1/8, 8개월에는 성인의 1/4 정도의 시력이 된다고 한다(유효순 외, 2013).

(1) 색의 지각

영아는 색깔의 이름을 알기 훨씬 전부터 이미 색을 지각할 수 있다. 연구자들은 영아들이 출생할 때부터 녹색과 적색을 구분할 수 있으며(Adams, 1989), 2개월이 되면 삼원색의 기본색깔 대부분을 구별할 수 있다고 하며(Brown, 1989), 또한 3개월경에는 푸른색이나 초록색보다 노란색과 빨간색을 더 좋아하는 것으로 보인다(Adams, 1987)고 한다.

(2) 형태의 지각

생후 1개월 된 영아는 두 눈의 협응이 어려워서 초점이 흐려 물체를 선명하게 지각하지 못한다. 움직이는 물체를 응시할 때도 눈의 통제가 불완전하기 때문에 천천히 움직일 경우에만 초점을 맞추어 따라갈 수 있다(곽금주 외, 2005). 누워있는 시간은 많은 영아들은 누워서 흔들거리는 모빌이나 달려 있는 사물을 유심히 바라보며 좋아한다. 뿐만 아니라 성인이 기저귀를 갈아줄 때 거울 옆에 눕히면 거울 속의 자신을 유심히 쳐다보기도 한다.

6개월이 되면 사진에서 엄마의 얼굴을 구별할 수 있고, 10개월이 되면 타인을 모방하며 주변세계를 이해하게 된다. 12개월이 되면 모양이나 색깔로 사물을 인지할 수 있다(김혜금 외, 2010).

(3) 깊이의 지각

영아는 이동능력이 생기면서 끊임없이 움직인다. 그러는 가운데, 계단에서 구르기도 하고, 침대나 쇼파에서 떨어지는 등 다양한 경험을 하게 된다. 영아가 어디를 가던지 그 곳에는 여러 장애물이 있을 수밖에 없으며, 이를 피하는 것은 때로는 생존과도 관련이 되므로 깊이지각을 발달시키게 된다. 이에 Gibson과 Wallk(1960)는 시각절벽장치를 고안하였는데, 테이블의 위의 표면과 테이블 바닥의 표면에 차이를 두어 기어가는 영아의 반응을 통해 7개월경의 영아도 깊이 지각 능력이 있다는 것을 입증하였다. 즉 테이블 위의 반은 바둑판 무늬가 되어 있고 나머지 반은 투명한 유리판으로 되어 있으며, 투명한 유리판에서 내려다 보이는 테이블 아래의 표면은 바둑무늬가 된다. 그러다 보니 영아는 바둑판 무늬의 테이블 위에서 기어가다가 투명한 유리판에서는 위험을 느끼고 멈추게 된다는 것이다.

2개월된 영아도 시각 절벽이 있는 곳이 두면 울고 공포를 보이지는 않지만 심장박동이 느려지며, 조용해지는 반응을 보임으로써, 시각 절벽을 두려워하지는 않지만 주의는 기울이고 있음을 시사해 준다(강문희 외, 2004, 재인용).

영아의 깊이 지각에 대한 설명을 그림으로 나타내어 보세요.

2) 청각의 발달

영아는 청각은 태어날 때부터 다른 감각기관에 비해 훨씬 발달되어 있으며, 엄마의 뱃속에서도 소리에 반응을 하며, 특히 음악태교는 태아의 두뇌발달과

감성발달에 긍적적인 영향을 미치는 것으로 알려져 있다. 그래서 임산부들은 동화를 들려주거나, 아빠의 목소리를 들려주기, 국악, 자연소리 등의 청각적인 태교를 하게 된다.

신생아는 출생 2주 전에 엄마가 큰 소리로 읽은 이야기나 불러 주었던 노래를 선호하며, 생후 3일이 된 신생아도 엄마의 목소리를 다른 여자의 목소리와 변별할 수 있다(DeCasper & Fifer, 1980; 곽금주 외, 2005). 한 연구의 결과에서는 영아가 5개월이 되면 부정적인 목소리보다 긍정적인 목소리에 더 오래 귀를 기울이고, 불만을 나타내는 목소리에는 언짢은 얼굴을 보이고 찬성의 목소리에는 미소를 지었다(Fernald, 1993; 유효순 외, 2013).

7~12개월 영아의 경우 소리나는 곳을 향해 기어가거나 걸어가려 한다. 앉아서 손으로 조작할 때 소리가 나는 놀잇감에 흥미를 보이므로 녹음된 음악이나 노래, 다양한 동물 소리 등을 들려주는 것이 좋다.

3) 감각운동의 발달

Piaget는 영아기 감각운동의 발달단계를 6개의 하위단계로 나누어 설명하였다. 즉 반사운동기, 1차 순환반응기, 2차 순환반응기, 2차 순환반응 협응기, 3차 순환반응기, 정신적 표상기로 구분된다.

- 반사운동기(reflex activity)는 출생에서 1개월의 신생아의 시기로 외부세계에 적응해 가는 과정으로 빨거나 잡거나 큰 소리에 반응하는 정도의 행동을 보인다. 신생아는 입에 닿는 모든 것은 무엇이든지 빨게 되며, 빨기 반사는 맛에 대한 정보를 준다. 이러한 반사적 행동으로 잡거나 빠는 행동의 조절을 통해 도식을 발달시킨다.
- 1차 순환반응기(primary circular reaction)는 생후 1개월에서 4개월 영아의 시기로 이 시기에는 도식이 결합되어 하나의 협응적인 행동이 나타난다. 손가락을 빠는 경험에 재미를 느끼다가 놀잇감을 잡고 빨다가 놀잇감을

보다가 빨고, 보다가 잡는 등 협응도식이 발달한다.

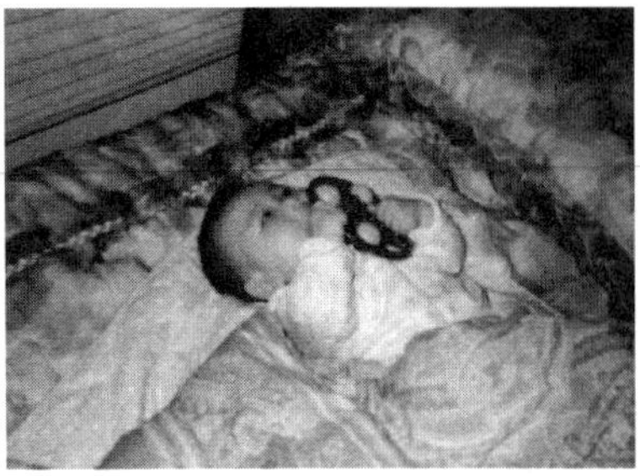

[그림 9-1] 2차 순환반응기

- 2차 순환반응기(secondary circular reaction)는 생후 4개월에서 8개월 영아의 시기로 자신의 몸에 대한 관심에서 주변환경의 사물과 현상에 관심을 갖고 반응하는 행동을 보인다. 영아가 잡고 빠는 놀잇감이 소리가 나면 다시 흔들어 보며, 우연히 자신의 행동으로 인한 어떤 사건이나 자극에 흥미를 느끼고 반복적으로 해 보게 된다.
- 2차 순환반응 협응기(coordination secondary circular reaction)는 8개월에서 12개월의 시기로 영아기의 인지발달에서 중요한 도약을 하는 단계로 영아가 문제를 해결하기 위하여 단일행동을 결합하고 조정하는 목표지향적인 행동을 하게 된다(유효순 외, 2013). 양육자가 놀잇감을 블록상자 속에 넣으면 놀잇감을 꺼내기 위해 상자를 넘어 트리는 행동을 하게 된다. 이는 대상영속성의 개념이 나타나기 시작하기 때문이다.
- 3차 순환반응기(tertiary circular reaction)는 12개월에서 18개월 영아의 시기로 주변환경과 현상에 그저 관심을 갖는 차원을 넘어 어떤 결과에 대해 인과관계를 알려고 어떤 행동을 반복해 보며 결과가 달라지는 지를 알아본다. 바퀴달린 블록정리 수레차를 밀고 가다가 블록이 없어지면 수레 밑에서 블록을 다시 꺼내려고 하거나 바닥에 놓여진 사물이 있으면 수레차를 밀고 지나가는 행동을 반복시도 하면서 흥미를 느낀다.
- 정신적 표상기(mental representation)는 12개월에서 24개월의 시기로 영아의 인지발달은 전조작기로 이행하는 중요한 질적인 변화를 겪게 된다. 눈앞에 없는 사물이나 상황을 상징적으로 표상하며 문제해결 능력을 발달시킨다(이순형 외, 2009). 이제 영아는 여러 아이디어를 지적으로 결합시킬 수 있으며, 실제로 자신의 아이디어를 집중하지 않아도 결과를 예측하거나 문제에 대한 해결을 알 수 있게 된다(유효순 외, 2013).

4) 대상영속성 개념의 발달

감각운동기에 이루어지는 중요한 발달 중의 하나는 대상영속성(object permanence) 개념의 획득이다. 대상영속성은 어떤 물체가 눈앞에서 사라진다고 하더라도 계속 존재한다는 것을 아는 것이다.

Piaget에 의하면, 대상영속성은 시각적인 추적, 즉 숨겨진 대상에 대한 탐색 행동을 통해 알 수 있으며, 숨겨지는 정도와 위치이동에 대한 반응은 발달적인 순서를 보인다. 이러한 개념은 6단계로 이루어진다.

(1) 1단계(출생~1개월)

영아는 눈 앞에서 보고 있던 물체가 사라져도 더 이상 찾지 않는다.

(2) 2단계(1~4개월)

영아가 2개월 되면 물체가 사라진 방향을 쳐다보는데, 이와 같은 시각적인 추적과 사라진 물체에 대해 응시하는 것은 대상개념의 가장 기초적인 단계이다. 이전 단계에서 영아들은 물체가 사라지면 시선을 돌린다(곽금주 외, 2004).

(3) 3단계(4~8개월)

영아는 눈 앞에서 보고 있던 물체가 사라지면 물체를 찾으려고 한다. 이제는 물체에 대한 영속성의 개념이 형성되기 시작하는 것이다. 하지만 눈 앞에서 물체가 조금이라도 보일 때에만 찾으려고 한다.

(4) 4단계(8~12개월)

영아는 눈 앞에서 보고 있던 물체를 감추면 감춘 곳에서 사라진 물체를 찾는다.

(5) 5단계(12~18개월)

영아는 물체를 여러 번 옮겨서 감추어도 사라진 곳에서 그 물체를 찾는다.

(6) 6단계(18~24개월)

영아는 물체가 사라지더라고 사라진 과정을 추적하여 물체를 찾아낸다.

대상영속성 개념의 발달을 설명해 보세요.

영아는 수면, 배설, 수유 등 온전히 성인에 의해 보살핌을 받게 되는 0세부터 독립적인 놀이를 하려고 하는 2세까지 끊임없이 탐색하고 시도하며, 감각운동의 발달과 대상영속성의 개념이 발달한다. 따라서 영아가 자기를 인식하도록 돕는 놀잇감이나 영아의 행동에 반응을 보이는 놀잇감을 제공하여 자신과 주변을 탐색하는 행동을 격려하는 것이 좋다. 또한 성인의 사랑과 반응의 보살핌이 영아와의 상호작용으로 발전하게 되며 인지발달 능력을 점진적으로 발달시킬 뿐 아니라 사회적 존재로서 사회관계능력을 발달시키는 과정임을 기억해야 할 것이다.

앞서 지각, 감각운동, 대상영속성 개념의 발달을 통해 이 시기의 점진적인 인지발달을 살펴보았으며, 7~12개월 영아의 지각-인지발달의 특성(이기숙 · 오은순 역, 1998)을 간략히 정리하면 다음과 같다.

- 나타났다 사라졌다 하는 사물이나 사람에 관심을 보인다.
- 물건을 놓거나 떨어뜨리는 것을 좋아한다.
- 많은 물건들을 탐색하고 싶어한다.
- 닫고, 밀고 당기기 등 단순한 활동으로 나타나는 반응을 좋아한다.
- 그림책 등 집중력을 가지고 새로운 것에 관심을 보인다.
- 사람, 물건, 놀잇감과 함께 하는 활동을 기억한다.

표 9-1

만 0세~1세 인지발달의 특징

감각운동기의 단계	월령	대상연속성의 개념 발달단계	특징
반사운동기	출생~1개월		
1차 순환반응기	1~4개월		
2차 순환반응기	4~8개월		
2차 순환반응 협응기	8~12개월		
3차 순환반응기	12~18개월		
정신적 표상기	18~24개월		

감각운동기의 단계와 대상연속성의 개념 발달단계에 대한 이해를 토대로 시기별 인지발달의 특징을 간략히 정리해 볼 수 있다.

2. 만 1세의 인지발달

1세의 영아는 걸음걸이가 좀 더 자유로워지면서 주변의 여러 가지 사물에 대해 관심이 많아지며, 탐색하고 행동의 결과를 관찰하기도 한다. 어떤 원인에 의해 나타나는 결과를 보며 재미있어 하고 때로는 시도하며 사물을 가지고 끊임없이 실험한다. 따라서 성인의 보호와 관심이 각별히 요구되는 시기이다.

방이나 거실, 혹은 보육실의 모든 서랍을 열고 사물을 꺼내 보고, 심지어는 자신의 다리나 팔을 집어넣기도 한다. 뿐만 아니라 부엌에 있는 싱크대를 열고 조리도구들을 꺼내어 두드려 보고, 만져 보고 소리와 촉감, 모양 등을 탐색하며 즐거워하기도 한다. 그러면서 서서히 질문도 하고 조작하거나 분류하는 등의 시도를 한다.

1세의 영아는 주변을 탐색할 능력이 증가함에 따라 탐색과 실험에 적당한 놀잇감은 영아의 흥미를 유발하며, 기술을 습득하게 한다(이기숙 · 오은숙 역, 1998). 따라서 점진적으로 조작이 복잡한 놀잇감을 제공하고, 탐색 중 우연히 누르게 된 버튼이 동물소리를 내거나 움직임이 있는 경우에 탐색놀이를 좀 더 적극적으로 하게 된다.

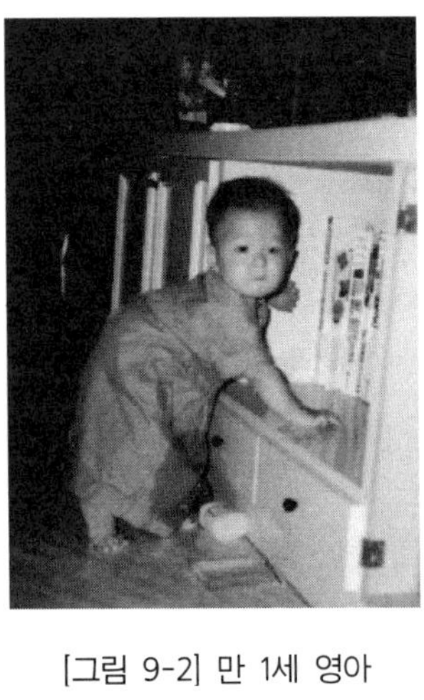

[그림 9-2] 만 1세 영아

이 시기에는 숨겨진 물건이나 놀잇감을 찾는데 흥미를 보이며, 성인이 영아와 놀잇감이나 사물을 감추었다가 바로 보여주면 소리내며 웃기도 하고 눈 앞에서 보이지 않을 때 바로 찾는 동작을 하기도 한다.

대상영속성의 개념은 1세가 되면 완전히 감추어진 물체를 찾을 수 있으나 위치의 이동은 이해하지 못한다. 1세 반이 되면 직접 보는 경우에 한해서 물체의 위치 이동을 이해하게 되고 2세가 되면 보이지 않는 경우에도 위치 이동을 이해하게 된다(한성심 외, 2008).

주변에서 일어나는 일의 순서와 예상할 수 있는 일에 대해 흥미가 증가하며, 가상놀이에 관심을 보인다. 끊임없는 탐색을 시도하고 행동의 결과를 관찰하며 자신의 놀이를 발달시킨다.

만 1세의 영아의 지각-인지발달의 특성(이기숙 · 오은순 역,1998)을 간략히 정리하면 다음과 같다.

- 원인에 의해 나타나는 결과를 재미있어 한다.
- 사물을 가지고 끊임없이 실험한다.
- 움직이거나 움직여지는 기계나 사물에 흥미를 가지며, 움직이는 놀잇감을 좋아한다.
- 물건들을 서로 조합해 본다.
- 입 속의 순가락이나 인형 위의 담요처럼 간단한 기능적 관계를 이해한다.
- 숨겨진 놀잇감에 흥미를 보인다.
- 같은 물건을 모으거나 짝짓는 단순한 분류활동을 좋아한다.
- 모래놀이, 물놀이를 선호한다.

만 0~1세의 자연탐구영역

– 제3차 어린이집 표준보육과정(중앙육아종합지원센터, 2013)

- **자연탐구영역의 목표**: 보고, 듣고, 만지면서 주변 환경에 관심을 가진다.
- **자연탐구영역의 내용범주별 목표**
  - 탐구하는 태도 기르기: 사물에 관심가지기, 탐색 시도하기
  - 수학적 탐구: 수량지각하기, 주변 공간 탐색하기, 차이를 지각하기, 간단한 규칙성 지각하기
  - 과학적 탐구하기: 물체와 물질 탐색하기, 주변 동식물 관심 가지기, 주변 자연에 관심 가지기, 생활도구 탐색하기

3. 만 2세의 인지발달

이 시기 영아의 인지발달은 전조작기로 이행하는 중요한 질적인 변화를 겪게 되면서, 눈앞에 없는 사물이나 사태를 내재적으로 표상하는 심상을 형성할 수 있게 된다(곽금주 외, 2005). 단순하고 반복적인 동작이나 행동보다는 새로운 행동을 시도하려 하고, 일상생활 가운데 호기심의 표현으로 질문을 하거나 행동으로 시도해 보기도 한다. 또한 표상능력이 발달하여 지연모방이 가능해진다. 이는 언어나 미술, 음악, 신체 등의 놀이를 통해 영아가 인식하고 있는 도식을 표현할 수 있으며, 일상생활에서 관찰된 행동 등은 가상놀이와 역할놀이를 통해 나타내기도 한다.

이 시기에 영아는 주변을 탐색하기 위해 관찰, 질문, 조작, 분류, 측정을 사용하는 것이 가능해진다. 자신의 물건과 남의 물건을 분류하기도 하고, 혼자서 자신의 신발장을 기억해서 찾아내기도 한다. 또한 주변에서 일어나는 일의 규칙성을 순서대로 표현할 수 있는 능력이 발달하며, 상대방이 약속한 것을 기억하기도 하며, 성인이 지시한 행동이나 언어에 대해서도 기억하여 실행하기도 한다.

현대의 영아들에게 무분별하게 제공되는 TV 리모컨이나 휴대폰, 컴퓨터도 탐색하는 또 하나의 놀잇감으로 재미있는 탐색 도구가 되기도 한다. 우연한 탐색을 통해 반복적인 행동의 시도로 TV나 휴대폰, 컴퓨터 모니터의 변화를 발견하게 되면 계속적으로 또 다른 시도를 하기도 한다.

12개월에서 18개월 영아의 인지적 특성(유효순 외, 2013)을 보면, 물체를 한 곳에서 다른 곳으로 옮겨도 찾을 수 있으며 성인의 신기한 행동을 적어도 여러 달 후에도 지연모방을 할 수 있다. 18개월에서 24개월의 경우에는 성인이 하고자 한 행동이 확실하게 나타나지 않았음에도 지연모방이 가능하며 타인의 의도를 유추할 수 있게 된다.

만 2세의 영아의 지각-인지발달의 특성(이기숙 · 오은순 역,1998)을 간략히 정리하면 다음과 같다.

- 사물의 속성(질감, 모양, 크기, 색)에 흥미를 갖는다.
- 비슷한 사물끼리 짝지을 수 있다.
- 패턴, 연속성, 크기순으로 맞추는 놀이를 하며, 2~4개의 패턴은 모델을 보고 그대로 맞춘다.
- 초보적인 세기를 한다.
- 초보적인 창작활동(그리기, 만들기, 진흙놀이)을 하지만 결과보다는 과정을 더 재미있어 한다.
- 시행착오를 사용한다기보다는 정신적으로 문제해결을 실행하기 시작한다.

30개월이 된 영아는 두세 가지의 색깔을 구분할 수 있고 크고 작음을 이해하며, 사물의 가작화가 나타나 작은 블록으로 전화기 놀이를 하는 등의 행동을 보인다(김혜금 외, 2010).

베이비 아인슈타인의 탄생

– EBS 아기성장보고서 제작팀(2009). 2편.

- 아기는 과학자로 태어난다, 아기 과학자의 경이로운 능력들, 학습능력을 키우는 자양분, 경험, 베이비 아인슈타인으로 키워라.

만 2세의 자연탐구영역

-제3차 어린이집 표준보육과정(중앙육아종합지원센터, 2013)

• **자연탐구영역의 목표**: 주변환경에 호기심을 갖고 탐색하기를 즐긴다.
• **자연탐구영역의 내용범주별 목표**
- 탐구하는 태도 기르기 : 호기심 가지기, 반복전 탐색 즐기기
- 수학적 탐구: 수량인식하기, 공간과 도형에 관심 가지기, 차이게 관심 가지기, 단순한 규칙성에 관심 가지기, 구분하기
- 과학적 탐구하기: 물체와 물질 탐색하기, 주변 동식물에 관심 가지기, 자연을 탐색하기, 생활도구 사용하기

참고문헌

곽금주, 성현란, 장유경, 심희옥, 이지연, 김수정, 배기조(2005). 한국영아발달연구. 서울: 학지사.

김혜금, 송영주, 임양미, 김현자, 김진숙(2011). 정신건강론. 경기: 정민사.

서유헌(2006). '아동발달과 뇌발달의 이해'. 건강한 아동, 건강한 뇌. 2006년 한국아동학회 춘계학술대회 자료집. 3~12

유효순, 원혜경, 김정희(2013). 영아발달. 서울: 창지사.

이기숙, 오은숙 역(1998). 신생아부터 8세아까지 발달단계로 본 우리 아이들의 놀잇감 선택 방법. 경기: 양서원.

이순형, 이혜승, 이성옥, 황혜신, 이완정, 이소은, 권혜진, 이영미, 정윤주, 한유진, 성미영(2009). 보육학개론. 서울: 학지사.

중앙육아종합지원센터(2013). 제3차 어린이집 표준보육과정에 기초한 연령별 보육프로그램의 활용.

Adams, R. J.(1987). An evaluation of color preference in early infancy. Infant Behavior and Development, 10, 143-150.

DeCasper, A. J., & Fifer, W.P. (1980). Of human bondings: Newborns prefer their mother's voices. Science, 208, 1174-1176.

Gibson, E. J., & Walk, R, D.(1960). The "visual cliff." Scientific American, 202, 64-71.

제10장

언어발달

1. 만 0세의 언어발달
2. 만 1세의 언어발달
3. 만 2세의 언어발달

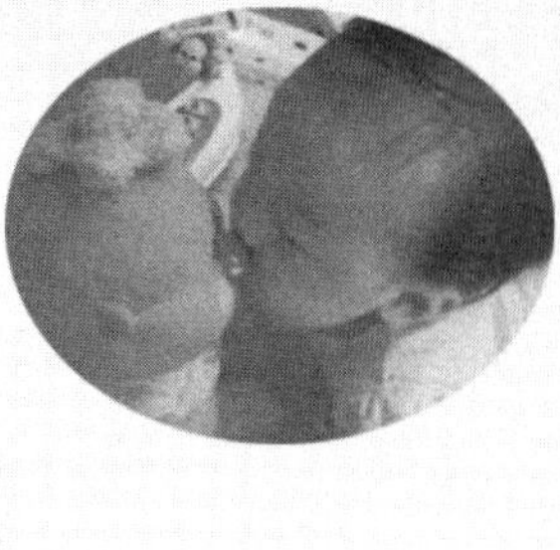

언어는 인간이 동물과 다른 고유의 탁월한 능력으로 소통의 매개로써 개인 간 차이는 있지만 일반적으로 인지발달과 마찬가지로 일정한 순서에 의해서 발달하게 된다. 언어능력이 인간의 본능이라고도 하지만, 생물학적으로는 인간이었지만 생활은 늑대와 함께 했던 두 소녀의 이야기로 미루어 볼 때, 언어적 환경도 인간이 사회적인 존재로 성장하는 데 중요한 요건이며 문화가 된다는 것을 알 수 있다.

개인 언어가 아무리 본능적인 것이라고 해도 태어날 때부터 말할 수 있는 사람은 없다. 언어능력이 유전적이며, 보편적인 문법 규칙이 뇌에 들어 있다 해도 특정한 언어를 말할 수 있으려면 경험이 필요하다(이승복, 2006). 결국 언어의 발달단계에 대한 이해를 토대로 언어적 환경을 제공하는 것은 매우 중요한 사회의 책임이 되는 것이다.

1. 만 0세의 언어발달

인간이 나타내는 최초의 음성언어는 울음이며, 쿠잉, 옹알이를 기초로 언어가 발달한다. 의미없는 소리처럼 들리는 음성이지만, 약간씩 다른 양상을 띠며 분화를 하게 된다. 그래서 인간에게 언어는 신비하고 축복된 선물이 될 것이다.

이 시기는 언어 이전시기(prelinguistic phase)로써 울음, 쿠잉, 옹알이는 영아의 소리에 반응해 주는 사람이 있을 때 더 자주 나타낼 수 있다고 볼 때, 이 시기에는 음성언어를 통해 사랑의 감정을 느끼게 하고 모방할 수 있는 대상이 있다는 것은 사회적 존재로서 의사소통능력을 발달시키는 중요한 출발이 된다고 하겠다.

물론 언어 이전시기의 영아는 음성언어를 통해 자신을 나타내기도 하지만,

사람을 향해 팔을 내민다거나 혀로 우유병의 꼭지를 밀어내는 등 몸짓으로 표현하는 사인(baby sign)도 이 시기에 소통의 방법이 된다는 것은 0세의 영아에 대한 기본적인 이해가 되어야 할 것이다.

1) 울음 및 쿠잉

신생아가 처음으로 내는 울음은 분명한 소리이지만 단조로운 울음소리는 호흡운동과 관련되어 있으므로 미분화된 울음(undifferentiated crying)이라 하겠다. 그러나 생후 1개월쯤 되면 울음에도 소리의 높이, 리듬, 음색의 변화가 뚜렷이 나타나게 된다(이경화 · 이성숙 · 김경화, 2010).

1개월이 되면 영아의 울음은 분화되면서 울음의 강도나 고저로 영아가 왜 우는지 그 이유에 대해 양육자가 구분할 수 있게 된다. 1~2개월경에는 이러한 울음이 소리내기로 울음과 비슷하나 목구멍을 울리는 소리로 '아아', '우우' 등과 같이 모음의 소리와 자음의 소리를 내기도 하는 쿠잉(cooing)을 하는 것이다.

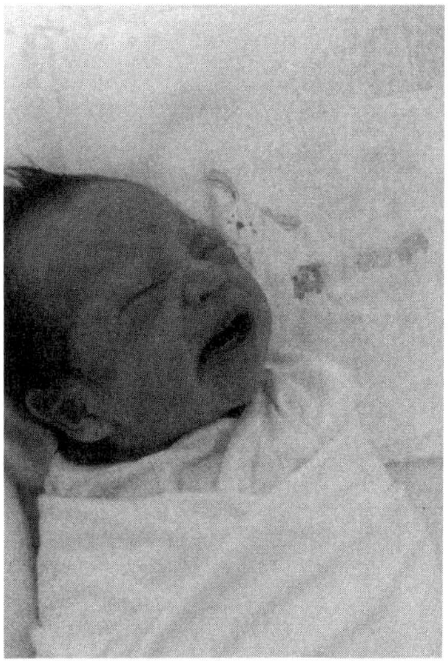

[그림 10-1] 1개월 영아

2) 옹알이

2~6개월의 영아는 소리내어 웃기를 하며, 타인의 목소리를 듣고 자신의 소리로 모방을 시도한다. 자음과 모음의 반복적인 연결을 하게 되면서 뭔가 말을 하고 있는 듯한 착각을 하게 한다. 이런 소리를 옹알이(bab-bling)이라고 한다.

4개월이 되면 활발한 옹알이(babbling)를 하며 옹알이에 고저가 나타난다. 6개월이 되면 일련의 소리를 모방하고 자신의 이름을 인식하여, 부르면 쳐다본다. 10개월이 되면 간단한 명령이나 요청을 이해하기 시작하고, 12개월이 되면 '엄마', '까까', '맘마' 등 한 가지 이상의 단어를 말할 수 있다(김혜금 외, 2010).

4~5개월경에 나타나는 옹알이는 모국어를 습득하는 중요한 기제로 성인과의 상호작용을 통하여 자신이 소속된 집단에서 자주 쓰이는 소리로 바뀌게 된다. 영아에게 중요한 언어의 역할을 하는 것 중의 하나는 몸짓이다. 팔다리와 몸체를 움직여서 자신의 의사를 표현한다. 말을 하기 시작한 후에는 불완전한 어휘력을 보완하기 위해 몸짓을 사용하게 된다(한성심 외, 2009). 영아는 옹알이나 소리를 모방하려고 애쓰며, 음악을 들려주면 소리를 내거나 움직인다. 또한 자신의 이름을 알고, 물건의 이름을 말하면 지적하기도 한다.

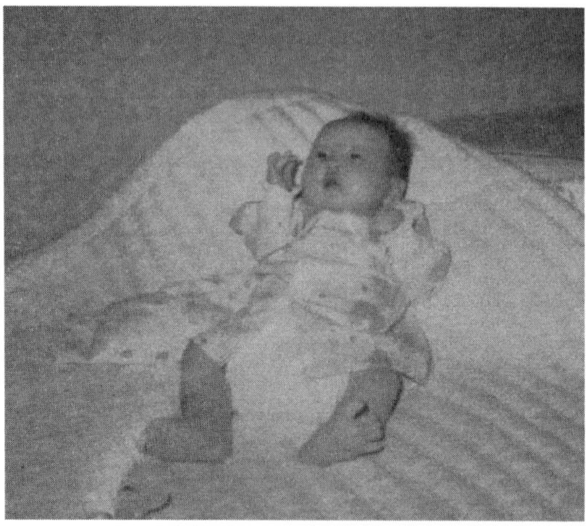

[그림 10-2] 4개월 영아

3) 몸짓

몸짓이란 언어 대신 몸체를 움직여서 자신의 의도와 요구를 표현하는 것으로 영아에게 있어서 중요한 언어의 역할을 한다. 몸짓은 음성언어를 대신하거나 보충하는 기능을 하기 때문에 단어를 사용하여 말을 하기 시작한 후에도 불완전한 어휘력을 보완하기 위한 보조 언어로써 몸짓을 사용한다(강문희 외, 2004). 따라서 영아를 양육하는 성인은 음성언어를 표현할 때 몸짓을 함께 보여

주는 것은 영아가 사물과 상황 등에 따른 어휘를 학습하는 데 도움이 될 수 있다. 예를 들어, 동물이나 자동차 등 의성어나 의태어로 표현할 수 있는 생물, 무생물에 흥미를 갖고 소리와 몸짓을 모방하여 다양한 의사표현의 방법을 점진적으로 학습해 갈 수 있다.

음성언어를 통한 의사전달이 어려운 영아는 분명히 표정과 몸짓으로 자신의 상황을 표현하게 된다. 그런 경우 성인은 영아의 신호(sign)를 인식하고 반응하여 영아의 욕구를 충족시킬 수 있도록 할 때 영아의 언어발달은 지속적으로 이루어져 전언어 단계에서 언어단계로 발달할 수 있을 것이다.

8개월경에는 자신의 소리와 타인의 소리를 구분하고 때로는 타인의 소리를 따라하기도 하고 주변에서 누군가가 자신의 이름을 부르며 고개를 돌려 반응하기도 하며, 거울에 비친 자신의 모습을 쳐다보며 눈, 코, 입 등 신체부분을 집어 보기도 한다. 특히 이 시기에는 책 속에 있는 그림을 보기 시작하므로 양육자는 책 속에 그림이 무엇인지 이야기를 해 준다면 그림책에 대한 관심과 표현을 촉진시킬 수 있다.

12개월경에는 한 단어로 의사소통을 하기 시작하는데, 이 하나의 단어는 상황에 따라 여러 의미를 함축하며 전체 문장의 의미를 내포하게 된다. 예를 들어, '엄마'라는 단어는 엄마 그 자체를 의미하기도 하지만 '엄마 배고파', '엄마 무서워'와 같은 다양한 의미를 담고 있다(한성심 외, 2009).

- 0세아의 울음, 쿠잉, 옹알이를 관찰하고 그 차이를 발견해 보자.
- 베이비 사인(baby sign)을 목록으로 정리해 보자.

2. 만 1세의 언어발달

출생 후 12개월을 전후하여 반복하여 들려주는 소리를 들으면 그 소리를 모방하면서 계속 반복하여 소리를 내다가 언어를 모방하게 되는 변화를 나타내며, 자신의 욕구를 표현하고 타인을 가리키는 언어를 사용하기 시작한다. 물론 신체운동능력이 영아 개인에 따른 차이가 있듯이 언어발달에도 다소 개인차가 나타난다.

1) 13~18개월

영아가 생후 1년이 지나면 첫 단어를 말하기 시작하며, 이 시기부터 18개월경까지 두 단어를 연결해서 말하는 시기까지를 한 단어 단계(one word stage)로 보고 있다. 즉 한 단어로도 양육자와 의사소통이 된다는 것이다. 예를 들어, "멍멍"이라고 말하면, '강아지가 있구나', "맘마"라고 하면, '배고프구나'로 양육자는 반응을 하게 된다.

이 시기 언어발달의 특징 중 하나는 과잉확대(over extension) 현상이다. 이는 하나의 단어를 적합하지 않은 다른 대상에게까지 일반화하여 사용하는 것을 의미한다(강문희 외, 2004). 예를 들어, 우유를 맘마라고 부르게 되고 요구한 것을 제공받게 되면 이후에 과일, 이유식 등을 맘마로 말하게 된다. 또한 개를 멍멍이라고 부르게 되고 성인의 반응이 이를 지지해 주었다면, 움직이는 모든 동물을 멍멍이라고 말하게 된다.

이 시기에 영아는 말하는 사람의 표정과 몸짓에 관심을 갖고 유심히 보며,

친숙한 낱말과 발음에 흥미를 보인다. 하지만 신체운동능력에 개인차가 있듯이 음성언어에 대한 이해는 되어도 표현이 어려운 경우도 있다.

12~16개월이 된 영아는 한두 단어를 사용하여 다양한 의도를 표현하고 반복적인 운율을 즐기며 그림책을 볼 수 있다. 20개월이 되면 사용 어휘가 점차 늘어나 10~20개의 단어를 말할 수 있으며, 두 단어를 조합하여 함축된 의미로 표현하거나 다른 사람의 요구나 지시에 적절히 반응한다(김혜금 외, 2010).

18개월에 두 단어를 연결하고, 2세에는 주어나 목적어가 있는 2~3단어의 구문을 만들 수 있다. 30개월에는 조사의 사용이 생략된 전보식 문장을 사용하고 3세에는 문장을 일상적으로 사용하게 된다. 4세부터 주고받는 회화가 가능하여진다(은백린, 2001).

2) 19~24개월

이 시기가 되면, 대소근육의 움직임이 자유로우며 활동량이 이전에 비해 늘어난다. 뿐만 아니라 두 개의 단어를 연결시켜 문장을 만들 수 있게 된다. 그래서 두 단어 단계(two word stage)라 하며, 이 시기에 사용하는 언어를 전보식 언어(telegraphic speech)라고 한다. 예를 들어, "엄마, 맘마"는 조사나 접속사가 없이도 엄마에게 먹을 것을 요청하는 것으로 받아들여진다.

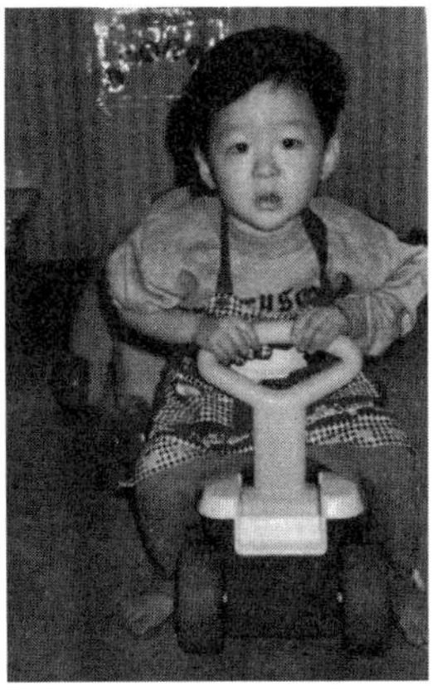

[그림 10-3] 22개월 영아

영아는 끊임없이 자신의 욕구를 언어로 표현하려고 하며, 말하는 것을 좋아하게 되고 표현할 수 있는 어휘도 늘어가고 성인의 질문에 반응하며 영아 역시 질문의 횟수가 늘어간다. 물론 완전한 문장으로 표현을 어려지만 "이(거) 뭐야?" 등의 표현으로 자신에게 답변하는 상대에게 관심을 갖기 위해, 또는 호기심으로 인해 질문을 하기도 한다.

영아가 두 개 이상의 단어를 연결시켜서 문장을 사용하게 되는 경우, 영아가 처음에 사용하는 단어는 가족의 명칭이나 친숙한 사물이나 신체 부분에 관한 것이 많으며 여아가 남아보다 더 빠르고 형제가 많은 가정의 경우에 더 빠른 편이다(한성심 외, 2009).

영아는 두 단어 단계가 끝나 가면서 더 많은 활동량과 함께 그 동안 보고 들은 많은 것들을 토대로 자연스럽게 모방하고, 놀이를 통해 언어로 표현하며 소통의 즐거움을 느끼게 된다. 그렇다고 하는 것은 그만큼 성인과의 상호작용이 필요하다는 것이고, 이때 성인의 의사소통방법인 표정과 목소리, 어휘사용 등은 영아의 의사소통능력에 결정적인 영향을 미칠 수 있음을 고려해야 할 것이다.

만 0~1세의 의사소통영역
-제3차 어린이집 표준보육과정(중앙육아종합지원센터, 2013)

- **의사소통영역의 목표** : 말소리를 구분하고 의사소통의 기초를 마련한다.
- **의사소통영역의 내용범주별 목표**
  - 듣기 : 주변의 소리와 말소리 구분하여 듣기, 경험과 관련된 말 듣고 알기, 운율이 있는 말 듣기, 말하는 사람을 보기
  - 말하기 : 발성과 발음으로 소리내기, 표정몸짓말소리로 말하기, 말할 순서 구별하기
  - 읽기 : 그림책과 환경 인쇄물에 관심 가지기
  - 쓰기 : 끼적이기

3. 만 2세의 언어발달

이 시기의 영아들은 그림책을 좋아하고 또래나 동생, 또는 주변 사람들이 말하는 소리와 내용에 관심을 나타내며 그들의 표현을 모방하며 놀이를 하기도 한다. 타인의 말이나 억양을 모방한 언어적 표현은 역할놀이시 나타나기도 한다.

주변에 대한 많은 호기심과 타인에 대한 관심이 다양한 질문을 통해 표현되기도 하면서 언어표현의 다양성과 어휘의 수가 급진적으로 증가하고 또래 및 교사와 일상생활에 필요한 의사소통이 활발해진다. 따라서 이 시기는 영아를 양육하거나 교육하는 성인의 언어표현이 매우 신중해야 할 필요가 있다. 이는 긍정적인 언어를 학습할 수 있는 환경이 중요하기 때문이다.

김영훈(2014)은 두뇌 성격에 따라 영아의 언어발달은 신체발달 만큼이나 성인이 조바심을 갖고 표준적인 발달에 맞춰서 정상적인 성장 · 발달로 판단하려고 한다. 하지만 소아과에서는 다음과 같은 주의를 주고 있다.

- 일반적으로 2세경에 "엄마 무(엄마 물 주세요)"와 같은 짧은 문장을 말할 수 있게 되는데 2세까지 간단한 문장을 만들지 못한다고 모두 언어 지체는 아니다. 실제로 2세 때 "엄마", "아빠" 밖에 못하던 아기도 6개월 내지 1년 후에는 거의 정상적으로 말을 하게 되는 경우도 있다. 그러나 2년 6개월 내지 3세까지 두 단어를 결합하여 의미 있는 문장을 말할 수 없을 때는 아이의 언어 습득에 이상이 있는지 알아보아야 한다(고려의대 소아과 은백린, 2001).

영아들이 완전한 문장에 가까운 표현을 하기 시작하면서 문장의 문법에 적절한 문법적 형태소를 습득하여 사용하게 된다. 또한 문장의 형태도 단순한 문장에서 점차적으로 복잡하게 구성할 수 있게 되어 중문과 복문도 사용할 수 있게 된다(Radford, 1991). 따라서 어린이집과 가정에서는 낮잠 시간이나 조용한 놀이가 필요한 시간에 교사나 부모가 그림책을 읽어 주는 것은 영아들의 듣기 태도와 그림책에 대한 흥미를 높이는데 도움이 될 수 있다.

만 2세의 영아들은 서서히 엄마보다는 또래나 교사와 상호작용하기를 좋아하기 시작하기 때문에 어린이집 언어영역에서는 교사에게 그림책을 읽어 달라고 하거나 또래와 그림책을 펼쳐놓고 들었던 내용을 기억해 가며 읽는 시늉을 한다. 또한 미술영역에서 크레용이나 색연필 등 그리기 도구를 가지고 색종이나 도화지에 끄적거리기를 해서는 교사에게 보여주기도 한다.

24개월과 30개월의 언어발달의 이정표(Lenneberg, 1967; 이경화 외, 2010 재인용)에서는 다음과 같이 제시하고 있다.

1) 24개월

50개 이상의 어휘력을 가지며, 주로 주위에서 흔히 보는 사물들의 이름을 거의 다 알고 있다. 또한 자발적으로 두 개의 단어를 합쳐서 이어문으로 만들기 시작하며 의사소통 행동이 확실히 증가하며 언어에 대한 흥미를 보여 준다.

2) 30개월

어휘력이 가장 빨리 증가되는 시기로 거의 매일 몇 개씩의 새로운 단어를 습득한다. 의사소통의 목적을 가지고 말을 하며 어른들이 자기의 말을 이해하지 못하면 좌절감을 느낀다. 또한 문장의 길이는 적어도 두 개의 단어로 구성되어 있으며 3~5개의 단어로 구성된 문장을 말하기도 하며, 문장과 어구는 유아

문법의 특징을 보여주는데 유아에 따라 큰 차이가 나지만 언어의 명료성은 아직 명확하지 못하고 이해력은 뛰어나다.

만 2세의 의사소통영역

- 제3차 어린이집 표준보육과정(중앙육아종합지원센터, 2013)

- **의사소통영역의 목표**: 의사소통 능력의 기초를 기른다.
- **의사소통영역의 내용범주별 목표**
  - 듣기: 말소리 구분하여 듣고 의미알기, 짧은 문장 듣고 알기, 짧은 이야기 듣고 말하기, 사람을 주의 깊게 보기
  - 말하기: 낱말과 간단한 문장으로 말하기, 자신의 원하는 것을 말하기, 상대방을 바라보며 말하기
  - 읽기: 그림책과 환경 인쇄물에 흥미 가지기
  - 쓰기: 끼적이며 즐기기

참고문헌

강문희, 신현옥, 정옥환, 정정옥(2004). 아동발달, 경기: 교문사.

김혜금, 임미정, 차승환, 전영희, 길미애(2010). 표준보육과정과 평가인증지표에 기초한 0, 1, 2세아 영아보육 프로그램. 서울: 학지사.

이경화, 이성숙, 김경화(2010). 유아언어교육. 경기: 공동체.

이승복(2006). '뇌와 언어발달: 언어습득의 신경적 기초'. 건강한 아동, 건강한 뇌. 2006년 한국아동학회 춘계학술대회 자료집. 69~74.

중앙육아종합지원센터(2013). 제3차 어린이집 표준보육과정에 기초한 연령별 보육프로그램의 활용.

한성심, 김현자, 서지영(2009). 보육과정. 서울: 태영출판사.

Gibson, E. J., & Walk, R. D.(1960). The "visual cliff." Scientific American, 202, 64-71.

Lennberg, E.(1967). The Biological Foundation of Lan.

Radford, A.(1991). Syntactic theory and the acquisition of English syntax, Cambridge, MA: Basil Blackwell.

제11장

정서발달

1. 만 0세의 정서발달
2. 만 1세의 정서발달
3. 만 2세의 정서발달

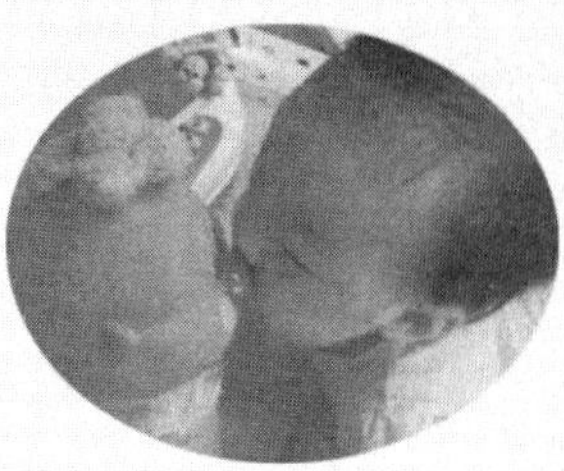

영아의 정서발달에서 정서의 개념은 내적, 외적 자극에 대한 사람의 기분, 느낌, 감정 등의 반응과 상태를 의미하는데 구체적으로 기쁨, 슬픔, 불안, 공포 등은 기본적인 정서이다. 정서는 크게 생리적 요소와 표현적 요소의 두 가지로 구분한다. 생리적 요소는 자율신경계에 의한 흥분을 의미라고 표현적 요소인 얼굴표정, 신체적 표현, 울음, 언어 등을 통해 자신의 정서를 타인에게 표현한다(izard & Malatesta, 1987). 연령이 증가함에 따라 영아는 점차 분화된 정서를 나타내고, 다른 사람의 정서를 이해할 수 있는 능력도 갖게 된다.

본 장에서는 영아의 정서발달 이해를 위해 정서표현, 정서지능, 정서 조절과 기질에 대해 설명하고자 한다. 이러한 정서발달에 대해, 0~2세 영아를 연령별로 나누어 각각의 정서발달의 하위 내용을 제시하고자 한다.

1. 만 0세의 정서발달

인간은 기본적인 정서로 기쁨, 흥미, 행복과 같은 긍정적인 정서, 슬픔, 분노, 공포, 혐오, 고통 등이 있는데 영아는 태어나는 순간부터 정서를 경험하고, 기본적인 정서를 표현할 수 있는 능력을 가지고 태어난다. 영아기 동안 자신의 욕구와 상태를 쾌감이나 불쾌감으로 표현하는 것으로부터 시작해 다양한 정서의 분화와 발달과정을 경험하게 된다. 이 때 형성된 정서발달은 성장한 후 자아개념 및 안정된 사회관계의 발달의 기초가 된다. 이 장에서는 연령별로 나누어 만 0세 영아의 정서발달 및 특징, 기질의 발달을 살펴보고자 한다.

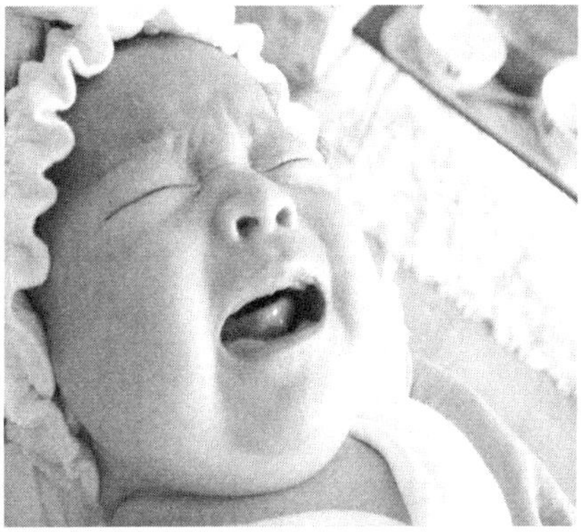

(1) 불쾌의 정서

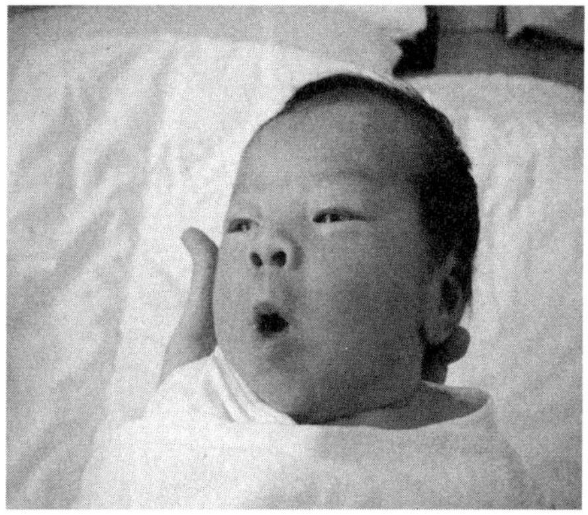

(2) 기본적 정서

[그림 11-1] 불쾌의 정서와 기본적 정서

1) 만 0세의 정서특성

(1) 정서의 개념

정서란 정서적으로 자극된 상황에 대처하기 위하여 특정한 신체적 변화와 동기화된 행동을 수반하는 것으로 기쁨, 슬픔, 공포 등이 그 예가 된다(심성경 외, 2013). 정서는 중초 신경계와 뇌로 신호를 전달하는 내적 사건이나 외적 사건에 의해 일어나는 것으로 사람마다 개인차를 가지기는 하지만 합의된 공통적 특성을 찾아볼 수 있다(심성경 외, 2013; Frijda, 1986).

- 정서는 인간이 갖는 매우 개인적인 행동 특성이다.
- 잠재적 기본 정서는 어릴 때부터 일상생활에서 타인과 상호작용을 통해 발달한다.
- 정서는 중요한 목표와 관련된 사건의 의식적, 무의식적 평가에 의해 유발된다. 목표를 성취했을 때 긍정적인 정서를 느끼고, 성취하지 못했을 때 부정적인 정서를 느낀다.

- 정서의 핵심은 행동 준비성으로 특정한 정서가 특정한 행동을 유발하도록 하는 동기를 부여한다. 행복한 정서는 행복한 표현과 행동을, 슬픈 정서는 슬픈 표현이나 위축된 행동을 하게 하며 공포의 정서는 도피행동을 하게 한다.
- 정서는 독특한 유형의 마음 상태로 체험되고, 때때로 신체적 변화, 미소와 웃음 등의 표현이나 행동을 수반한다.

또한 영아기의 정서에는 두 가지 기능 또는 목적이 있는데 첫째는 영아의 상태를 다른 사람, 특히 주양육자에게 알림으로써 양육자로 하여금 영아를 보살피게 하는 기능이며. 둘째는 특정 자극에 대해 특정한 행동을 하도록 하는 동기를 부여하는 것이다. 심리학자들은 긍정적인 정서나 부정적인 정서를 다음과 같이 설명한다.

긍정적인 정서는 높은 에너지, 열정, 흥분부터 침착, 조용하거나 위축까지의 긍정적인 정서의 범위를 말하며, 부정적인 정서는 불안, 분노, 죄책감, 슬픔과 같은 부정적인 정서의 범위를 말한다(곽금주 외, 2007: 350~351).

(2) 정서의 특성

만 0세는 출생부터 1세 전까지를 말하는데, 출생 시 신생아는 얼마 동안은 정서가 분화되지 않은 흥분상태에 있는 것으로 알려져 있다. 이후 쾌, 불쾌가 각각 행복, 기쁨, 만족 등의 다양한 긍정적 정서와 분노, 슬픔, 공포와 같은 다양한 부정적 정서로 분화된다. 이 때 쾌의 정서보다 불쾌의 정서가 먼저 분화되는데, 그 이유는 불쾌의 정서를 표현하는 것은 생존과 더 밀접한 관련이 있기 때문이라 할 수 있다(문혁준 외, 2014: 281). 또한 출생시 흥미와 고통, 혐오 등 기본적이고 보편적인 표정을 지을 수 있다.

Izard(1971)는 정서발달에 있어 생물학적 요인을 강조한다. 정서와 관련된 영아의 얼굴표정을 측정하기 위해 MAX(mally discriminative facial movement coding system)라는 도구를 개발하여 여러 가지 자극에 대한 영아의 얼굴표정을 비디오 테이프로 녹화하여 관찰한 결과 호기심이나 혐오감 등은 출생시부터 존재하고 화, 놀람, 슬픔 등은 3~4개월에 나타나며, 공포는 5~7개월에 나타나고, 수치심과 수줍음은 6~8개월에 나타나지만 모욕감과 죄책감은 2세 전에는 나타나지 않는 것을 발견하고 그는 이러한 정서는 생물학적으로 프로그램화된 것으로 주장하면서 미소나 찡그림 등은 유전인자 속에 들어 있는 것이라고 보았다(전남련 외, 2014: 257~258).

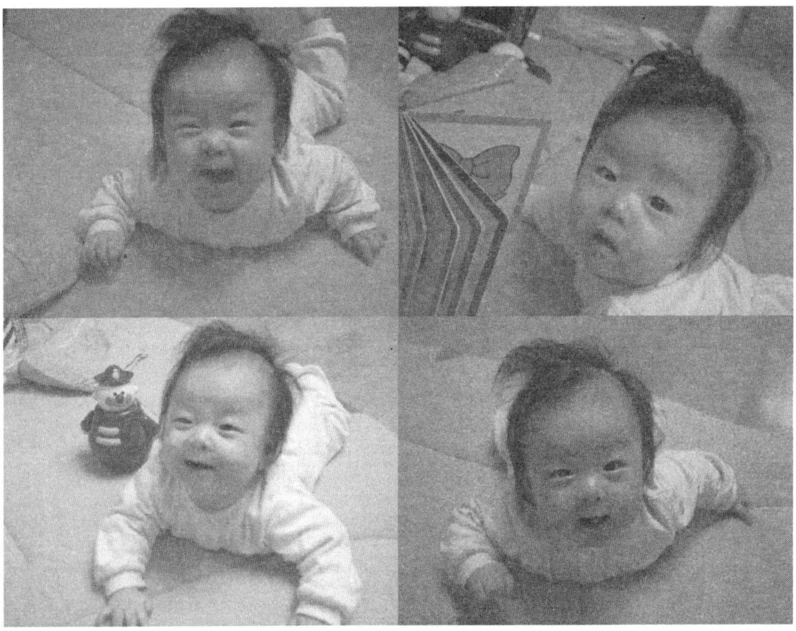

[그림 11-2] 영아의 정서 표현

Bridges(1932)는 태어날 때 흥분상태는 2~3개월경에 쾌와 불쾌로 분화되고, 생후 5~6개월에 불쾌의 정서인 분노, 혐오, 공포가, 10~12개월에 쾌의 정서인 의기양양과 애정이, 2세경에 질투심이 나타나 성인에게서 볼 수 있는 거의 모든 정서가 분화된다고 보았다(조성연 외, 2014: 300~301). 또한 그는 연구에서 출생 후 2년 동안 출현하는 여러 가지 정서의 도표를 만들었는데 이러한 정서는 선천적인 것으로 생의 초기에 나타나고 세계 모든 문화권의 영아들에게서는 볼 수 있기 때문에 일차 정서 또는 기본 정서라고 한다(전남련 외, 2014: 258).

영아기의 정서발달 예정표는 〈표 11-1〉과 같다.

표 11-1

영아기의 정서발달 예정표

출현 시기	정서	출현 시기	정서
출생시	흥미/불쾌/혐오	5~7개월	공포
출생~3개월	슬픔	6~8개월	수줍음
4~6주	기쁨	7개월	격노
3~4개월	분노	12~24개월	격노
3~6개월	놀람	24~36개월	당황/죄책감

출처: C. E. Izarel, C. Z. Mslatestea(1987). 정옥분(2009). 전게서, p. 310 재인용.

그리고 생후 3년 동안 출현하는 영유아의 정서를 기쁨, 분노, 슬픔, 두려움으로 나누어 시기별로 정리한 영유아 정서발달 표는 다음과 같다.

표 11-2

생후 3년 동안 출현하는 영아의 정서

시기	기쁨	분노	슬픔	두려움
6주	기쁨			
3~4개월		분노		
5~7개월			슬픔	두려움
8~10개월	놀람		분리불안	조심성
1년	고무됨	좌절	당황	수줍음
2년	애정	저항, 질투, 경멸		낯가림 불안
3년	자긍심 공감	공감	수치심 죄책감 공감	수치심 죄책감 공감

출처: Kosteinik, Whiren, Sodeman, & Gregory(2009). Guiding children's social development and learning. NY : Cengage Learning.

만 0세의 정서를 정리하자면 출생 후부터 바로 울음으로 불쾌와 혐오의 정서를 표현하기 시작하며, 3개월이 되면 웃음을 보이고, 좌절과 분노를 나타내기도 한다. 8~10개월 영아는 부모의 표정과 반응을 살피기 시작하는 사회적 참조가 보이며, 격리불안을 나타낸다.

만 0세의 정서발달의 특징과 활동 가능한 프로그램은 〈표 11-3〉과 같다.

표 11-3

만 0세의 정서발달 특징과 활동 가능한 프로그램

개월	정서발달 특징	활동 가능한 프로그램
출생~	• 기쁨, 흥미, 공포, 놀람, 슬픔, 혐오 같은 기본적인 정서기초가 되는 표현을 한다.	• 노래 불러주기 • 클래식 들려주기
2~3개월	• 주변에 흥미와 호기심을 보인다. • 사회적 미소를 나타낸다	• 음악 들려주기 • 그림 보여주기 • 주변 사물 관찰하기
3~4개월	• 즐거움과 기쁨에 대한 긍정적 정서를 보인다. • 좌절과 분노를 나타낸다	• 감각적 반응 정도 관찰하기
6~8개월	• 주양육자에게 특별히 의존한다. • 다양한 상황에서 자주 화를 나타낸다. • 화난 것을 표현하고 짜증을 부리기 시작한다. • 다른 사람의 표정을 보고 기분을 알 수 있다.	• 거울놀이하기 • 긍정적 정서표현 • 부정적 정서표현
8~12개월	• 분리 될 때 불안해한다 • 다른 사람에 대한 애정을 표현하는 것이 좋다 • 분노나 공포를 표현하는 빈도와 강도가 강해진다. • 일과 행동으로 자신의 정서를 표현한다.	• 자아존중감 발달시키기 • 명령에 따르기 • 독립심 기르기 • 자신의 정서 표현하기

출처: 전남련 외(2014), p. 266 재인용.

2) 정서발달

영아에게 나타나는 정서는 다양한 정서출현, 정서 인식의 발달(자기 정서인식 및 타인 정서인식), 자아 의식적 정서의 출현, 자신의 정서 조절 등의 단계를 통해 발달한다. 영유아기 정서의 개인차는 분명히 존재하며, 이는 초기 아동기까지 적응의 결정적 역할을 한다(심숙영, 2014: 15~16).

(1) 정서의 유형

Lewis(2002)는 정서발달 연구에서 생의 초기 정서를 크게 두 가지 형태로 분류하였다(곽금주 외, 2005).

- **일차 정서**(기초정서): 인간이나 다른 동물에게서 나타난다. 초기 정서는 놀람, 관심, 즐거움, 분노, 슬픔, 공포, 혐오등을 포함하며 생후 6~8개월에 처음 나타난다.
- **이차 정서**(자아의식 정서, 복합정서): 인지, 특히 의식을 요구한다. 자아의식 정서는 생후 18개월 정도에 공감, 질투심, 당혹감 등으로 나타나며, 30개월 정도에는 자긍심, 수치심, 죄책감 등이 나타난다.

일차 정서는 인간의 정신 작용과 적응 행동에 기초가 되는 정서로 기쁨, 흥미와 같은 긍정적 정서, 슬픔, 분노, 고통, 공포와 같은 부정적 정서를 포함한다(Izard, 2009).

① 기쁨

영아는 웃음과 미소로 기쁨의 정서를 나타낸다. 영아의 미소는 영아와 양육자 간에 관계에 중요한 의미를 지니며, 반사적 미소와 사회적 미소가 있다. 반사적 미소는 출생 직후 나타내는 미소로 깊은 수면 상태나 부드러운 감촉 등에 대해 선척적이고 반사적으로 나타나며 배냇미소가 이에 해당한다. 생후 2~3개월이 되면 영아는 양육자가 웃어주면 웃을 뿐 아니라 다른 사람을 보고 먼저 웃기도 하는 사회적 미소가 나타난다(Sroufe & Waters, 1976). 3~4개월 되면 강한 자극에 대해 미소보다는 웃음으로 기쁜 정서를 나타낼 수 있게 된다.

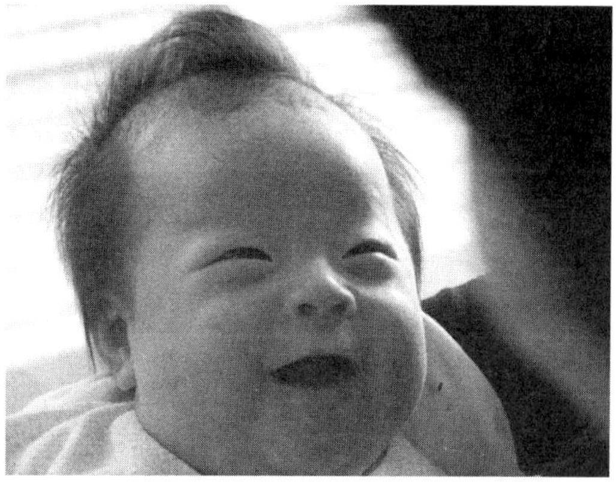

[그림 11-3] 정서 표현 '웃음짓기'

만 0세 영아의 기쁨의 발달 단계는 〈표 11-4〉와 같다.

표 11-4

만 0세 영아의 기쁨 발달

시기	기쁨(미소/웃음)
출생 직후	배넷 미소
4주	움직이는 물제와 외부자극에 미소지음 기쁨, 분노, 중성적인 표정을 보이면 기쁜 표정을 더 많이 주시함
6–10주	사람의 얼굴에 대해 사회적 미소를 보임
3개월	친숙한 사람과 친숙하지 않은 사람에 대해 다른 반응을 보임 양육자가 웃거나 장난을 하면 그에 반응하고 웃음을 보임
9–12개월	까꿍놀이를 즐겨함
12개월 이후	자신이 원인을 제공한 사건에 미소를 보일 수 있음

출처: 심성경 외(2013) p. 139 재인용.

② 분노

영아기에 가장 많이 나타내는 정서 중 하나이다. 만 0세아는 배고픔, 신체적인 불편함, 고통스러울 때 울음으로 분노를 표현하지만, 점차 자신이 원하는

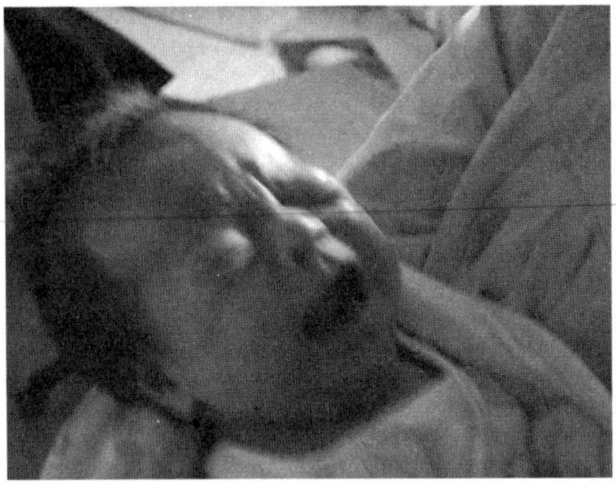

[그림 11-4] 정서 표현 '분노하기'

것을 못하게 되어 욕구 좌절을 느낄 때 분노를 표현한다(조성연, 2014).

분노의 표현은 영아가 성장함에 따라 다른 형태로 나타난다. 영아 초기에는 자신이 느끼는 좌절감을 울음으로 표현하고, 4~6개월이 되면 분노가 나타나기 시작하는데 이 시기에 영아는 운동능력이 부족하여 자신이 갖고자 하는 것을 갖지 못하거나 자신이 원하는 대로 되지 않을 때 성난 목소리로 소리를 지르며 분노를 표현한다. 2세경이 되면 분노가 최고조에 잘하며 사랑으로 수용되지 않으면 공격성으로 표출되기도 한다(정옥분, 2012).

③ 공포

공포는 신체적, 심리적 위험에 대한 반응으로 불안과 연결되어 있다. 출생 후 얼마되지 않은 영아는 공포라는 정서는 잘 관찰되어지지 않는 것인데 대부분 안전한 환경에서 보살핌을 받기 때문에 몇 가지 선천적인 공포 반응 외에는 공포의 정서를 경험할 기회가 많지 않다. 그러나 점차 다양한 경험과 학습을 하면서 공포의 정서를 느낀다. 예를 들어 시각절벽 실험에서 볼 수 있듯이 2~3개월 영아는 높은 곳에서 깊이를 지각할 수 있지만 공포를 나타내지 않는 반면 영아가 기기 시작하면서 공포를 느낀다. 이는 영아가 기어다니면서 높이가 있는 곳에서 떨어져 보거나 양육자가 높은 곳이 위험하다는 것을 알려주어 학습하였기 때문이다. 또한 영아에게 가장 흔 한 공포는 애착대상과의 분리되는 것에 대한 불

[그림 11-5] 정서 표현 '공포'

한과 낯선 사람을 만났을 때 불안과 관련된 경우가 많다(문혁준, 2014: 282).

공포는 낯선 사람을 경계하기 시작하는 6개월경에 나타나는 데 9~14개월에 최고조에 달한다. 양육자와 떨어질 때 나타나는 분리불안도 이 시기에 절정에 이른다(조성연, 2014). 즉, 친숙한 사람과의 분리에 대한 분리불안 역시 영아의 공포반응과 밀접한 관련을 맺는다. 그리고 2세경 낯가림과 다른 공포가 감소한다.

표 11-5

영아기 공포의 발달

시기	공포
6개월	친숙하지 않은 사람 경계심과 낯선사람 에게 공포를 보이기 시작
9~14개월	공포가 최고조이며 분리불안 절정에 이름
2세경	낯가림과 공포가 감소함

(2) 정서의 이해

만 0세 영아도 성인의 표정 변화에 분명한 정서적 반응을 나타내는 것으로 보아 이들은 타인의 감정도 인식하는 것으로 여겨진다. 즉 영아는 일찍부터 다른 사람의 얼굴표정을 보고 정서를 구별하는 능력이 있어서 생후 2~3개월 정도 되면 행복, 슬픔, 분노, 공포, 놀람과 같은 얼굴 표정들을 구별할 수 있는 것으로 밝혀졌다(Barrera & Maurer, 1981; Young-Browne, Rosenfeld, & Horowitz, 1977). 그러나 이 시기에는 서로 다른 정서를 표현하는 얼굴의 표정이 다르다는 것만 인식할수 있을 뿐, 표정을 통한 의사소통의 기능을 이해하여 정서의 의미를 파악하는 것은 4~8개월 정도 되어야 가능한 것으로 보인다(Snow, 1983).

생후 6개월쯤 되면 영아는 정서를 구분할 수 있을 뿐 아니라 다른 사람의 정서에 의해 영향을 받는다. 이는 상황을 인식하기 위하여 다른 사람의 정서적 반응에 의존하는 사회적 참조(social reference)와 관련이 있다(Berk, 2012). 사회적 참조란 영아가 불확실한 상황에서 안정감을 찾기 위해 양육자의 얼굴 표정이나 목소리에 담긴 정서적 의미를 찾는 것을 말한다(Saarni, Mumme, & Campos, 1998). 예를 들어 낯선 사람이 집에 방문 했을 때 영아는 불안한 느낌이 들겠지만 양육자가 그 사람과 친밀하게 이야기 나누는 것을 보면 안심하고 다가간다. 즉 영아는 낯선 사람에 대한 양육자의 행동을 참조하여 불안해야 하는지 아닌지를 결정짓는다.

또한 어떤 행동을 하기 전에 부모에게 도움을 구하는 자신의 행동을 결정한다. Sorce 외(1985)는 시각절벽 장치를 이용하여 12개월 영아의 사회적 참조행동을 실험했다. 그 결과 영아는 시각 절벽 끝에 멈춰 어머니의 표정을 살핀 후 어머니의 표정 여하에 따라 자신의 행동을 달리하였다. 즉 어머니의 표정이 긍정적이면 시각 절벽 앞에 멈춰 더 이상 건너가지 않았다. 또 다른 영아들의 사회적 참조과정을 보여주는 예를 살펴보면, 영아들은 양육자의 행복, 화, 공포 등의 정서적 표현에 따라 낯선 사람을 경계하기, 친숙하지 않은 놀잇감을 갖고 놀이하기, 또는 시각벼랑(visual cliff)의 깊은 부분을 건너가기 등의 행동에 영향을 받았다(Stenberg, 2003).

표 11-6

만 0세 정서 이해

시기	정서 이해
2~3개월	• 행복, 슬픔, 분노, 공포, 놀람과 같은 얼굴 표정들을 구별할 수 있음
4~8개월	• 표정을 통한 의사소통의 기능을 이해하여 정서의 의미를 파악함
6개월	• 영아는 정서를 구분할 수 있을 뿐 아니라 다른 사람의 정서에 의해 영향받음 • 사회적 참조 시작
12개월	• 타인의 일차 정서 인식이 향상 • 양육자의 행동을 참조하여 자신의 행동을 결정하기도 하고, 자신이 느끼는 정서를 자신의 것으로 인식함

(3) 정서의 조절

생애 초기에 정서는 조절되지 않은 채로 표출되기 때문에 극단적이고 강렬하다(문혁준 외, 2014). 하지만 만 0세 영아는 점점 자신과 타인의 정서를 이해하면서 자신의 정서도 조절하기 시작한다. Thompson(1994)은 정서 조절이란 개인이 어떤 목적을 이루려는 과정에서 자신의 정서적 반응을 조정, 평가, 수정하는데 관계되는 내적 및 외적 과정이다.

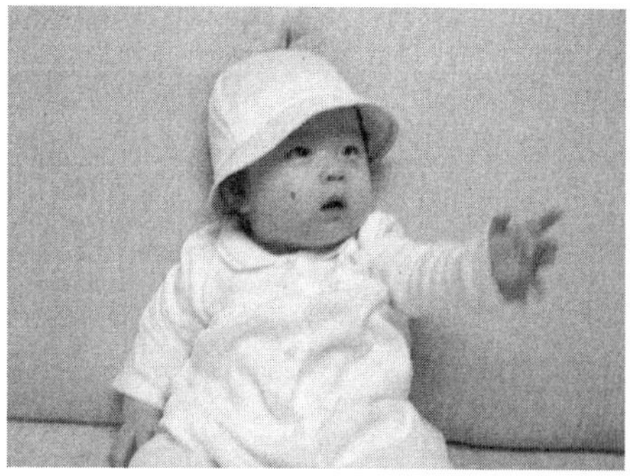

[그림 11-6] 만 0세의 정서 조절

정서 조절은 다음과 같은 4가지 특성이 포함되어 있다고 제안하였다.

첫째, 정서 조절은 정서적 각성의 억제와 감소 뿐만 아니라 유지와 강화도 포함된다.

둘째, 정서 조절을 스스로 자기조절을 하는 과정인 동시에 다양한 외적요인에 의해서 영향을 받는 과정이다.

셋째, 정서 조절은 개인이 경험하는 특정정서 자체에 영향을 주기도 하지만, 더 일반적으로 경험하고 있는 정서의 강도나 시간적 특성에 영향을 준다.

넷째, 정서 조절 특정 상황에서 개인의 목표 달성과 관련된 기능적 과정이다.

이러한 정서 조절은 심리, 사회적 발달 영역에 포함되나 인지능력이 영향을 미치며 정서 조절은 이후의 성공적인 인지적 수행을 예측하는 중요한 발달과제이기 때문이다(권정윤 외, 2012).

생후 4~6개월 정도의 어린 영아도 자신의 손가락을 빠는 행위를 통해 스스로를 진정시키고, 불쾌한 자극이 있으면 고개를 돌리거나 멀어지려고 하고, 정서적으로 불안하면 양육자에게 다가가려 한다. 첫돌 무렵 기고 걷는 행동이 가능해지면서 영아는 다양한 자극에 접근하거나 후퇴함으로써 보다 효과적으로 정서를 조절한다 또한 스스로 몸을 흔들거나 물건을 씹거나 자신을 당황시키는 사람이나 사건들에서 멀리 떨어지는 등 부정적 정서의 유발을 감소하는 책략을 발달시킨다(한유미, 2014).

표 11-7

만 0세 영아의 정서 조절

시기	정서 조절
6개월	• 긍정적 정서의 표출이 격려되고 보다 일반적이 됨 • 빨거나 몸을 돌림으로써 부정적 정서를 조절하려고 시도
7~12개월	• 정서적 자기조절의 향상 • 영아는 스스로 몸을 흔들거나 물건을 빨거나 혹은 불쾌한 자극으로부터 멀어지도록 이동

출처: Shaffer(2005).

(4) 기질

출생하면서부터 보이는 영아의 정서적 표현과 환경자극에 대한 반응성의 개인차를 기질이라고 한다(Rothbart & Bates, 1998). 기질이란 출생 직후부터 나타나는 개인의 안정되고 일관된 특성이며, 환경적 사건들에 대해 예측된 방식으로 반응하는 개인적 경향(권민균 외, 2005)인데 다른 사람과의 상호작용에 영향을 주는 사회 정서발달을 예측하는 주요 변인 중 하나이다(박경자, 1999).

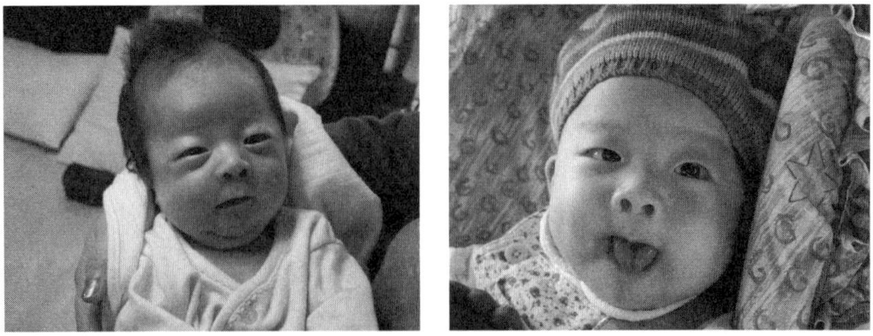

[그림 11-7] 순한 기질

이렇게 기질의 정의는 다양한데, 초기 연구자인 Chess와 Thomas, Birch (1965)는 기질을 개인의 행동을 결정짓는 기본적인 양식으로 정의했다.

① 뉴욕 종단연구 모형

기질에 대한 연구는 1956년에 시작한 뉴욕 종단연구(New York Longitudinal Study, NYLS)가 대표적인데, 이를 통해 발달에 미치는 아홉 가지 기질의 구성요소인 활동성, 규칙성, 접근/기피, 적응성, 반응강도, 반응의 역치, 기분, 산만성, 주의집중/ 지속성 등 9요인을 밝혀냈고, 각 요인의 행동에 관한 내용으로 구성된 어머니 보고용 질문지를 사용하여 영아의 기질을 세 가지 유형으로 진단하였다.(Thomas & Chess, 1986).

표 11-8

기질의 9가지 구성요인

구성요소	설명(평가내용)
활동성	젖먹기, 목욕하기, 옷입기 등 일상생활에서 영아가 하는 신체 활동량
규칙성	수유시간, 수면주기, 배변습관 등의 예측 가능성
접근/기피	새로운 사태나 장난감 음식등 새로운 자극에 대한 기분 행동을 포함
적응성	상황의 변화에 대한 적응의 용이성
반응강도	긍정 및 부정적인 반응의 에너지 수준
반응역치	영아의 반응을 유발하는 데 필요한 자극의 양
기분	행동에 대한 행복하고 기분좋은 반응의 빈도
산만성	외부의 사태나 자극에 의해 영아의 진행 중인 행동이 쉽게 방해받는 정도
주의집중/지속성	영아의 활동의 지속기간과 장애에 직면했을 때 활동을 계속하려는 의지

출처: Thomas, A. & Chess, S.(1986). 송명자(1995). 발달심리학. p. 205 재인용.

그리고 이러한 아홉 가지 구성요인을 기준으로 기질의 유형을 순한 기질(순둥이형), 까다로운 기질(체제거부형), 느린 기질(대기 만성형) 등 세 가지로 구분하였다.

- **순한 기질**(순둥이형): 이 유형의 영아는 전반적으로 조용하고, 행복한 정서를 표현하며, 수면, 배설, 식사습관 등의 일상생활이 규칙적이며 예측가능하다. 또한 새로운 환경에 잘 적응하고 자주 흥분하지 않는다.
- **까다로운 기질**(체제거부형): 이 유형의 영아는 생활습관은 불규칙적이며 예측하기 어렵고, 환경의 자극이나 욕구좌절에 대한 반응이 강하다. 새로운 사람과 환경의 변화에 대한 적응도 어려우며 부정적인 정서도 자주 보인다(이경님, 2014).

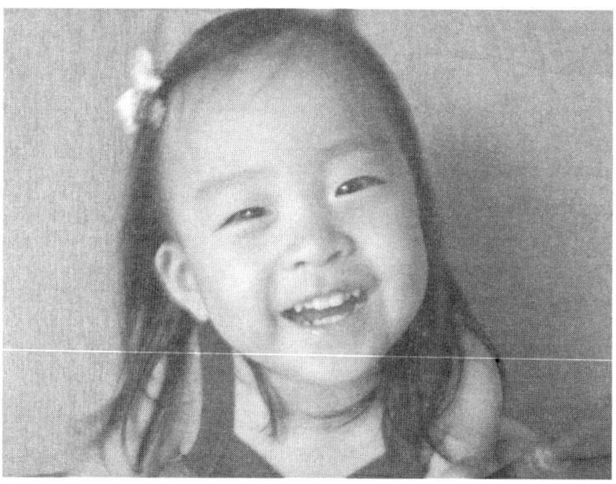

[그림 11-8] 순한 기질

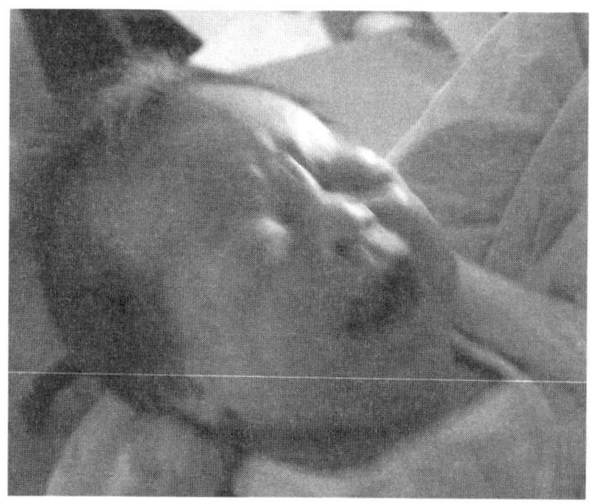

[그림 11-9] 까다로운 기질

- **느린 기질**(대기 만성형): 이 유형의 영아는 환경의 자극에 늦게 반응하는 기질로서 상황의 변화에 대한 적응이 늦고 수동적이고 회피적이며 낯선 사람이나 사물에 부정적인 반응을 보인다. 까다로운 기질과 달리 활동이 적고 정서적 강도도 약하다 낯선 상황에 대해 반응은 늦으나 다소 부드러운 방식의 반응을 보인다.

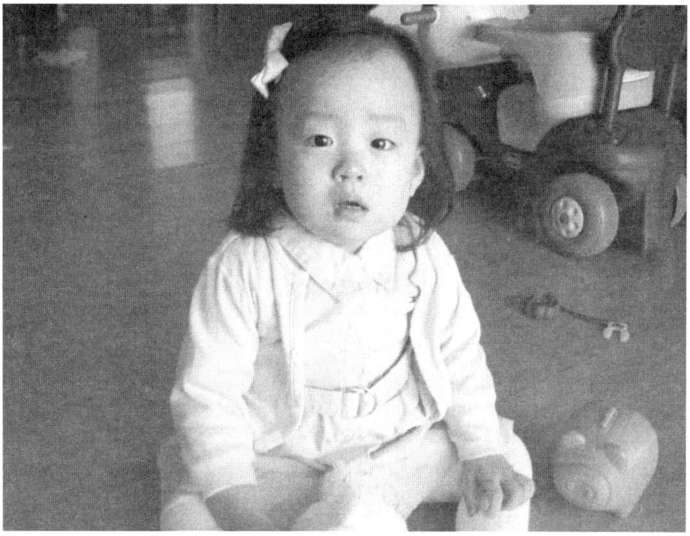

[그림 11-10] 느린 기질

② EAS 모형

Thomas와 Chess(Thomas & Chess, 1986)의 뉴욕종단 연구에서 밝혀진 기질 유형 중 35% 영아가 어떤 유형에도 속하지 못했다는 한계점에 따라 Buss와 Plomin(1986)은 영아의 기질을 연구하는 데 있어 개인 내에 안정적인 성격 특성으로만 간주되는 요소들로 기질 차원을 세 가지 요소에 근거하여 연구하였다.

첫째, 정서성으로 영아가 자극에 대해 얼마나 빠르게 부정적인 정서반응을 나타내는가이다.

둘째, 활동성으로 영아가 하는 행동의 속도와 강도를 의미하는데 이는 영아가 새로운 것을 탐색할 때 얼마나 활발하게 탐색하고 움직이는지에 대한 것이다.

셋째, 사회성으로 영아가 얼마나 다른 사람과 함께 있는 것을 좋아하는지를 평가했다.

③ Rothbart 모형

Rothbert(1989)는 기질의 구성요소를 반응성과 자기조절을 제시하였다(정옥분, 2012).

첫째, 반응성(reactive)은 EAS 의 정서성과 비슷한 것으로 자극에 대해 영아가 얼마나 쉽게 얼마나 강렬하게 반응하는가이다. 정서성과 반응성의 주된 차이는 반응성은 긍정적인 반응도 포함되는 것으로 예를 들어 영아가 새로운 장난감을 보고 웃음을 보이는 것이다.

둘째, 자기조절로서 영아 스스로 자신의 반응을 증가시키거나 감소시키는 통제 능력을 말한다. 새로운 장난감을 보고 어떻게 접근하고 탐색하는지, 얼마나 오래 그 장난감을 쳐다보는지 등이 자기 조절의 예이다.

Rothbert 모형은 영아의 기질적 특성은 환경과 상호작용하여 영아의 사회적 상호작용의 질을 결정한다고 본다.

(5) 기질과 양육방법

영아의 기질의 유형을 알면 부모나 양육자는 기질에 맞는 적절한 양육방법에 대해 도움을 받을수 있을 것이다. 영아의 기질은 선천적인 부분이 있기는 하지만 환경과의 상호작용, 특히 양육자와의 관계에서 달라질 수 있기 때문이다(심성경 외, 2011). 존 가트만 외(2011)는 세 가지 기질 유형에 따른 양육방법 다음과 같이 제시하고 있다.

① 순한 기질 영아에 대한 양육방법

기질적으로 부모의 말을 잘 듣고 잘 따르는 특성을 가지고 있어 양육자는 순한 기질 영아가 양육하기 쉽다고 여긴다. 하지만 웬만한 큰 불평을 하지 않고 스스로 참는 특성을 지니고 있기에 억압형 부모에게는 표면적으로 드러내지는 않고 있지만 정신적 스트레스와 같은 문제가 발생할 수 있다. 따라서 양육자는 영아가 먼저 감정을 보이지 않아도 먼저 힘든 일은 없는지, 고민거리가 있는지 등을 유심히 살펴봐야 한다.

② 까다로운 기질 영아에 대한 양육방법

이 유형의 영아는 생활이 불규칙하고 화를 잘 내는 특성을 보여 양육자가 어려움을 많이 경험하고 힘들어 하는 경향이 많다. 하지만 양육자는 변화와 도전을 끊임없이 하는 까다로운 기질의 영아의 특성이 변화가 많은 현대 사회에서 장점이 될 수 있고 영아를 억압하는 것보다 긍정적으로 보며 개발해주는 노력을 해야 한다. 또한 더욱 더 공감해 주고 스스로 옳고 그른 행동을 선택할 수 있도록 도와 준다.

③ 느린 기질 영아에 대한 양육방법

느린 기질의 영아는 적응하는데 오래 걸리고 새로운 환경에 적응을 좋아하지 않지만 한번 적응하면 꾸준히 노력하는 특성을 가지고 있다. 즉, 양육과정에서 서두르면 영아에게 고스란히 상처가 되기에 조심해야 하고, 영아가 머리가 나쁘거나 모자란 것이 아님을 알고, 기다려 주는 마음으로 아이를 지켜봐 주는 자세가 필요하다.

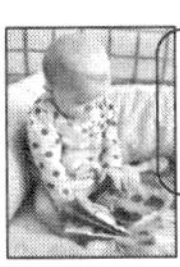

2. 만 1세의 정서발달

1) 만 1세의 정서특성

만 1세 영아는 초기 정서에서 2차 정서, 즉 자아의식적 정서를 나타낸다. 인지와 특히 의식을 요구하며 자아의식적 정서를 나타내기 시작한다.

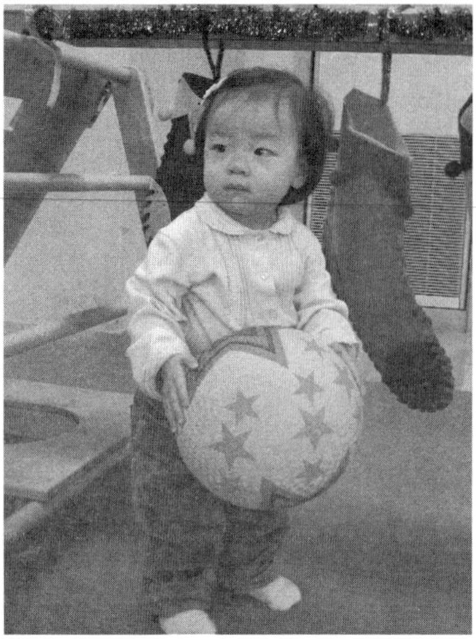

[그림 11-11] 만 1세의 정서 표현

이 시기의 정서의 특징은 대체로 분노와 좌절의 감정을 많이 느끼고 짜증을 나타낸다. 또한 15~18개월경에 낯선 사람에 대한 두려움을 가장 강하게 나타내며, 상상력의 증가로 환상적인 어려움을 나타내기도 한다(심성경 외, 2013). 또한 격렬한 행동으로 자신의 감정을 표현하고 금방 울다가 웃거나 웃다가 고함치고, 우는 등 극과 극을 나타내는 감정의 굴곡을 나타낸다. 걸음마기 영아들은 성인으로부터 옳고 그름의 개념을 학습한다.

그리고 이 연령에는 자신의 관점에서 세상을 보는 자아중심성을 갖고 있다. 1세 무렵까지 자신의 신체와 자신이 가지고 노는 사물을 '자기 자신'의 일부로 지각하나, 점차적으로 '자기가 아닌' 다른 사물이나 사람을 자기 자신과 구별할 수 있게 된다. 이러한 발달은 자아개념, 그리고 타인과의 상호작용을 넓혀 주는 근거가 된다(전남련, 2014). 그리고 자아감을 발달시키며, '나의 것, 너' 등 타인과 구별되는 단어를 사용하며, 타인과 자신의 관계를 확장해서 타인의 행동에 울음, 웃음 등으로 반응하게 된다.

또한 타인과 자신의 행동을 모방하고 그들은 타인을 기쁘게 하려고 노력하거나 칭찬을 받게 되면 타인에게 도움을 줄 수도 있다. 만 1세 영아는 친숙한 양육자와의 상호작용은 열망하고 흥미 있어 하며, 그렇지 않은 사람과의 상호작용에는 조용하고 수동저인 반응을 보인다(최미현 외, 2000: 48~49).

만 1세의 정서발달 특징을 살펴보면 다음 〈표 11-9〉와 같다(심성경 외, 2011; 이영애, 2012; 전남련 외, 2014).

표 11-9

만 1세 정서발달의 특징

개월	정서발달의 특징
12개월	• 낯선 상황에서 부모와 떨어지지 않으려 분리불안을 보인다. • 기분 변화가 잦고 자신의 감정을 좀 더 분명하게 전한다. • 한 가지 사실에 대해 두 가지 상반된 감정이 있을 수 있음을 인식할 수 있음을 안다. • 부모와 타인에게 스스로의 감정을 표현한다.
13~18개월	• 어른들에게 인정받고 싶어한다. • 자기 맘대로 안될 때 화를 낸다. • 놀이를 통해 정서를 표현한다. • 생후 18개월에는 감정의 지속시간이 아주 짧다.
19~24개월	• 타인에게 끊임없이 명령하고 명령이 받아들여지기를 바란다. • 자신에 대해 정확한 자아상을 갖게 된다. • 자기인식과 성인의 지시에 대한 이해가 증가하면서 수치, 당황, 자부심 같은 자아에 대한 인식과 관연된 정서가 나타난다. • 생후 24개월에는 자신에 대해 긍정적이거나 부정적인 느낌을 모두 갖고 있다.

출처: 심성경 외 (2013), 전남련 외 (2014), p. 266 재인용.

2) 정서발달

(1) 정서 표현(이차 정서)

만 1세아의 정서발달에서 정서 표현으로 이차 정서를 보이는 시기인데, 한 가지 이상의 정서를 통합할 줄 아는 보다 복잡한 인지능력을 필요로 하며 18개월 이후에 나타나는 이차 정서로는 자부심, 당황, 수치심 등이 있다. 이러한 이차 정서는 각각 스스로 가지고 있는 자본감 손상이나 자기감의 증대를 포함하고 있기 때문에 자기 의식적 정서라고도 한다(우수경 외, 2013).

[그림 11-12] 질투를 표현하는 영아

18~24개월 영아는 자신이 구별되는 독특한 개인임을 확실히 하게 알아간다. 수치심과 당혹감을 시선을 아래로 하고, 고개를 숙이고, 손으로 얼굴을 가리는 등으로 표현한다. 또한 영아들은 빼앗았던 장난감을 돌려준 다음 화가 난 놀이친구를 가볍게 쓰다듬으며 죄책감 같은 반응도 보인다(우수경 외, 2013).

질투는 18~24개월에 나타나는데 영아들은 엄마가 다른 영아들에게 관심을 보일 때, 다른 성인에 주의를 기울일 때보다 더욱 강한 질투를 표현한다(Draghi-Lorenz et al., 2005).

(2) 정서 이해

만 1세 영아는 자신이 느끼는 정서를 자신의 것으로 인식할 수 있다(안라리, 2005). 그리고 양육자가 두 개의 물체를 놓고 하나는 매우 역겨워 보이는 반응을 보이고 다른 물체에는 별다른 반응을 보이지 않으면, 12개월 된 영아는 부모가 역겨워하는 물체는 피하지만 다른 물체를 피하지 않는다. 14개월 된 영아는 1시간 전에 했던 이러한 경험을 기억한다. 이와 같이 영아는 양육자의 정서를 참조하여 자신의 행동을 더 세련되게 조절한다(Kail, 2007).

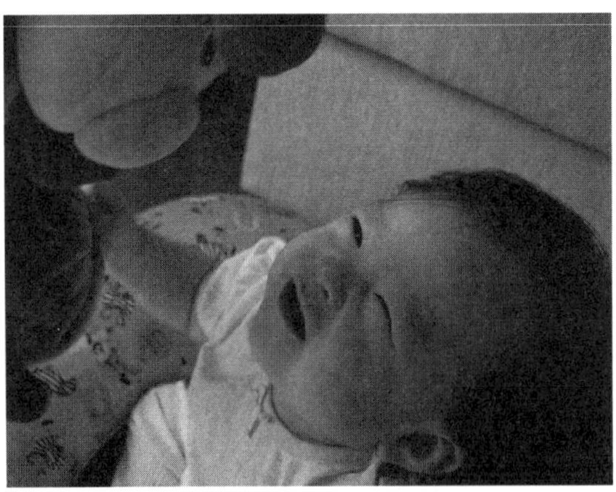

[그림 11-13] 자신의 신체 인지

정서 표현 중 고통에 대한 것으로 12~18개월 된 영아는 예방접종하기 전에 고통을 예측하고 정서적 반응을 보이는데, 이는 자신이 고통상황에 처해 있음을 과거의 기억이나 진료실의 모습을 통해 인식하기 때문이다.

그리고 분노는 1세 반 정도에 분노가 가장 빈번하게 표현되며, 이후 사회적 적응력이 발달됨에 따라 점차 줄어든다(한유미, 2014).

기쁨은 만 1세경 기쁜 감정을 있는 그대로 표현해서 깡충깡충 뛰거나 박수를 치면서 즐거워하고 웃음이나 동작으로 표현한다. 이와 같이 영아기에는 생리적, 감각적, 신체운동성에 기쁨을 느끼며, 유아기가 되어서야 사회적인 인간관계에서 기쁨을 느낀다(김미영, 2013).

또한 Lewis와 Brooks-Gunn(1979)은 영아의 코 위에 붉은 입술연지를 바른 다음, 거울 앞에 세워 놓고 자아인식(self-recognition)의 발달을 연구하였다. 이 연구에 의하면 18~24개월 된 대부분의 영아들이 거울에 비친 코가 아닌 자신의 코를 만짐으로써 영아들은 거울이 그들의 모습을 반영한다는 것을 인식하였으며, 얼굴에 이상한 점이 있다는 것을 감지하고 그에 따른 반응으로 자신의 코에 손을 뻗쳐 빨간색 연지를 지우려고 하였다. 따라서 18~24개월 무렵이면 자신의 신체 모습에 대하여 인식하고 있음을 알 수 있다.

다음 〈표 11-10〉은 만 1세 영아의 정서 이해에 대한 내용이다.

표 11-10

만 1세 영아의 정서 이해

개월	정서 이해
12~18개월	• 자신이 느끼는 정서를 자신의 것으로 인식한다. • 과거의 기억을 통해 고통을 예측하고 정서적 반응을 보인다. • 분노가 가장 빈번하게 표현된다. • 만 1세경 기쁜 감정을 있는 그대로 표현하며 웃음이나 동작으로 표현한다.
18~24개월	• 2차 정서(자의식)가 나타난다. • 감정이입이 나타난다. • 자신의 신체 모습에 대해 인식하고 정서에 대해 말하기 시작한다.

(3) 정서 조절

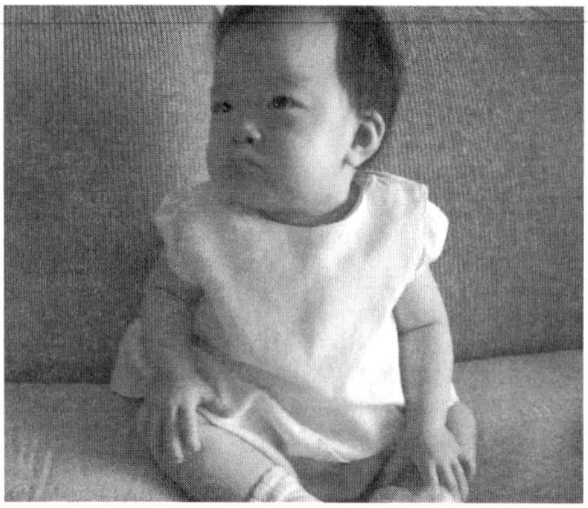

[그림 11-14] 정서 표현

어떠한 사회에서든 정서를 표현할 경우 어떤 특정 상황에서 어떤 정서는 표현해도 괜찮지만 어떤 정서는 표현해서는 안 되는 규칙이 있다. 이러한 규칙은 언제 습득되는가? 불쾌한 자극을 피하거나 다른 곳으로 돌려 부정적 정서 유발을 감소시키는 일은 어린 영아에게는 매우 어려운 일이지만, 우리가 생각하는 것보다 훨씬 일찍부터 영아는 이러한 규칙을 습득한다. 첫돌 무렵부터 영아는 벌써 자기의 몸을 앞뒤로 흔들거나, 입술을 깨물거나 불쾌한 사건이나 사람들을 피함으로써 부정적 정서 유발을 감소시키는 책략을 발달시킨다(Kopp, 1989).

그리고, 12~18개월 사이에는 자기 통제의 기본적인 형태인 순응성이 나타나기 시작한다. 순응성은 양육자의 지시나 요구에 그대로 따르는 것이다. 그런데 이 시기의 영아는 양육자의 기대를 약간은 인식하고 때로는 간단하게 따를 수 있겠지만 독립에 대한 충동도 있기 때문에 양육자의 기대를 무시해버릴 수 있다. 18개월 되면 영아는 부정적인 정서를 숨길 줄 알게 된다. 20개월이 된 영아는 넘어졌을 때 어머니가 함께 있을 때만 울음을 터뜨린다(정옥분, 2012). 또한 18~24개월이 되면 영아는 자신을 당황시키는 사람이나 사물(기계 장치 장난감)의 활동을 통제하려는 경향을 높게 나타낸다. 또한 자신을 좌절시키는 상황으로부터 벗어나기 위해 양육자에게 호소하거나 장난감을 갖고 놀기 시작하면서 좌절 상황을 대처하고 분노, 슬픔과 같은 부정적 정서를 억누르기 위해 눈살을 찌푸리거나 입술을 꼭 다무는 등의 조절 행동을 나타낼수 있다. 이외에

도 영아는 공포와 같은 부정적 정서를 조절하기 위해 양육자의 주의와 위안을 적극적으로 유도하기도 한다(김보영, 2013).

〈표 11-11〉은 만 1세 영아의 정서 조절에 대한 내용이다.

표 11-11

만 1세의 정서 조절

개월	정서 조절
12~18개월	• 불쾌한 사건이나 사람을 피함으로써 부정적 정서 유발 감소시키는 책략을 발달시킨다.
18~24개월	• 영아는 부정적인 정서를 숨길 줄 알게 된다. • 20개월이 된 영아는 넘어졌을 때 어머니가 함께 있을 때만 울음을 터뜨린다 • 자신을 당황시키는 사람이나 사물(기계 장치 장난감)의 활동을 통제하려 한다. • 자신을 좌절시키는 상황을 벗어나기 위해 양육자에게 호소하거나 장난감을 갖고 놀기 시작하면서 좌절 상황을 대처한다. • 분노, 슬픔과 같은 부정적 정서를 억누르기 위해 눈살을 찌푸리거나 입술을 꼭 다무는 등의 조절 행동을 나타낸다.

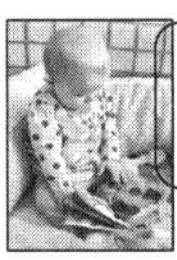

3. 만 2세의 정서발달

1) 만 2세의 정서특성

만 2세 영아의 정서의 특성은 영아가 자아를 인식하면서 더욱 다양해지고 구체화되어 복잡한 2차 정서(자아 의식적)로 분화한다. 만 2~3세가 되면 질투심과 죄책감과 자부심 등과 같은 이차 정서(복합정서)를 표현하기 시작한다. 이 정서들은 스스로 가지고 있는 자아감을 해치거나 증진시킨다, 만 2세가 되면 영아가 자신의 수행이 좋은지 나쁜지 평가할 수 있을 때, 자부심(미소, 박수)과 수치심을 보인다(심숙영, 2014).

이차 정서는 자신의 인식뿐만 아니라 자신의 행동을 평가하는 능력까지도 필요로 한다(Lewis et al., 1992). 즉, 해서는 안 된다고 생각하는 것을 했을 때 죄책감을 느낄 것이고, 어려운 일을 했을 때 자랑스러워할 것이다. 예를 들어 주스를 바닥에 엎지른 2세 영아는 당황해하며 고개를 숙일 것이고, 어려운 퍼즐을 맞춘 다른 2세 영아는 자랑스러움에 웃음을 지을 것이다. 이차 정서는 대부분 얼굴 표정 외에 고개를 숙이는 등 신체동작을 수반한다(정옥분, 2012).

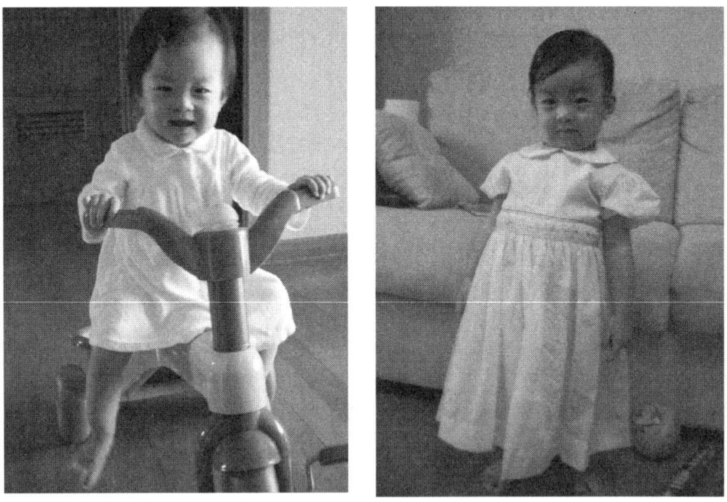

[그림 11-15] 만 2세의 정서 표현

만 2세아 정서발달의 특징과 활동 가능한 프로그램을 살펴보면 다음 〈표 11-12〉와 같다(심성경 외, 2011; 이영애, 2012; 전남련 외, 2014).

표 11-12

만 2세 영아의 정서발달의 특징과 활동 프로그램

개월	정서발달의 특징	활동 가능한 프로그램
25~30개월	• 비난에 강력하게 반응하기 • 타인의 정서를 흉내내기 시작한다. • 부모와 양육자의 평가를 통해 '자아' 개념이 발달하기 시작한다. • 대부분의 상황이나 비난에 강력하게 반응한다.	• 감정표현하기 • 자아개념 형성하기
30~36개월	• 놀이를 통해 정서를 표현한다 • 부모와 동일시하고 부모의 흉내를 내면서 배운다. • 자신이 아닌 다른 사람에 대해 생각할 수 있다. • 놀이를 통해 정서를 표현한다	• 역할놀이 • 남의 입장 되어 보기

출처: 심성경 외(2014), 전남련 외(2014). p. 267 재구성.

2) 정서발달

(1) 정서 표현

만 2세 영아의 정서 표현 중 기쁨은 언어로 표현하며, 신기한 자극이나 새로운 것이나 게임에서 이긴 상황 등 특정 행동이나 상황을 보고 매우 즐거워한다. 기쁨은 만 3세에 자긍심으로 표현되고 슬픔과 두려움은 수치심으로 정서 분화된다.

① 당황

Lewis, Sullivan, Stranger, & Weiss(1989)의 연구에서 9~24개월 사이의 영아를 대상으로 당황함과 자기인식의 관계를 살펴보았다. 둘은 비슷한 시기에 나타나며 당황함을 표현하는 영아들은 대부분 거울속의 자신도 인식할 수 있었다. 이를 기반으로 Lewis 등은 자기인식이 출현하는 생후 2년이 지난 시점에서 당황함이 나타난다고 보았다(곽금주 외, 2014).

② 자긍심과 수치심

Stipek, Recchia와 McClintic(1992)의 연구에서 자긍심은 아동이 과제 수행에 대한 주변 사람들의 반응에 관심을 가지기 시작할 때인 2세 말에 나타난다(곽금주, 2014). 즉, 영아가 과제 수행의 성공과 실패 경험에서 관찰되는데 과제 성공했을 때 미소를 짓고, 과제 실패 시 영아는 고개를 숙이는 등의 행동을 나타낸다.

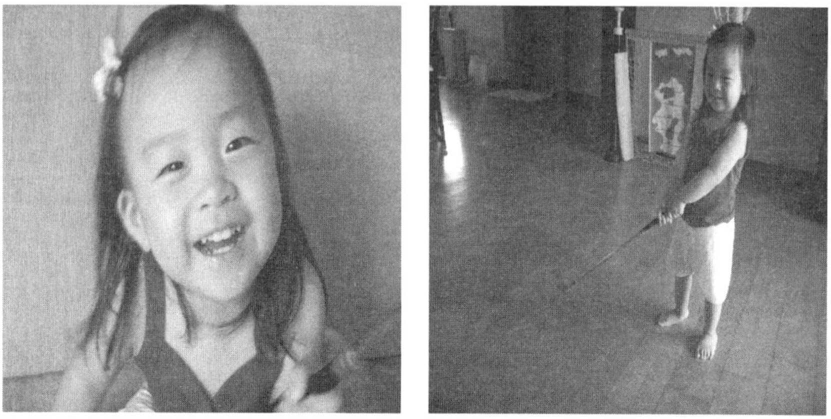

[그림 11-16] 만 2세 영아의 자긍심 표현

(2) 정서 이해

만 2세의 정서는 교사의 인정, 사랑, 칭찬을 받고자 하는 욕구가 강해 불안을 느끼기도 한다. 또한 동생에 대한 질투, 다른 친구가 칭찬을 받는 것에 대한 질투심 때문에 불안을 갖게 되는 연령이며, 공포의 대상이 많아진다.

2세는 낯선 곳, 어두운 곳을 무서워하고 주로 청각적인 것, 동물의 울음소리 등에 공포를 느끼고 무서워한다. 따라서 유아가 불안이나 공포를 느끼는 대상에 대해 자세히 설명해 주어서 비합리적인 공포가 생기지 않도록 지도하는 것이 필요하다(양옥승 외, 2003: 105~106).

이 시기의 영아는 자신의 요구를 도와주는 존재로 타인을 인식할 수 있으나, 또한 자신이 타인으로부터 독립적인 존재가 되기를 원한다. 그리하여 성인의 도움 없이 무엇이든 의욕적으로 해 보려고 하고, 성인의 지시에 '안해' 또는 '내가'의 표현이 많아진다. 그러나 현실의 상황에서는 모든 것이 영아 자신의 생각처럼 움직여지지 않기 때문에 자신의 욕구를 방해받는 경우도 많다(전남련, 2014).

(3) 정서 조절

Thompson(1994)은 정서 조절이란 어떠한 목적을 이루기 위해 자신의 정서 반응을 감독하고, 평가하고, 수정하는 외적, 내적 과정이라고 정의하였다. 처음에는 영아가 스스로 자신의 정서를 잘 조절할 수 없기 때문에 외부에 의해 정서 조절이 이루어진다. 이러한 외적 과정은 영아가 울 때 안아서 달래 주거나 무서워하면 주의를 전환시켜 주는 것과 같은 주 양육자의 노력이 이루어진다. 만 2세 전후가 되면 그 동안의 양육자에 의한 정서 조절 경험을 바탕으로 점차 양육자의 도움 없이 스스로 정서를 조절할 수 있다(문혁준 외, 2014).

정서 조절 능력은 2세경에 나타나기 시작하며, 이 시기에는 표상 및 기억의 발달로 양육자의 의도를 기억하여 사회적 기대에 따라 자기 행동을 조절할 수 있게 된다(Kopp & Neufeld, 2002).

곽금주 등(2005)의 연구에서는 24개월 된 영아는 공포상황에서는 공포를 일으키는 자극을 회피하기도 하고 밀어 버리거나 언어로 표현하여 문제를 해결하려는 전략을 많이 사용하였으며, 분노 상황에서는 주변의 다른 사물로 주의를 돌리거나 발을 구르는 책상을 치는 것과 같은 긴장을 줄이려는 전략을 사용하는 것으로 나타났다. 즉, 이 연구에서는 부정적 정서를 유발하는 상황에서 나타나는 행동을 바탕으로 영아가 주로 사용하는 여섯 가지 정서 조절 전략을 〈표 11-13〉과 같이 제시하였다.

표 11-13

영아의 정서 조절 전략

전략	설명	예
짜증내기	도움을 구하거나 상황을 변화시키려는 노력 없이 혼자서 짜증을 내는 행동	칭얼거리거나 울먹이며 책상을 손이나 발로 차는 행동
참조 구하기	어머니의 얼굴 표정을 살피거나 어머니의 반응을 이끌어 내고자 시도하는 행동	어머니와의 눈맞춤 시도 행동
주의전환	주어진 자극상황으로 향했던 주의를 철회하고 다른 곳으로 주의를 전환시키는 행동	다른 사물 쪽으로 시선을 돌리는 행동
회피	주어진 상황을 피하고자 하는 행동	그 자리에서 벗어나고자 몸을 비틀어 돌리거나 자리를 이탈하는 행동
문제해결	주어진 상황을 중단시키거나 변화시키고자 하는 적극적인 시도 행동	어머니에게 장난감을 달라고 요구하는 행동
자기 안정	도움을 구하거나 상황을 변화시키려는 노력 없이 스스로 안정을 취하고자 하는 행동	손가락 빨기, 손 꼬기, 머리카락 꼬기

출처: 곽금주 외(2014). 재인용.

기질에 관한 동영상

– EBS 아기성장 보고서 5편 육아의 키워드 '기질'

: 자녀의 기질을 아는 것의 중요성, 기질의 특성, 기질에 따른 육아방법에 관한 것

참고문헌

곽금주, 김연수(2014). 영아발달. 서울: 학지사.

권민균, 김진아(2005), 영아의 애착 안정성 및 기질과 보육시설 초기 적응간의 관계성에 관한 연구. 인간발달연구. 12(4), 177-189.

권정윤 외(2012). 영아의 정서 조절능력 관련 변인 탐색. 유아교육연구, 32(4), 427-444.

김미영(2013). 영아발달. 경기: 정민사.

김보영(2013). 2세 영아의 정서 조절에 관한 참여관찰 연구: 어린이집의 맥락적 요소(물리적 환경, 교사, 또래)를 중심으로, 경기대학교 대학원 박사학위논문.

김연진 외(2014). 영아발달. 서울: 태영출판사.

김영옥 외(2009). 아동발달론. 경기: 공동체.

문혁준, 김경은, 서소정, 성미영, 안선희, 임정하, 하지영, 황혜정(2014). 영아발달. 서울: 창지사.

박경자(1999). 영아의 애착안정성에 영향을 미치는 변인: 어머니의 민감성과 영아의 기질. 아동학회지. 20(3), 3-17.

박지선(2000). 영유아의 교사 및 또래와의 사회적 상호작용에 관한 연구. 덕성여자대학교 대학원. 석사학위논문.

백미열(2014). 영아발달. 경기: 양서원.

송명자(1995). 발달심리학. 서울: 학지사.

심숙영(2013). 애착 유형에 따른 정서지능 및 사회지능 간의 구조분석. 아동교육연구, 22(4), 45-62.

심숙영(2014). 영유아 사회정서행동. 서울: 교육과학사.

심성경, 변길희, 박지애, 최은희(2011). 놀잇감 대여 프로그램이 어머니-영아 상호작용과 영아의 정서지능에 미치는 영향. 교과교육학연구. 15(2), 305-332.

심성경, 송화진, 변길희, 김나림, 박주희(2013). 영아발달. 경기: 공동체.

안라리(2005). 유아의 개인변인 및 어머니의 정서성과 유아의 정서발달, 사회적 능력의 관계. 이화여자대학교 대학원 박사학위논문.

우수경, 정원주, 박숙희, 신혜경, 이정미(2013). 영아발달. 경기: 공동체.

유효순(1992). 유아의 애착과 사회성과의 관계에 관한 연구. 방송통신대학교 논문집, 15, 473-491.

이경님(2014). 영아발달. 동아대 출판부.

이경희(2000). 아동발달과 부모교육. 경기: 교문사.

임은혜(2005). 영아의 기질에 따른 기관 적응 및 또래와의 비언어적 상호작용에 관한 연구. 덕성여자대학교 대학원 석사학위논문.

전남련, 김기선, 이옥임, 남궁기순, 한혜선, 심현임, 이미향, 김인자, 이선명, 김정희, 이재영, 이은기(2014). 영아발달. 경기: 양서원.

정옥분(2004). 영유아 발달의 이해. 서울: 학지사.

정옥분(2012). 영아발달. 서울: 학지사.

정정욱, 이경희, 이문숙(2003). 아동의 성장과 발달이해. 서울: 서울아카데미.

조복희(2014). 영아발달. 서울: 교육과학사.

조성연, 이정희, 천희영, 심미경, 황혜정, 최혜영, 전효정(2014). 영아발달. 서울: 신정.

조숙진(2010). 영아-교사의 애착 증진을 위한 음률활동 프로그램 개발 및 효과. 배재대학교 대학원 박사학위논문.

존 가트만, 조벽, 최성애(2011). 내 아이를 위한 감정코칭. 한국경제신문사.

주영은(2009), 감각운동 중심 영아프로그램이 운동능력과 애착관계에 미치는 영향 : 6~12개월 영아를 중심으로. 성신여자대학교 대학원 박사학위논문.

한유미(2014). 영아발달. 서울: 창지사.

홍순옥, 박순호, 김인순(2013). 영아발달. 경기: 양서원.

Ainsworth, M. D. S.(1967). Infancy in Uganda. Baltimore: Johns Hopkins University Press.

Barrera & Maurer(198). The perception of facial expressions by the three-month-old. Child Development, 52, 203-206. Young-Browne, Rosenfeld & Horowitz, 1977.

Berk, L. E.(2000). Child Development(5th Ed.). Boston, MA: Allyn & Bacon.

Berk, L. E.(2008). Infant & Children(6th Ed.). MA: Addison-Wesley.

Berk, L, E.(2012). Child Development (9th Ed.). NY: Pearson.

Bowlby(1969). Attachment and loss: Vol. 1, Attachment. New York: Basic Books.

Draghi-Lorenz, R., Reddy, V., & Morris, P.(2005). Young infant can be perceived as shy, coy, bashful, embarrassed. Infant and Child Developement, 14(1),

63-83.

Kail, R. V. (2007). Children and Their Development(4th Ed.). Pearson.

Kail, R. V. (2008). 아동과 발달(Children and Their Development (권민균, 김정민, 최형성 역). 서울: 시그마프레스.

Kopp, C. B., & Neufeld, S. J.(2002). Emotional development in infancy. In R. Davidson, K. Scherer, & H. H. Goldsmith (eds.), Handbook of affective sciences, New York: Oxford University Press.

Kosteinik, Whiren, Sodeman, & Gregory(2009). Guiding children's social development and learning. NY: Cengage Learning.

Lewis, M., & Brooks, J.(1978). Self-knowledge in emotional development. In M. Lewis & L. Rosenblum(Eds.), The development of affect(pp. 205-226). New York: Plenum

Lewis, M., & Sullivan, M. S., Stranger, C., & Weiss, M. (1989). Self development and self conscious emotion. Child development, 60, 146-15.

Miller. S. A.(1998). Develpoment Research Methods(2th ed.). NJ: Prentice-Hall.

Rochat, P.(2001). The Infant's World Cambridge: Havard Univercity Press.

Rothbart, M. K. & Bates, J. E.(1998). Temperament. In W. Damon & N. Eisenberg(Eds.), Handbook of child psychology(5th Ed.). Vol 3. New York: John Wiley & Sons Inc.

Snow, C. W.(1983). Infant development(2th Ed.). Upper Saddle River, NJ: Prentice-Hall.

Saarni, C., Mumme, D. L. & Campos. J. J.(1998). Emotional development : Action, communication and understanding. In W. Damon & N. Elsenberg(Edg.), Handbook of child psychology(5th Ed.). Vol 3. New York : John Wiley & Sons, Inc.

Shaffer, D. R.(2005). Social and Personality Development. Wadsworth, Cengage Learning.

Shore(1997). Rethinking the brain : New insights into early development. New York : Families and Work Institute.

Sorce, J., Emde, E., & Klinnert, M.(1985). Maternal emotional signaling: Its effects on the visual cliff behavioi of 1-years-olds. Developmental Psychology, 21, 195-200.

Stipek, D., Recchia, S., & McClintic, S. (1992). Selp-evaluation in young children, Monographs of the Society for Research in Child Developement, 57(1, Serial No. 226). Stenberg, G.(2003). Effects of maternal inattentiveness on infant social referencing. Infant and Child Development, 12(5), 399-419.

Thomas, A., & Chess, S.(1986). The New York Longitudinal Study: From infancy to early adult life. In Plomin and J. Dunn(Eds.). The study of temperament: Changes, continuities, and challenges, Hillsdale, NJ: Lawrence Eribaum.

Vesta, R. Haith, M., & Miler, S. A.(1999). Child Psychology: The Modern science. New York: Wiley.

제12장

사회성 발달

1. 만 0세의 사회성 발달
2. 만 1세의 사회성 발달
3. 만 2세의 사회성 발달

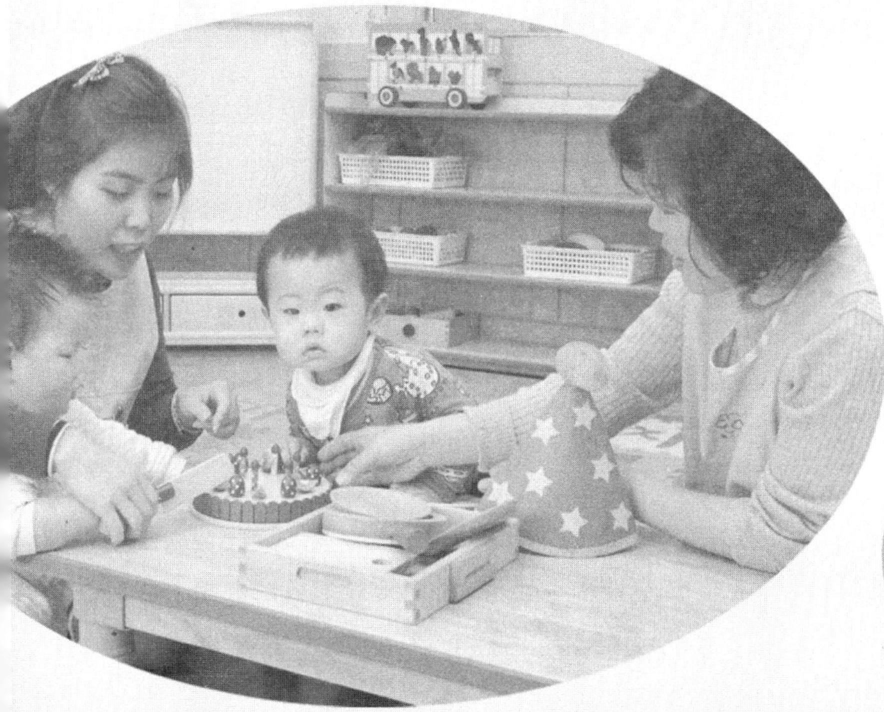

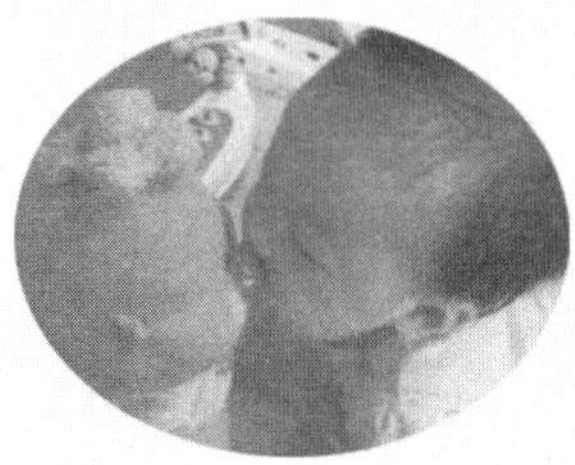

영아들은 서서히 주변환경에 관심을 갖게 되는데 영아가 주위를 살핀다는 것은 자신과 주변 환경의 차이를 다소나마 인식하게 된다는 것이다. 다른 사람의 존재를 깨닫는다는 것은 자신의 존재를 인식하는 것이고, 자신의 존재에 대한 인식은 다른 사람에 대해 안다는 것이다. 따라서 사회성 발달에서 자아발달이 어떻게 일어나는지를 알아야 한다.

또한 영아는 성장함에 따라 다른 사람과 조화를 이루며 살아가기 위해 필요한 사회적 규칙을 배워야 하고, 친사회적 행동을 하게 된다. 친사회적 행동이란 다른 사람을 이롭게 하는 행동으로 친구에게 자기 소유물을 나누어 주거나, 곤경에 처한 사람을 돕거나, 자기 자랑보다 남을 칭찬하고, 다른 사람의 복지증진에 관심을 갖는 것을 포함한다(Hay, 1994).

본 장에서는 영아의 사회성 발달 이해를 위해 애착(낯가림, 분리불안), 자아발달(자아개념), 친사회적 행동의 발달 등에 대해 설명한다. 이러한 사회성 발달에 대해 0~2세 영아를 연령별로 나누어 사회성 발달의 하위 내용을 제시하고자 한다.

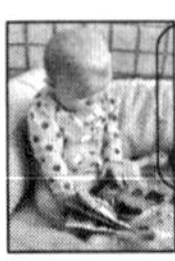

1. 만 0세의 사회성 발달

사회성 발달이란 타인과의 상호 호혜적인 상호작용을 할 수 있는 기술의 습득과 그런 기술들을 상황에 적절하게 사용할 수 있는 능력을 말하며(Sarason, 1981). 사회성 발달과 같은 개념으로 사회적 능력, 사회적 상호작용 그리고 사회적 유능성의 개념을 들 수 있다(이은혜, 1995).

Sarason(1984)은 영아의 사회성 발달은 타인과 유능하게 상호작용하는 능력의 기술을 적절하게 활용할 수 있는 것이라고 보았다. 영아의 사회성 발달은 출생 후 2년 동안 자기인식과 관련이 깊다. 자기인식발달은 공생과 분리-개별화로 나누어지며 자기인식과 자기통제를 포함하는 자기라는 개념의 발달이다. 공생은 영아가 주변 환경을 알아차리고 인식하는 때인 두 달째 나타난다. 출생 후 영아는 자신과 주양육자와 구분하는데 어려움을 겪으며 타인의 존재 및 사건에 대해 이해하지 못한다. 즉 영아와 주양육자인 어머니는 공생의 관계에 있다. 이후 영아는 성인과의 상호작용을 통해 점차 다음 단계인 분리-개별화의 단계로 발전한다. 분리와 개별화 단계는 자기인식의 단계로 영아는 자기 자신과 타인을 구분할 수 있게 되면 걸음마 시기에 이르러 스스로 움직일 수 있는 기동력이 생기면서 성인에게 분리되면서 점차 독립적이 되어 간다(Mahler, Pine & Bergman, 1976). 영아와 어머니의 공생관계는 영아의 사회성 발달에 영향을 준다. 영아가 주변 환경과 긍정적인 관계를 형성하면 공생관계에서 다음 단계로 쉽게 발달할 수 있겠으나 주양육자와 주변 환경의 무관심과 일관성 없는 관계를 형성하는 경우 신뢰감을 갖기 어려워 두 번째 단계에서 요구되는 성인과의 분리에 어려움을 겪게 된다.

출생 후 영아에게 주양육자는 다양한 자극을 주어 영아를 자극시키고 상호작용을 한다. 영아는 주양육자의 자극에 점차 미소를 나타내는 것을 알 수 있다. 이를 사회적 미소라고 한다. 사회적 웃음은 양육자가 수유할 때 미소를 지으며 이야기하면, 영아는 기분이 좋아져 만족스러운 경험을 하게 되고 이러한 경험이 반복되면 신뢰감을 형성하게 된다. 6~7개월 정도가 되면 영아는 양육자에게 애착을 느끼게 되면 기쁨을 표현하고 낯선 사람에게는 부정적 표현을 하는 것을 알 수 있다. 친숙하지 않은 얼굴을 구분하는 능력이 발달하는 것이다.

6개월에서 1년 사이에 영아는 애매한 상황에서 어머니의 정서적 반응을 알아차리는 것을 알 수 있다. 영아는 주양육자가 나타내는 정서적 표현을 알아차리고 이 정보를 자신의 행동에 참조하는데 이를 사회적 참조기능이라고 한다. 예를 들어 낯선 상황에서 낯선 사람을 보는 경우, 어머니가 이 낯선 사람과 인사를 나누면 8~10개월 된 영아들은 낯선 사람에게 호의적 반응을 나타낸다.

1) 애착

애착은 영아와 주양육자간의 독특한 애정적 유대감을 말한다. 즉, Bowlby (1969)가 영아와 어머니의 유대관계를 설명하기 위해 처음 소개한 개념으로 애착을 출생 후 주양육자와의 관계로부터 서서히 발달하고 애착관계에 있는 사람을 자주 상호작용하며 서로가 물리적으로나 심리적으로 가까움을 유지하려 한다.

영아에게 주양육자는 출생 후 애착을 형성하게 되는 주요 대상으로 주양육자는 영아의 욕구에 민감하게 반응하고 보살핌으로 애착이 형성된다. 영아는 애착관계를 형성해 가면서 자신과 타인 그리고 주변 환경에 대해 신뢰감을 형성한다. 영아는 자신의 욕구를 알아차리고 반응하는 주양육자에 대해 정서적 안정감을 느끼고 신뢰하게 된다. 이러한 초기 신뢰감 형성은 영아에게 자신을 둘러싼 환경에 대해 긍정적이게 되고 이 신뢰감은 앞으로 관계 형성의 토대가 된다.

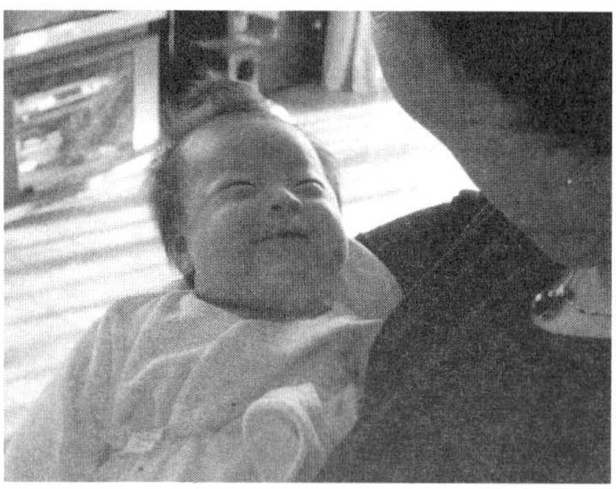

[그림 12-1] 애착 행동

(1) 애착발달 단계

영아의 애착은 어느 한순간에 발달되는 것이 아니라 8~10개월경 애착을 형성하며 24개월 이후 상호 애착관계를 형성하기까지 출생에서부터 양육자와의 상호작용을 통하여 서서히 발달된다.

〈표 12-1〉은 출생에서부터 24개월 이후까지의 영아의 애착발달 4단계로 나누어 설명하고 있다.

표 12-1

영아의 애착발달 4단계(출생~24개월 이후)

단계	시기	영아의 행동
1단계 (전 애착 형성 단계)	출생–6주	• 영아는 울기, 미소짓기, 눈응시하기 등 다양한 신호를 보내는 단계로 주변 사람들의 자극에 반응하고 가까운 관계를 유지한다. • 아직 사람을 구별하여 인식하지 않기에 애착이 형성되지 못해 부모, 타인, 형제들에게 동등하게 똑같은 행동을 보이며 영아는 친숙한 주양육자에게만 보이는 애착행동을 보이지 않는다.
2단계 (애착 형성 단계)	6주–6~8개월	• 영아는 주양육자와 낯선 사람을 다르게 반응하고 주양육자에게만 더 많이 웃거나 옹알이를 하는 등 신호를 보인다. 신뢰가 발달하기 시작한다. • 대상영속성의 개념을 획득하지 못해 양육자를 하나의 영속적 대상으로 인식하지 못하고 주양육자와의 격리불안을 보이지 않는다.
3단계 (분명한 애착 형성 단계)	6~8–18개월	• 영아는 특정인인 주양육자에게 애착을 형성하고 6~8개월이 되면 낯가림이 생기며 양육자 부재를 불편해한다. • 특정인에게 애착을 형성하고 접근과 접촉을 추구하고 애착이 형성된 사람이 보이지 않으면 분리불안이 나타난다.
4단계 (상호호혜적 애착 관계 형성)	18–24개월 이후	• 영아는 인지능력과 언어능력의 발달로 영아는 주양육자가 언제 돌아올지 예측할 수 있게 되며, 점차 분리불안이 감소한다. • 주양육자와 상호협조적인 관계를 맺으며 다른 사람들과 유대 관계를 형성한다. • 자신이 원하는 방향으로 애착 대상의 행동을 수정한다.

출처: Bowlby(1969), 곽금주 외(2007), 정옥분(2009), 존 가트만 외(2011)에서 재인용.

Bowlby(1969)는 영아가 어머니와 애착을 형성해 나가는 과정을 다음과 같이 네 단계로 분류했고 애착 발달단계를 좀 더 자세하게 설명하면 다음과 같다(Bowlby, 1969; 한유미, 2014; 심성경 외, 2013).

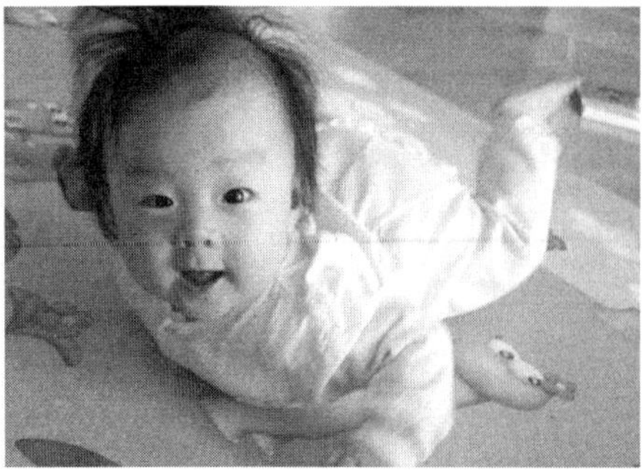

[그림 12-2] 만 0세의 애착 발달

첫째, 전 애착형성 단계(출생-6주)는 무분별한 사회적 반응 단계라고도 한다. 신생아조차 물체보다 사람들을 쳐다보거나 웃는 등으로 보아 인간은 어떤 사람에게든 애착을 가질 수 있도록 태어난다고 할 수 있다. 그러나 이 시기에 영아는 누구에게나 똑같이 반응한다. 따라서 미소를 짓거나, 눈을 응시하거나 다양한 신호체계로 주변인과 관계를 유지하나 아직 사람을 구별하거나 애착이 형성되지 못해 부모, 타인, 형제들에게 동등하게 똑같은 행동을 보이며 영아는 친숙한 주양육자에게만 보이는 애착행동을 보이지 않는다.

둘째, 애착형성단계(6주-6~8개월)는 애착형성 또는 변별적 사회적 반응 단계이다. 선별적 사회적 반응이 나타나는 시기로 영아는 어머니와 낯선 사람을 구별하기 시작하고 낯선 사람보다 어머니를 빈번하게 쳐다보거나 미소를 짓는 등 어머니에 대한 뚜렷한 선호를 나타낸다. 대상영속성의 개념을 획득하지 못해 양육자를 하나의 영속적 대상으로 인식하지 못하고 주양육자와의 격리불안을 보이지 않는다(심성경 외, 2013).

셋째, 분명한 애착형성 단계(6~8-18개월)는 애착이 분명하게 나타나는 단계로 동반자 관계 형성단계라고 한다. 이 시기의 영아는 대상영속성이 형성되어 애착이 형성된 양육자가 눈 앞에 안 보이면 계속 찾는 행동을 보인다. 즉, 어머니와 같은 특정인에게 애착을 형성하고 그 사람에게 적극적 접근과 접촉을 추구한다. 따라서 애착 대상이 사라지면 매우 당황하고 불안을 나타내는 분리불안이 나타난다.

넷째, 상호호혜적 애착관계 형성 단계(18개월-2세 이후)는 상호호혜적 애착관계의 형성 또는 목표수정적인 동반자 관계 단계에 진입한다. 이 시기의 영아는 인지와 언어능력이 발달함에 따라 애착대상의 행동을 예측할 수 있게 된다. 즉, 어머니가 언제 돌아올지 예측할 수 있으므로 분리불안이 감소하게 된다.

또한 애착대상과 상호 협조적인 관계를 맺으며 자신이 원하는 방향으로 애착대상의 행동을 수정한다.

(2) 애착의 유형

영아기의 출생 후 1년간의 경험은 심리적 발달의 토대가 된다고 보기 때문에 애착은 매우 중요하다. 영아의 애착을 측정하기 위해 가장 널리 사용되는 방법은 Ainsworth의 낯선 상황 실험이다. 이 실험은 영아가 스트레스를 느낄 때 애착인물에게 어떻게 행동하는지를 관찰하기 위해 〈표 12-2〉와 같이 8개의 에피소드에 따른 낯선 상황 실험을 실시하였다.

표 12-2

Ainsworth의 낯선 상황 실험 과정

에피소드	등장인물	지속시간	내용	관찰되는 애착행동
1	어머니 영아	30초	실험자가 어머니와 영아를 실험실로 안내한 후 나간다.	
2	어머니 영아	3분	영아가 장난감을 갖고 놀면서 실험실을 탐색하는 동안 어머니는 의자에 앉아 있다.	안전기지로서의 어머니
3	어머니 영아 낯선 사람	3분	낯선 사람이 들어와 의자에 앉은 후 어머니와 이야기한다(1분: 침묵, 2분: 낯선 사람과 엄마와 대화, 3분: 낯선 사람이 아기에게 접근).	낯선 사람에 대한 반응안전기지로서의 어머니
4	낯선 사람 영아	3분 또는 그 미만	첫 번째 격리: 어머니가 방을 나간다. 낯선 사람이 영아의 신호에 반응을 해주고 진정시킨다.	분리 불안
5	어머니 영아	3분 또는 그 이상	첫 번째 재회: 어머니가 돌아와서 영아를 진정시킨다. 낯선 사람은 나간다.	재회에 대한 반응
6	영아	3분 또는 그 미만	두 번째 격리: 어머니가 실험실을 나간다.	분리불안
7	낯선 사람 영아	3분 또는 그 미만	낯선 사람이 들어와서 영아를 달랜다.	낯선 사람에 의해 진정되는 능력
8	어머니 영아	3분	두 번째 재회: 어머니가 돌아와서 영아를 진정시킨다. 다시 장난감을 갖고 놀게 한다.	재회에 대한 반응

출처: Miller, S. A.(1998)., p. 175. 정정욱 외(2003). 재인용.

Ainsworth(1983)는 낯선 상황 실험을 통해 안정애착, 불안정-회피애착, 불안정-저항 애착 등 세 가지 애착 유형으로 분류하였다. 그 이후 세 가지 유형만으로 분류하기 어렵다고 보아 혼란 애착 유형이 추가되었다.

[그림 12-3] 안정 애착형

첫째, 안정 애착(Secure attachment)은 전체 영아의 50~60%로 가장 많은 영아들이 보이는 애착유형이다. 낯선 사람보다 어머니에게 뚜렷한 관심과 선호를 나타내며, 어머니가 실험실 밖에서 나가면 울기도 하지만, 어머니가 다시 실험실로 돌아오면 울음을 멈추고 어머니와 다시 밀접한 관계를 유지한다. 어머니가 곁에 있으면 낯선 사람에게도 친근한 행동을 보이며, 안정 애착 영아는 어머니를 안전의 기반으로 삼아서 환경을 잘 탐색한다(심성경, 2013). 이러한 영아를 둔 어머니는 대체로 영아의 마음을 읽고 영아의 요구에 민감하게 반응하며 영아가 스스로 놀 수 있도록 허용해 준다(김현호, 2014).

둘째, 불안정-회피 애착(Avoidant attachment)은 전체 영아 중 10~20%로 이들은 어머니의 존재나 부재에 무관심한 듯하며, 어머니가 방을 나가도 울거나 저항하지 않을 뿐 아니라 어머니가 돌아와도 무시하거나 회피한다. 어머니에게 친밀함을 추구하지 않으며 낯선 사람에게도 비슷한 반응을 보인다(한유미, 2014). 이러한 영아를 둔 어머니는 영아와의 신체적 접촉이 적고, 화가 나 있거나 초조하며, 영아의 요구에 무감각하고 거부하는 듯한 태도를 보인다.

셋째, 불안정-저항 애착(Resistance attachment)은 전체 영아 중 10~25%로 이들은 어머니가 방을 떠나기 전부터 불안해하고 어머니 곁에 붙어서 주변 환경도 잘 탐색하지 않는다. 어머니가 밖으로 나갈 경우 극심한 불안과 함께 몹시 당황하며 울면서 저항한다. 그러나 어머니가 돌아오면 매달리는 등 접촉하려고 애쓰는 동시에 화를 내면서 발로 차거나 밀쳐 내는 접촉의 양면성을 보인다.

안아 주어도 계속 울고 쉽게 달래지지 않는다(한유미, 2014). 이러한 영아를 둔 어머니는 영아를 거부하지는 않지만 영아의 요구에 무감각한 경향을 보이고 영아를 다루는 방식이 어색하다.

넷째, 불안정-혼란 애착(Disorganized attachment)은 전체 영아 중 5~10%로 최근에 분류되었고 가장 불안정한 애착 유형으로 회피 애착과 저항 애착이 복합된 반응을 보인다. 이들은 어떤 한 가지 방식으로 일관성 있게 탐색하거나 반응하지 않고 비조직적이고 모순된 행동을 보인다. 어머니가 나가도 전혀 반응을 보이지 않거나 심한 분리불안을 나타내기도 하며 다시 돌아왔을 때 달려가다 도중에 멈춘 후 한 바퀴 돌고 어머니로부터 도망쳐 버리는 것 같은 행동을 잠시 보이거나 어쩔 줄 몰라 당황하는 반응을 보인다. 이러한 영아들은 어머니로부터 무시당하거나 신체적으로 학대받았던 과거의 경험 때문에 어머니에게 끌리면서도 공포를 느끼는 것일 수 있다(최경숙 외, 2005).

(3) 낯가림과 분리 불안

영아가 특정 대상에게 애착이 형성되면서 대표적으로 나타나는 현상은 낯가림과 분리불안이다.

① 낯가림

영아는 대상영속성의 개념을 획득하면서 또한 특정인과 애착이 형성되게 되면, 낯선 사람이 다가오거나 부모가 낯선 사람에게 맡길 때 크게 우는데, 이것을 낯가림이라 한다. 낯가림은 낯선 사람에 대한 그 자체에 대한 반응이 아니고, 영아가 익숙해 있는 얼굴과 낯선 얼굴에 대한 불일치에 대해 보이는 반응이다. 낯가림은 6~8개월경에 나타나기 시작해서 첫돌 전후 최고조에 달했다가 서서히 감소한다(정옥분, 2012).

생후 3개월에서 5세 사이에 있는 우리나라 유아의 낯가림 및 분리 불안과 어머니의 양육태도와의 관계를 알아본 연구(이주혜, 1981)에서, 어머니의 양육태도가 수용적일수록 낯가림과 분리 불안이 일찍 나타났다. 이 결과 어머니의 수용적인 태도일 때 애착이 잘 이루어지고, 애착 형성이 잘 될수록 영아는 대상에 대한 개념 형성이 빨라져서 나타난 현상으로 해석된다.

② 분리 불안

영아는 애착이 형성된 대상인 어머니와 분리되었을 때 불안을 나타내는데 이것을 분리 불안 또는 격리 불안이라고 한다. 낯가림이 낯선 사람에 대한 불안에서 비롯되었다면 분리 불안은 친숙한 사함과의 분리 또한 불안의 근원이 된다(정옥분, 2012).

분리 불안은 6~8개월 때 나타나기 시작하여 14~15개월에 절정을 이르다가 두 돌 전후로 사라진다. 분리 불안도 영아에 따라 정도가 다르다. 예를 들어 어머니와 밀접한 관계, 안정된 관계를 형성한 영아는 분리 불안을 덜 나타낸다. 분리불안은 세계 여러 모든 영아들에게서 나타나는 것이나 문화에 따라 다소 차이가 있다고 한다. Ainsworth(1967)에 따르면 우간다의 영아는 미국의 영아보다 더 빨리 분리 불안을 나타냈으며, 우리나라의 영아들은 4세까지 분리 불안이 지속되고 있다고 하고(허윤진, 2002), 분리 불안의 정도가 더 심하다는 연구(유효순, 1985)가 있다.

2) 자아발달

자기발달에서 자아 인지란 자신을 주위 사람이나 사물과는 구분되는 존재로서의 자기에 대한 지각을 의미한다(Berk, 2000). 인간의 자아에 대한 이해의 발달을 살펴볼 때 아기는 언제부터 자신을 세상과 분리된 존재로서 인식할 지가 궁금한데 답은 아직 논쟁이 되고 있다. 생후 1주일 내에 자신의 존재에 대한 의식이 발달된다고 보는 견해와 첫돌 이전에는 자신에 대한 의식이 없다고 보는 견해가 있다.

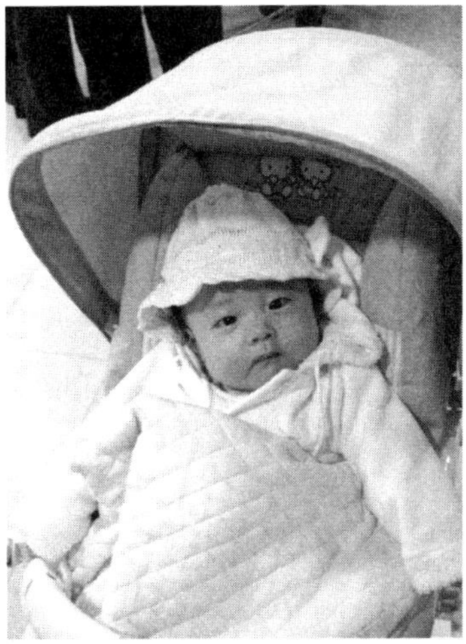
[그림 12-4] 자아 인식

이미 신생아기에 영아의 자기인식이 발달될 수 있음을 보여주는 연구(Rochat, 2001)에 의하면 신생아가 모빌을 치고 흔들리는 것을 볼 때 영아 자신과 물리적 세계가 구분된다는 것을 인식하는 것처럼 보인다고 하였다.

영아들은 생후 4개월경 주위 사물이나 사건에 대하여 영향을 미칠 수 있을 조금씩 인식하는 것 같으며 이러한 자기 인식의 초보적 모습은 양육자의 상호작용에 의해 발달되는 것처럼 보인다(Sroufe, 1990). 그러므로 민감하고 반응적인 부모의 아기들은 자신의 환경에 대하여 영향을 미칠 수 있음을 빨리 이해하고 발달시키게 된다. 영아기 자기인식은 수치감, 자부심, 부끄러움, 공감 등 자기 의식적 정서의 발달과 연관이 있는 것으로 알려졌다(Lewis et al., 1989).

만 0세 영아는 분리 개별화를 위해 두 단계를 거치게 된다(조복희, 2014).

첫째 단계, 공생 단계는 생후 2개월이 지나면서 공생 단계의 자아인식이 시작된다. 주변의 소리를 듣고 여러 물체를 보며 그것이 자신의 바깥 세계가 아닌 자신과 완전히 같이 생각한다. 특히 어머니와 일체감을 느끼는데 아동의 욕구에 어머니가 즉각적이며 긍정적으로 반응할 때 자신을 어머니로부터 분리시키나 어머니가 아동의 감정에 반응을 보이지 않거나 하면 분리과정이 어렵다.

두 번째 단계는 분리-개별화 단계로 생후 4~5개월이 되면 시작된다. 아동이 어머니 품에 안겨 있으면서 주변 환경에 호기심을 보이는 모습이 영아의 어머니로부터 분리되려고 하는 과정이다. 기고 걷게 되면서 분리 개별화가 본격적으로 일어난다.

영아기의 시각적 자기 인지 연구를 위해 가장 흔히 사용하는 방법은 거울 속 자기인식 측정이다. 즉, 9~24개월 된 영아에게 코에 루즈를 바르고 거울을 보여준 후 어떤 반응을 보이는지 실험한 결과 어린 영아일수록 자신의 모습에 반응이 없었다. 거울 속의 자기를 보고 자신을 아는가 하는 실험에서 15개월 이전 영아들은 반응이 없었으며 15~17개월 영아는 거울 속의 모습과 자기를 번갈아 보며 연관성을 통해 자아인지를 시작하였고, 거의 24개월 되어서야 대부분의 영아들이 거울 속 자신의 모습에 대해 정확히 인식하는 것으로 밝혀졌다(Bullock & Lutkenhaus, 1990).

자기에 대한 이해는 자기 인식이 서서히 나타나는 생후 2년 이후 발달하기 시작하여 아동기와 청년기를 거쳐 자신의 특성과 능력에 대한 다양하고 복잡한 관점으로 발전한다 하였다.

3) 사회성 발달특징

출생 후 첫 1개월 동안 영아는 안전감과 신뢰감의 감정을 발달시킨다. 그러나 영아 스스로 이러한 감정을 발달시킬 수 없고 다른 사람이 그들에게 대하는 태도로부터 이러한 감정을 발달시킨다. 따라서 주양육자의 행동이 영아의 신호에 즉각적이고 일관적으로 반응하는 것이 중요하다. 또한 이 시기에 배냇미소를 보이는 데 사회적 의미가 없으며 무의식적으로 반응하는 형태이다. 그러나 점차 욕구에 만족에 관심을 보이고, 생후 6주 정도가 지나면 사회적으로 행복한 미소를 보인다. 2~3개월이 지나면 소리내어 웃기도 하고 안아 주는 것을 좋아하고 울음으로 불편함을 표시하여 관심을 얻으려 한다(전남련, 2014).

2~3개월에 영아는 비변별적인 반응을 보이는데 이 시기의 사회성 발달은 애착발달과 관계가 있다. 점차 애착이 형성되며 6~8개월 때 낯선 사람과 친숙한 사람을 구분하고 자신의 신체에 관심을 갖고 자신의 손과 발을 쳐다보며 놀이하는 초보적 자아개념이 발달하기 시작한다. 8~12개월 때 양육자와의 애착이 형성되고 사회적 참조가 가능해지고, 분리 불안도 심해진다. 즉, 낯가림은 5~6개월경 시작하나 8개월경 되면 분리 불안이 심해지고 부모를 쳐다보고 말하는 상호작용 기술을 사용하기 시작하며 양육자에게 소유개념이 생겨 떠나

지 못하게 한다(심성경 외, 2013). 그리고 8개월 이후부터 영아는 부모를 보고 말하는 상호작용 기술을 사용하기 시작하며, 만 1세쯤 되면 부모의 목소리나 동작을 모방하게 된다.

[그림 12-5] 만 0세의 타인에 대한 관심

만 0세의 사회성 발달 특징과 활동 가능한 프로그램을 정리해 보면 다음 〈표 12-3〉과 같다(심성경 외, 2010; 이영애, 2012; 전남련 외, 2014).

표 12-3

0세아 사회성 발달특징 및 활동 가능한 프로그램

개월	사회성 발달특징	활동 가능한 프로그램
출생 ~	• 여러 가지 상황에서 울음의 강조, 속도, 높낮이 등을 달리하며 울기를 통해 다영한 의사 전달함 • 사람에대한 특별한 관심을 갖고 목소리에 반응함	• 부모의 목소리 알기 • 부모 알아보기
2~3 개월	• 사회적 미소짓기 시작, 성인의 표정을 보고 반응함 • 주변에 흥미와 호기심을 가짐	• 사람들과 있을 때 오래 집중하기 • 교사와 친숙해지기 • 특정인을 알아보기
3~4 개월	• 자신에 대한 인식이 나타나기 시작한다(거울에서 자신 보고 웃기). • 혼자 미소짓고 낯선 분위기를 눈치채고 울거나 당황한다.	• 자발적으로 미소짓기 • 거울에서 자신을 보고 웃기

개월	사회성 발달특징	활동 가능한 프로그램
5~6 개월	• 미소와 꾸짖음에 다르게 반응한다. • 낯익은 사람을 보면 웃고 낯선 사람을 보면 무서워한다.	• 타인의 표정에 반응하기
6~8 개월	• 정서적 표현이 조직화되기 시작하고 사회적인 사건과 연결되어 나타난다. • 자신의 감정을 인지하고, 어른에게 반응을 얻으려고 하고 다른 유아에게도 반응을 시도한다. • 다른 영아와의 상호작용이 증가한다(다른 영아의 옷을 잡아당기며 호기심을 나타낸다). • 부모에 대한 강한 애착과 익숙한 양육자에 대한 선호가 분명해져 분리 불안이 나타난다. • 거울을 통해 자신을 인식한다. 독립적으로 행동한다. • 다른 영아들을 관찰하고 모방하고 인식한다. • 사람과 함께 놀이하고 움직임, 소리, 미소, 울음을 통해 부모나 양육자의 주의를 끈다.	• 부모에게 다양한 반응을 보이고 강한 애착 보이기 • 거울에서 자신 알아보기 • 애착 대상에게 여러 정서 나타내기 • 타인을 관찰하고 모방하기 • 다른 유아 알아보기 • 사람들과 함께 놀기
7~9 개월	• 어른을 따라 손뼉치며 짝짜꿍을 하거나 "빠이 빠이"하며 손을 흔든다. • 다른 영아의 행동과 소리를 모방한다.	• 타인 모방하여 짝짜꿍놀이하기
8~12 개월	• 사회적 참조하기(불확실한 상황에서 익숙한 양육자의 표정을 보고 판단하는 것)가 가능해진다. • 타인의 얼굴 표정에 대한 이해력이 증가한다. • 자아존중감이 이 시기에 발달한다. • 타인과의 상호작용을 시작하여 반응을 한다. • 양육자나 부모를 시야 안에 두고 놀이하고 양육자에 대한 소유가 생겨 자신의 주변에서 떠나지 못하게 한다. • 주의집중을 요구할 수 있다. • 생후 9개월에는 다른 사람에 대한 애정을 표현하는 것을 좋아한다. • 또래와 상호작용을 시작하고 고집을 피우기 시작한다.	• 낯선 타인에게 공포감이나 정서 나타내기 • 타인에게 반응하고 상호작용 시작하기 • 놀이 시작하고 모방하기 • 자기와 같은 성의 영아 인식하기 • 자기 주장하고 사물에 대해 소유욕 갖기

출처: 심성경 외(2013), 전남련 외(2014), p. 248 재구성

기질에 관한 동영상

– EBS 〈아기성장 보고서〉 2부 애착–행복한 아기의 조건 http://home.ebs.co.kr

: 애착 형성 시 양육자와 영아간의 상호작용의 질과 양, 에인스 워스의 '낯선 상황 실험' 애착 유형

2. 만 1세아 사회성 발달

1) 애착

만 1세아는 Bowlby(1969)의 애착발달 단계에서 특정 애착대상에 대한 접근성 유지 단계를 거쳐 상호호혜적 애착관계로 발전하게 된다.

먼저 분명한 애착 단계인 특정 애착대상에 대한 근접성 유지 단계(6~18개월)는 본격적으로 주양육자에 대해 능동적인 접근과 접촉 추구 등의 애착행동이 나타난다. 그리고 18~24개월 사이에 영아는 애착을 형성하여 낯선 사람을 보면 낯을 가리고, 애착 형성된 주양육자가 보이지 않으면 격리 불안을 나타낸다(Bowlby, 1969; 강문희, 2006)

또한 18개월경이 되면 영아의 애착 형성은 주양육자인 어머니뿐만 아니라 다른 사람들, 즉 아버지, 조부모, 교사 및 형제 등과도 이루어진다. 양육자와의 안정된 애착관계과 안전하고 지지적인 환경을 가진 영아들은 두뇌발달과 학습에 최적의 기회를 지니게 된다. 반면 지속적인 스트레스와 무관심, 외상 등은 영아의 발달을 저해할 수 있다(Shore, 1997).

그 다음 단계인 상호호혜적 애착관계의 형성 단계로서 18개월~2세 이후인데 상호호혜적 관계이기도 하고 목표수정적 동반자 관계 단계로 진입하게 된다. 아직 만 1세아는 이 단계의 초반 시기로 영아는 인지와 언어능력이 발달되며 애착 대상의 행동을 예측하게 된다. 그로 인해 만 1세 후반기 24개월 전 후 분리 불안이 감소되기도 하나 영아마다 개인차가 있다.

이원영 등(1999)의 연구에서는 영아의 애착 증진을 위해 일관성 있고 반응적인 상호작용을 실행할 수 있도록 상호작용 지침서를 CDA(Infant Toddler Curriculum) (Watson, & Wilson, 1999)의 영아 행동에 따른 교수 전략의 예로 다음과 같이 제시하였다.

표 12-4

영아 애착 증진을 위한 교수 전략

영아행동/ 상황	상호작용 방법
애정을 보인다.	안아 주거나 미소짓고 애정표현을 받아 준다.
의기소침해 있다.	일관성 있게 애정 어린 표현과 신체적 접촉을 해 주고 자주 안아 주고 놀아 준다.
짜증을 낸다.	가능하다면 원인을 없애 주고 때로 무시한다.
교사와 떨어지면 불안을 나타낸다.	영아 곁을 잠시 떠날 때마다
낯선이에 대해 두려움을 나타낸다.	영아에게 낯선 사람을 신중하게 소개한다. 영아를 낯선 사람에게 적당한 거리를 두고 익숙해질 수 있도록 시간을 준다.
영아가 혼자서 창안한 놀이를 한다.	영아가 스스로 만든 놀이를 하도록 내버려 둔다. 영아를 방해하거나 교사가 주는 놀이를 하지 않도록 한다.
다른 사람을 모방한다.	영아와 서로 따라하는 놀이를 한다.
교사와 같이 방에 있으려고 따라 다닌다.	교사가 어디에 있던 영아가 볼 수 있도록 공간을 구성한다.
다른 사람을 쳐다보는 것에 즐거움을 느낀다.	영아가 다른 아이들이 놀이하고 있는 것을 볼 수 있는 위치에 앉게 해 준다.
다른 사람의 정서상태를 인식한다	정서 상태에 따라 일관된 표현을 한다. 예) 즐거움-미소짓기, 화가 났을 때- 단호하고 미소짓지 않기
교사에게 도움을 요청한다.	영아가 필요할 때 일관성 있게 도움을 준다. 영아가 자신이 스스로 할 수 없는 일에 대해 도움을 요청할 때 칭찬을 해 준다. 예) 신발 묶을 때 당황해하거나 울지 않고 도움을 청하는 경우
부정적으로 행동한다.	영아에게 제안을 다른 방법으로 나타낼 수 있도록 알려주고, 여러 활동에 흥미를 가지도록 강화한다.
공격적 행동을 보이고 증가한다.	부정적 감정을 발산하고 통제하는 놀이활동(점토놀이, 신체활동 등)을 제공하고, 대상 아동 옆에 주의할 점을 상기시켜 주고 때때로 상황으로부터 영아를 이동시키거나 특정 놀잇감을 치운다.

출처: 심숙영 외(2014), p. 87 재인용.

2) 자아발달

영아들은 서서히 주변환경을 살피기 시작하는데 이것은 자신과 주변환경과의 차이를 인식하게 되는 것이고, 다른 사람의 존재를 깨닫는 것은 자신의 존재를 인식하는 것이며, 자신의 존재에 대한 인식은 다른 사람에 대해 인식한다는 것이다. 여러 학자들은 거울 실험을 통해 자아인식도를 측정하였는데 생후 1년 6개월 정도가 되어야 이 실험에 반응하는 것으로 나타났다. 즉, 생후 1년 쯤 되면 영아는 자신과 타인에 대한 기초개념을 습득하게 된다.

영아가 자기 인식을 하는지 알아보는 유명한 연구(Lewis & Brooks, 1978)로서 영아의 코에 빨간 종이를 코에 붙여 놓고 거울 앞에 세워 놓은 후 영아가 어떤 반응을 보이는 지를 관찰하였다. 만약 영아가 거울을 보고 입술 연지가 묻은 자신의 코를 만진다면, 이것은 거울 속에 비춰진 상이 자신이라는 것을 인식한다는 것을 의미한다. 9~24개월 영아 96명을 대상으로 연구한 결과, 1세 미만의 영아는 자신의 코를 만지는 반응을 보이지 않았지만, 첫돌이 지난 영아는 대부분 자기 코를 만지는 반응을 보였다.

윤경희(1998)는 우리나라의 영아 20명을 대상으로 같은 실험연구를 했는데, 10~12개월의 영아들은 거울 자체에 흥미를 많이 보였고, 이 중 3/5은 자기 코를 만지는 반응을 보였고 16~18개월의 영아들은 전부가 자기코를 만지는 반응을 보여 자신의 모습에 대한 인식이 생겼고, 22~24개월의 영아들은 40% 정도가 입술연지를 찍는 것을 거부하는 행동을 보였다. 이 연구에서는 외국의 연구보다 늦은 18개월 무렵부터 자기 인식을 시작하여 24개월이 되면 대부분의 영아들이 신체모습을 통한 자기 인식을 시작하였다.

그러므로 이 때 성인들은 영아들에게 전신 거울을 제공하여 영아가 거울에 비친 자기모습을 통해 '나'와 타인에 대해 학습할 수 있도록 해 주며 주변 사물과의 상호작용을 통해 영아가 자기 자신과 분리된 사물과의 차이를 인식하도록 하게 한다.

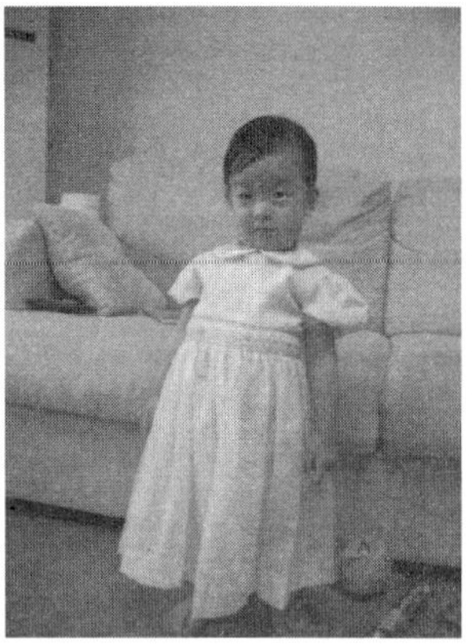

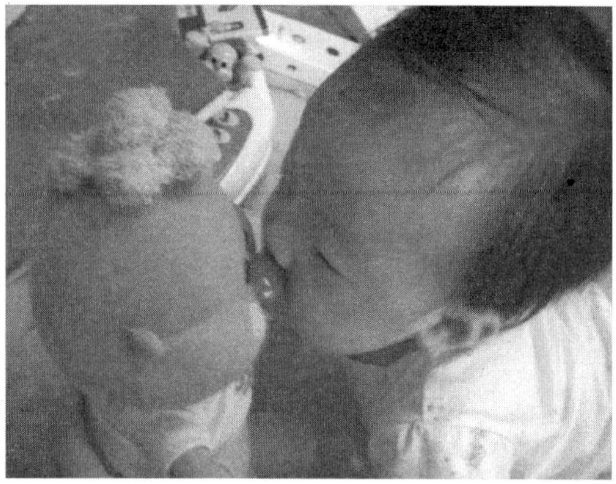

[그림 12-6] 만 1세 영아의 주변 사물에 관심

3) 사회성 발달특성

만 1세아의 영아들은 자아의 지각적 형상에 대한 인식이 생기며 자아의 존재에 대한 의식이 확립된다. 즉, 13~18개월경 대상영속성 개념을 획득하면서 영아는 당장 눈 앞에 양육자가 보이지 않아도 어딘가에 존재할 것이라는 개념을 인식하게 되고, 엄마와 분리된 자신을 받아들일 수 있게 되고 타인과 분리된 존재로서의 자신을 인식하는 자아개념이 생기게 된다(심성경 외, 2013). 19~24개월이 되면 다른 사람의 행동을 모방하고 다른 사람의 감정을 느끼게 된다.

또한 2세경이 되면 영아들은 자신있게 걷고 말하고 탐색하기 때문에 자신의 능력에 대한 자신감을 갖게 된다. 따라서 부모가 요구하거나 제시하는 것은 '안돼', '싫어' 라는 말을 많이 하며 고집을 피우는 시기로 '제1 반항기'라고 부른다. 이 시기를 거치며 영아들은 자신의 소망과 양육자의 요구 사이에 균형을 이루는 것을 학습한다(전남련, 2013).

이 시기의 영아들은 여전히 양육자에 대한 의존성을 나타내면서 동시에 자기 주장적이며, 자신을 독립적인 존재로 인식하는 등 독립심이 발달하기 시작하며, 독립적이고 지시적이다. 양육자는 영아의 독립심을 수용하면서 영아의 정서적 유대와 안정감을 제공해야 한다(Wilson, 1987).

다음 〈표 12-5〉는 만 1세아 사회성 발달의 특징과 활동 가능한 프로그램을 제시하였다.

표 12-5

만 1세의 사회성 발달특징과 활동 가능 프로그램

개월	사회성 발달의 특징	활동 가능 프로그램
13~18 개월	• 거울 속 자신을 인식한다. • 자아개념을 갖고 자기중심적이나 부끄러움을 탄다. • 친근한 성인이나 형제와 놀이를 함께 시작한다(혼자, 병행놀이). • 놀잇감에서 다른 영아나 큰 아이에게 관심이 바뀌면서 이전보다 더 잘 어울려 논다. • 또래에게 단순한 행동을 하거나 예측할 수 없는 반응을 한다. • 놀잇감을 가운데 두고 또래와 접촉한다. • 간단한 명령과 지시를 따를 수 있다. • 관심을 끌기 위해 다양한 행동을 한다.	• 자아개념 갖기 • 부모나 교사 찾기 • 게임하기 • 각기 다른 사람에게 대해 다르게 대하기 • 주의를 끌기 위해 여러 행동하기 • 평행놀이하기
19~24 개월	• 자신의 감정과 타인의 감정이 다름을 인정한다. • 주양육자가 없는 것을 쉽게 받아들인다. • 성인에게 점점 더 많은 관심을 갖고 행동을 모방하려는 강한 욕구를 보인다. • 목욕을 시키거나 옷을 입힐 성인에게 협력할 수 있다. • 어떤 행동이나 물건을 보여주기 위해서 다른 사람을 끌어들인다. • 웃음과 관심을 끌 행동을 반복한다. • 자신을 나타내기 위해 자신의 이름을 사용하기 시작한다. • 성, 연령, 착함, 나쁨을 기준으로 자신과 타인을 분류하기 시작한다. • 다른 영아 옆에서 놀잇감을 가지고 놀기는 하지만 별개의 행동을 하면서 놀이를 한다(병행놀이). • 교사일을 도와 준다. • 나누어 쓰기는 어렵다. • 잘 아는 또래들과 인사를 한다. • 2세, 3세 영아와 함께 놀이할 수 있다.	• 사회적 관계확장하기 • 타인의 감정을 인식하기 • '나', '내 것', '너'와 같은 말 사용하기 • 자신의 소유물 알기 • 타인관계 모방하기 • 친사회적 행동, 나누기, 돕기, 협동, 교환하기, 양보하기 등 • 평행놀이하기

출처: 심성경 외(2013), 전남련 외(2014). p. 249 재구성.

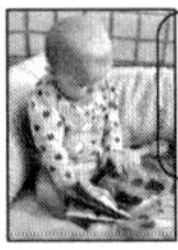

3. 만 2세아 사회성 발달

1) 애착

만 2세 영아는 Bowlby(1969) 애착발달 단계에서 상호호혜적 애착관계 형성 또는 목표 수정 협력 단계 등 마지막 단계의 시기에 포함된다. 즉, 인지 능력의 증대와 함께 타인의 소망이나 목표를 탐지하고 예상할 수 있으며, 자신의 욕구를 충족시키기 위하여 양육자의 행동을 적당히 변화시키거나 자신의 욕구를 지연시키는 전략을 사용하기 시작한다. 이 시기의 영아는 애착 대상에 대한 행동을 예측할 수 있기 때문에 어머니가 언제 돌아올지 예측할 수 있으므로 분리 불안이 감소하게 된다. 또한 애착 대상과 상호 협조적인 관계를 맺으면서 자신이 원하는 방향으로 애착 대상의 행동을 수정한다. 즉, 양육자가 외출할 때 무조건 따라가겠다고 매달리거나 저항하기보다 양육자가 언제 돌아올지 물어 보거나 빨리 돌아와서 그림책을 읽어 달라고 요청하는 등 자신과 어머니의 욕구를 조절한다.

만 2세아 애착과 관련된 내용 중 종일보육을 받는 영아들이 증가함에 따라 어린이집에서 영아의 사회적 유능성과 보육교사의 애착과의 관계를 밝힌 연구들에 의하면(김영명, 1997; 손혜숙, 1998), 보육교사와 어떤 애착관계를 맺느냐에 따라 영아의 사회성 발달이 달라지며, 어머니와의 애착과는 독립적으로 형성된 보육교사와의 애착관계는 어머니와의 불안정 애착에서 오는 발달의 부정적 영향을 보상할 수 있을 것이라고 제안하였다. 이에 따라 영아에게 어머니 역할을 대신하며 주요한 대안 애착의 대상이 되고 있는 교사 역할의 중요성이 크게 부각되고 있으며(신지연, 최석란, 2005; 조숙진, 2010; 주영은, 2009), 교사와의 민감한 상호작용으로 형성된 애착 안정성은 이후의 사회 정서적 발달뿐만 아니라 인지발달을 예측하는 유용한 개념으로 받아들여지고 있다.

2) 자아발달

자아개념은 신체적 특징, 개인적 기술, 특성, 가치관, 희망, 역할, 사회적 신분 등을 포함한 '나'는 누구이며, 무엇인가를 깨닫는 것을 의미한다. 자아개념은 자신이 독특하고 타인과 구별되는 분리된 실체라고 인식하는 데에서 발달하기 시작한다. 영유아가 자기 자신에 대한 개념을 형성하게 됨에 따라 그들은 자신의 속성에 대해 긍정적 또는 부정적인 가치를 부여하게 되는데, 자신에 대한 이러한 평가를 자아존중감이라고 한다(정옥분, 2006).

만 2세경에는 신체적으로 고유한 존재로서의 자아정체성인 자아인식을 발전시켜 나가게 된다(Berk, 2008). 곽승주(2003)의 연구에 따르면 만 2세 영아들은 종종 부정적인 언어표현과 함께 도움을 시도하는 교사의 손을 뿌리치며 저항하는 몸짓을 나타내었고, 표정, 몸짓 등으로 뚜렷한 자기중심적 의사를 보이면서 소유감, 자율적인 의지를 나타내는 경우가 많았다. 이러한 연구결과를 통해서도 2세 영아에게서 자아인식이 나타나고 있음을 알 수 있다.

Mead(1934)에 따르면 자아개념은 사회적 상호작용으로부터 발달하며 일생동안에 걸쳐 많은 변화를 겪게 되기 때문에 자아에 대한 지식과 개념의 형성을 위한 기회를 주는 것이 필요하다. 영아기의 민감한 양육은 초기의 '자기(self)' 발달을 증진시킨다고 볼 수 있다(Berk, 2008). 예를 들어 양육자를 따라 외부대상에 주의를 집중할 수 있는 18개월의 영아들은 거울을 보며 자신을 인식하는 것이 능숙하였다(Nichols, Fox, & Nundy, 2005).

따라서 영아기는 신체적, 사회적 이해를 풍부하게 형성하는 시기로서, 영아들은 태어나면서 자신들이 신체적으로 주위의 환경과 다르다는 것을 본능적으로 지각하며 점차 자아인식을 발전시켜 나간다. 이러한 자아인식은 자아개념과 자아존중감의 발달을 초래하며, 자아인식을 위해서는 어느 정도 수준의 인지발달과 더불어 사회적 경험이 중요함을 알 수 있다.

3) 사회성 발달특징

만 2세가 되면 영아는 소유개념이 생기면서 내것과 남의 것을 구별할 줄 알다. 그러나 자기 중심적이고 소유욕이 강해 싸우게 되고 사람에 대한 선호가 분명해져서 자기가 좋아하는 사람에 대하여 애정을 표현하고, 좋아하지 않는 않는 사람에게는 틀리게 표현한다. 2세 유아는 주로 옆에 가까이 있는 친구와 나란히 노는 병행놀이를 한다(전남련, 2013). 30개월경에는 '내것', '너의 것'을 이해하고 나누기, 다른 사람을 돕는 것이 가능하게 된다.

영아의 또래간의 상호작용에 대해 살펴보면, 영아는 생후 초기부터 또래에 대해 관심을 가짐을 알 수 있다. 생후 초기에 또래를 응시하거나 접촉을 시도하는 행동을 보이거나, 10~25개월의 영아가 사회적 행동을 어머니보다 또래와 더 많이 한다는 연구 결과도 있다(장영희, 1987; Field, 1979; Kail, 2008). 이후 언어적, 신체적 발달이 활발히 이루어지는 만 2세가 되면 교사와의 상호작용보다 또래와 갖는 상호작용이 더 증가하며 질적인 면에서도 교사와 가지는 상호작용과 다르다고 보고하였다(박지선, 2000). 영아의 또래 관계는 영아의 놀이행동을 통해서 살펴볼 수 있다. 대체적으로 연령이 어릴수록 사회적 상호작용이 많지 않은 단독놀이나 병행놀이를 많이 한다(Kail, 2008). 하지만 영아는 놀이를 통해 또래에게 관심을 표현하고 그들과 상호작용하며 점차 성장해 감에 따라 좀더 복잡한 놀이를 하게 된다.

또래관계는 기질, 환경, 성별, 이전의 경험, 어머니와의 애착 등 다양한 변인

(임은혜, 2005; 최서윤, 2002)에 영향을 받으나 그 중 많은 영향을 미치는 변인 중 하나로 교사와의 관계를 들 수 있다. 예를 들면 정미조 · 김희진(2009)의 연구에서 갈등적인 관계에 있다고 교사가 인식한 영아는 실제로 교사, 또래와 부정적 상호작용을 많이 했으며, 교사가 영아와의 관계를 긍정적으로 인식할수록 실제 또래, 교사와의 관계에서 부정적인 상호작용을 적게 하는 것으로 나타났다. 또한 이 연구에서 만 2세 영아는 또래 관계가 활발히 이루어지며 긍정적인 상호작용이 부정적인 상호작용보다 많이 이루어졌지만, 영아들은 발달상 사회적 기술이 부족해 또래 관계에서 갈등과 좌절을 겪기 쉬움을 지적하였다. 따라서 교사는 영아가 또래와의 관계에서 사회적 기술을 습득하여 사용할 수 있도록 영아기의 사회성 발달의 특징과 효과적인 상호작용 방법에 대해 숙지하여야 할 것이다.

2세아의 사회성 발달의 특징과 활용가능 프로그램에 대해 〈표 12-6〉에 나타내었다.

표 12-6

2세아 사회성 발달의 특징과 활용가능 프로그램

개월	사회성 발달 특징	활동 가능 프로그램
25~30개월	• 자신의 기술을 닫는다. • 독립심을 보인다. • 성인에게 관심을 끈다. • 다른 사람에게 감정을 나타낸다. • 다른 사람의 감정을 안다. • 내것, 너의 것을 이해하고 나누기, 다른 사람을 돕는 것이 가능하다. • 또래를 주의 깊게 관찰 모방한다. • 병행놀이를 한다 • 자신을 독립적인 존재로 인식하며 사회적 요구에 순응하는 행동을 할 수 있게 된다.	• 타인의 감정을 인식하기 • 타인의 감정을 표현하기 • 자기 기술에 대한 인식하기 • 독립성 보이기 • 나누어 쓰고 다른 사람 돕기 • 평행놀이 참여하기

개월	사회성 발달 특징	활동 가능 프로그램
30~36개월	• 2~3명의 영아와 놀이할 수 있다. • 다른 사람에게 끊임없이 명령을 하고 명령이 받아들이기를 기다린다. • 자신이 의도한 행동과 의도하지 않은 행동 구별한다. • 소유욕이 강한 행동을 한다 • 다른 사람에게 도움을 청한다. • 차례를 지킨다. • 협동적 놀이를 시작한다.	• 도움 청하기 • 타인에게 지시하기 • 소유행동하기 • 공유하기 • 차례지키기 • 협동적으로 놀기

출처: 심성경 외(2013), 전남련 외(2014). 재구성.

만 2세의 사회관계 영역

– 제3차 어린이집 표준보육과정(중앙육아종합지원센터, 2013)

• **사회관계 영역의 목표**: 나를 인식하고 다른 사람과 더불어 생활하는 경험을 한다.
• **사회관계 영역의 내용범주별 목표**
  – 나를 알고 존중하기: 나를 구별하기, 좋아하는 것 해 보기
  – 나와 다른 사람의 감정 알기: 나의 감정 나타내기, 다른 사람의 감정에 반응하기
  – 더불어 생활하기: 내 가족 알기, 또래와 관계하기, 자신이 속한 집단 알기, 사회적 가치 알기

참고문헌

강문희, 정정옥, 김승경(2006). 영유아 발달의 이해. 서울: 신정.

곽승주(2003). 영아-교사 간 상호작용에 관한 문화기술적 연구: 2세 영아를 중심으로. 성신여자대학교 대학원 석사학위논문.

곽금주, 김수정(2007). 영아기 기질의 발달적 변화와 영아기 사회적 부적응 행동 간의 관계. 한국아동학회. 28(6), 183-200.

김연진(2014). 영아발달. 서울: 태영출판사.

김영명(1997). 어머니 및 보육교사에 대한 유아의 애착안정성에 따른 정서적 행동문제. 서울대학교 대학원 석사학위논문.

김현호, 오선영, 윤경옥, 이선원, 최용득, 현영렬(2014). 영아발달. 경기: 정민사.

손혜숙(1998). 어머니와 교사의 복합애착 유형에 따른 유아의 자아개념 및 사회성에 관한 연구. 중앙대학교 대학원 박사학위논문.

신지연, 최석란(2005). 1, 2세 영아의 어머니와 보육교사에 대한 복합 애착과 사회 · 정서적 행동. 아동학회지. 26(1), 137-154.

심성경, 김경의, 이효숙, 변길희, 박유미, 박주희(2010). 아동발달. 서울: 학지사.

심성경, 송화진, 변길희, 김나림 박주희(2013). 영아발달. 경기: 공동체.

심숙영(2013). 애착 유형에 따른 정서지능 및 사회지능 간의 구조분석. 아동교육연구, 22(4), 45-62.

심숙영(2014). 영유아 사회정서행동. 경기: 교육과학사.

유효순(1985). 애착유형과 탐색행동과의 관계. 성균관대학교 대학원 박사학위논문.

윤경희(1998). 영아의 자아인식에 관한 연구. 성신여자대학교 대학원 석사학위논문.

이영애(2012). 아이의 사회성: 세상과 잘 어울리고 어디서나 환영받는 아이로 키우는 양육법. 지식채널.

이원영, 조희숙(1999). 유아의 어휘력, 이야기 이해능력 및 인쇄물 인식능력간의 관계 연구. 유아교육논총, 9, 133-154.

이주혜(1981). 유아의 낯가림 및 분리불안과 어머니의 양육태도와의 관계. 성균관대학교 대학원 석사학위논문.

임승렬(2010). 영아보육과정 운영과 실제. 경기: 교문사.

임은혜(2005). 영아의 기질에 따른 기관 적응 및 또래와의 비언어적 상호작용에 관한 연구. 덕성여자대학교 대학원 석사학위논문.

장영희(1987). 영아의 사회적 행동에 대한 연구: 어머니 및 또래와의 관계를 중심으로. 이화여자대학교 대학원. 박사학위논문.

전남련, 김기선, 이옥임, 남궁기순, 한혜선, 심현임, 이미향, 김인자, 이선명, 김정희, 이재영, 이은기(2014). 영아발달. 경기: 양서원.

정미조, 김희진(2009). 교사가 인식한 영아-교사 관계와 놀이시 나타난 영아-교사 및 영아-또래 상호작용. 아동학회지, 30(3), 99-112.

정옥분(2004). 영유아 발달의 이해. 서울: 학지사.

정옥분(2012). 영아발달. 서울: 학지사.

정정욱, 이경희, 이문숙(2003). 아동의 성장과 발달이해. 서울: 서울아카데미.

조숙진(2010). 영아-교사의 애착 증진을 위한 음률활동 프로그램 개발 및 효과. 배재대학교 대학원 박사학위논문.

존 가트만, 조벽, 최성애(2011). 내 아이를 위한 감정코칭. 한국경제신문사.

주영은(2009), 감각운동 중심 영아프로그램이 운동능력과 애착관계에 미치는 영향: 6~12개월 영아를 중심으로. 성신여자대학교 대학원 박사학위논문.

최경숙, 박영아(2005). 아동발달. 서울: 창지사.

최서윤(2002). 영아와 어머니의 애착안정성에 따른 사회적 놀이행동. 이화여자대학교 교육대학원 석사학위논문.

허윤진(2002). 어머니와의 분리 경험과 타인 양육의 특성이 모-자간 애착에 미치는 영향. 서울여자대학교 특수치료전문대학원 석사학위논문.

Ainsworth, M. D. S.(1967). Infancy in Uganda. Baltimore: Johns Hopkins University Press.

Berk, L. E.(2000). Child Development(5th Ed.). Boston: MA: Allyn & Bacon.

Berk, L. E.(2008). Infant & Children(6th Ed.). MA: Addison-Wesley.

Bowlby(1969). Attachment and loss: Vol. 1, Attachment. New York: Basic Books.

Kail, R. V.(2008). 아동과 발달(Children and Their Development (권민균, 김정민, 최형성 역). 서울: 시그마프레스.

Lewis, M & Brooks, J.(1978). Self-knowlwdge in emotional development. In M. Lewis & L. Rosenblum(Eds.), The development of affect(pp. 205-226). New York: Plenum.

Mead, M.(1934). Sex temperament in three primitive sociates. New York: Morrow.

Miller. S. A.(1998). Develpoment Research Methods(2th ed.). NJ: Prentice-Hall. p. 175.

제 4 부

영아발달과 생태환경

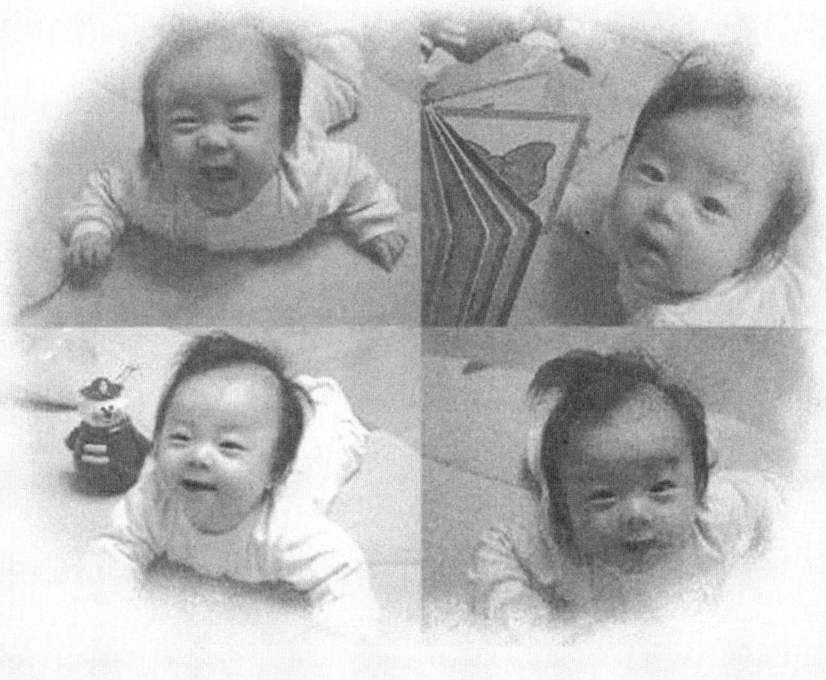

제13장 영아발달과 가정내적 환경
제14장 영아발달과 가정외적 환경

제13장

영아발달과 가정내적 환경

1. 생태학적 관점
2. 영아발달과 가족환경

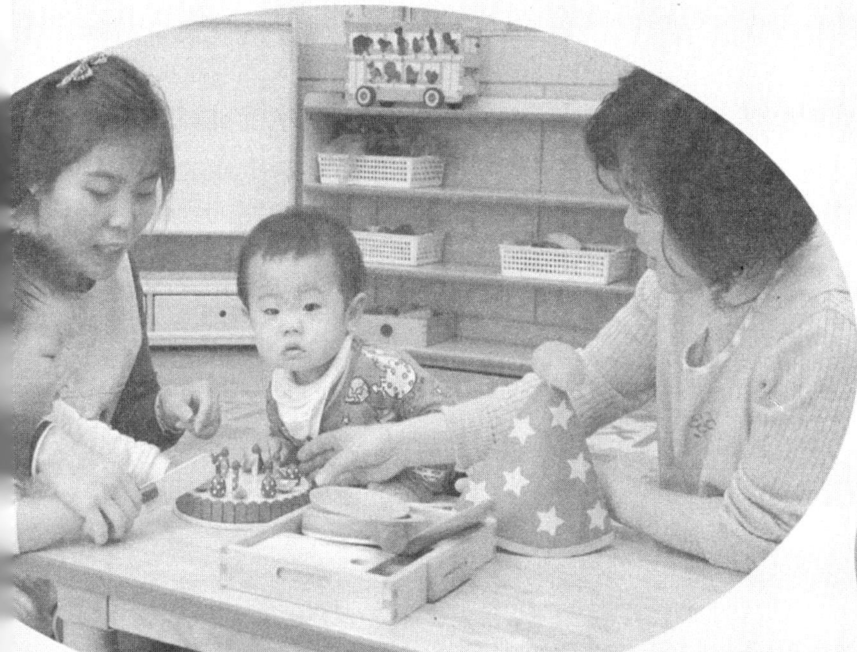

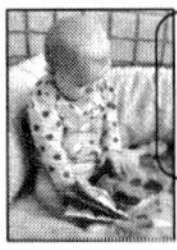

1. 생태학적 관점

1) 기본가정

생태체계이론은 아동발달을 사회문화적 관점에서 이해하는 이론이다. 생태체계이론에서는 아동은 다중의 주위환경에 의해 영향을 받는 복잡한 관계체계 내에서 성장, 발달한다고 본다. 생태체계이론의 기본 전제는 인간은 주변 환경과 끊임없이 상호교류, 상호의존하며, 따라서 인간의 행위는 그 자체만으로 생각할 수 없고 환경이 개인에게 미치는 영향력이나 개인이 속한 환경을 살펴봐야 한다는 것이다. 생태체계이론에서는 환경을 시스템으로 설명하고 있다. 즉, 환경 하나하나가 인간에게 영향을 미치는 것은 물론 그 환경들이 더 큰 체계를 이루며 서로 연결되어 인간의 발달에 역동적으로 영향을 준다는 것이다. 환경이 단순히 개인에게, 개인은 환경에게 영향을 주고받는 것이 아니라 개인과 연결되어 있는 환경들끼리도 상호작용을 한다는 것이다.

2) 기본체계

Bronfenbrenner는 환경을 수준에 따라 미시체계, 중간체계, 외체계, 거시체계, 시간체계로 나누고 그 체계간의 역동성을 개인의 삶과 관련지어 설명하였다.

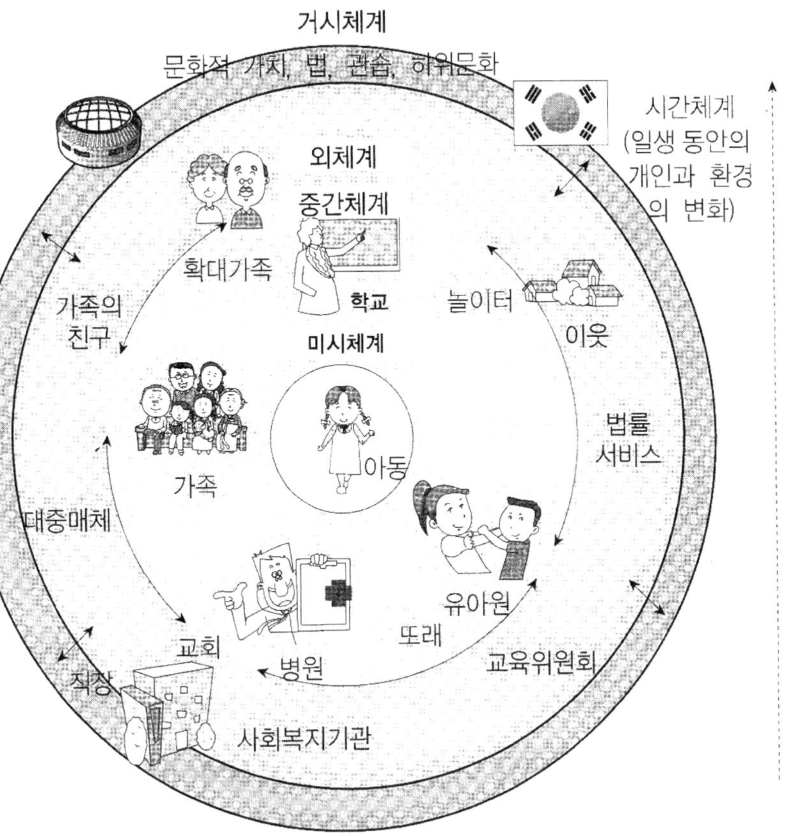

[그림 13-1] 브론펜부르너의 생태체계모형(정옥분, 2002)

(1) 미시체계(microsystem)

미시체계는 아동과 환경 간에 직접적인 상호작용이 이루어지는 영역이다. 아동의 가족, 친구, 학교, 이웃이 미시체계에 속하며, 아동이 살고 있는 집의 구조, 근처 놀이터에 있는 시설물, 어린이집의 크기, 학교 도서관의 장서와 같은 물리적 특성도 포함된다. 이 미시체계 내에서 아동과 부모, 아동과 친구, 아동과 교사 간에 직접적인 상호작용이 이루어진다. 특히 미시체계는 호혜성에 기반을 두는데, 부모는 자녀의 합리적 요구를 받아들이고, 자녀는 부모의 합리적 요구를 존중함으로써 화답한다. 부모, 자녀 간의 의사소통에서 호혜성이 무너지게 되면 미시체계의 질은 떨어진다(정인숙 외, 2014).

(2) 중간체계(mesosystem)

중간체계란 아동들과 관련있는 미시체계 간의 상호작용 및 관계의 정도를 말한다. 예를 들면, 부모와 교사와의 관계, 부모와 이웃과의 관계 등과 같이, 미시체계들 간의 관계적 호혜성을 뜻한다. 아이가 부모와 선생님과의 사회적 관계는 매우 좋으나, 부모와 교사간의 교류나 협조가 없다면 이 두 미시체계 간에 형성된 중간체계는 좋은 편이 아닐 수 있다. 이러한 중간체계는 아이에게 어떤 식으로든 영향을 미치게 된다(강인숙 외, 2006).

(3) 외체계(exosystem)

외체계는 아동에게 직접적인 영향을 미치는 환경은 아니지만 아동의 삶에 다각도로 영향을 미치는 환경을 말한다. 직접적이고 사적인 방법으로 개인과 관련을 맺는 미시체계와 중간체계와는 달리, 외체계는 대부분 비개인적이고 간접적이며, 일방적인 방향으로 아동에게 영향을 준다. 아동의 경우, 외체계는 부모의 직장, 정부기관, 사회복지기관, 대중매체 등이 있다. 부모의 직장의 경우, 부모가 어떤 직장을 다니느냐에 따라, 또 어떤 상사를 만나느냐에 따라 부모의 근무조건, 경제적 소득 등이 달라질 수 있다. 부모의 근무조건, 경제적 소득은 부모가 아이하고 함께 할 수 있는 시간에 영향을 미치며, 이는 아이의 애착의 정도에, 그리고 아이의 성격에 영향을 미치게 된다.

(4) 거시체계(macrosystem)

거시체계는 미시체계, 중간체계, 외체계에 포함된 요소에 아동이 살고 있는 문화적 환경까지를 포함한다. 거시체계는 아동이 살고 있는 사회의 신념, 가치, 법률, 제도, 규칙, 관습 등이 포함된다. 그 사회가 어떤 가치관을 가지고 있는지, 미의 기준은 어떠한지는 아이의 성장에 영향을 미친다. 물질과 학력, 그리고 외모에 최고의 가치를 두고 있는 현재 우리나라의 문화환경은 아이들에게 강력한 영향을 미치고 있다.

(5) 시간체계(chronosystem)

시간체계는 전 생애에 걸쳐 일어나는 변화와 사회역사적 환경을 포함하여 아동이 성장함에 따라 겪게 되는 외적인 사건이나 심리적 변화 등을 말한다. 성장하면서 자연스럽게 맞이하는 각 발달단계에서의 발달과업과 위기를 거치면서 경험하는 심리적 변화와 시간이 흐르면서 겪게 되는 부모의 사망과 같은 외적인 사건은 인간에게 지대한 영향을 미친다.

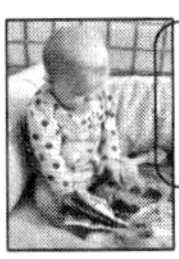

2. 영아발달과 가족환경

1) 가족의 정의

인간은 대부분 출생과 더불어 가족과 함께 살아가면서 성장하고 발달하며,

더 나아가 노화 및 죽음의 과정을 맞이한다. 가족은 개인의 성장과 발달에 있어 가장 친밀하고 영향력 있는 사회적 환경이다.

가족에 대한 정의는 시대에 따라 차이가 난다. 가족에 대한 전통적 정의는 '사회적으로 인정받는 성적 관계를 유지하는 최소한 2명의 성인 남녀와 한 명 이상의 자녀를 포함하며, 혈연, 입양, 결혼 등에 기반한 특수한 관계를 지닌 사람들로 반드시 동거할 필요는 없으며, 생활공동체로서의 연대의식을 가짐으로써 동거를 기대할 수도 있는 관계'를 말한다(Murdock, 1949). 그러나 최근 미국 사회복지사협회(Miller, 1984, 정인숙 외 2014, 재인용)는 '자신들 스스로가 가족으로 생각하면서 전형적인 가족 임무를 수행하는 2인 이상의 사람들'이라고 규정하여, 과거 가족에 대한 정의가 성적관계, 혈연관계 등을 중요시한다면 현대에는 상호책임감, 친밀감 등을 중요시하는 것으로 변하고 있음을 보여주고 있다.

우리나라에서는 가족에 대한 정의시 자녀 양육의 기능을 중요시하고 있는데, 이혜경(1995)은 '인류사회의 보편적인 제도로서, 자녀양육의 기능을 중심으로 특정한 공간과 특정한 애정의 유대로 연결된 특정한 사람들의 집합체'라고 정의하였으며, 표갑수(2012)는 '인간이 나타난 이후 발전시켜온 기본적인 사회제도 가운데 가장 오래된 것으로 인간의 성장과 발달에 필요한 것을 가르치고 양육하는 일차적인 집단이며, 개인과 사회의 중간지점에 위치하여 사회의 기초를 이루고 개인의 성장과 발달에 중요한 역할을 하는 체계'라고 하였다.

2) 가족의 기능

가족은 구성원들을 위해, 그리고 가족이 포함되어 있는 더 큰 사회를 위해 다음과 같은 4가지 고유한 기능을 가지고 있다(장휘숙, 1995).

첫째, 친밀한 관계의 근원을 제공한다. 친밀성은 일차적인 인간의 욕구로써 인간은 가족구성원들과 친밀한 관계를 유지함으로써 정서적 안정과 지원을 얻는다. 사회가 산업화되고 복잡해질수록 사람들은 가족 내에서 친밀성을 발견하려고 노력한다. 사회생활에서의 개인은 주로 역할로서 지각되므로 개인적 수준에서 친밀성을 공유하는 것은 쉽지 않다. 따라서 인간은 가족체계 내에서 배우자와 희망을 공유하고 함께 자녀를 양육하면서 정서적 안정감을 얻는다.

둘째, 경제적 협조의 단위로 기능한다. 가족 내에서 이루어지는 성별에 따른 역할분담은 어느 문화에서나 이루어지고 있는 공통적 현상이다. 그러나 문화에 따라 남성과 여성들의 역할은 각기 다르다. 우리나라에서는 전통적으로 남성이 가정 바깥에서 직업을 가지고 활동하는 반면, 여성들은 자녀를 양육하고 가사 일을 담당하면서 가정에 남을 것으로 기대된다. 그러나 또 다른 문화에서는 남성들이 양육과 가사 일을 담당하고 여성들이 사냥하여 생계를 유지하기 때문에 우리 문화와는 정반대의 역할수행이 이루어진다. 가정 바깥에서의 역할은 사회적으로 노동력을 제공하고 생활을 보장받음으로써 경제 질서의 유지를 위한 기초기능을 하게 된다. 또 가정 내에서의 역할은 임금으로 지불되지는 않으나 매우 중요한 생산적 활동이다.

셋째, 자녀출산과 사회화의 기능이다. 가족은 자녀를 출산하고 사회화시킨다. 전통적으로 자녀출산은 가족의 주된 기능이었다. 가족은 사회를 구성하는 노인세대들이 사망할 때, 그들을 대치할 아동을 출산하고 양육하여 사회가 지속적으로 계속될 수 있도록 하는 기능을 한다. 더욱이 아동들은 매우 무기력한 상태로 출생하고 한 사람의 책임 있는 성인으로 성장하기 위해서는 여러 해 동안의 양육을 필요로 한다. 가족은 그들에게 걷고, 말하고, 자신을 돌보는 방법을 가르치며, 특정 문화에 맞게 인간답게 살아갈 수 있는 각종 기술을 습득시키는 사회화를 담당한다.

넷째, 가족구성원에게 지위와 사회적 역할을 할당한다. 우리는 일생 동안 두 개의 가족 속에서 생활한다. 하나는 우리가 자식으로서 성장한 부모의 가족이고, 또 다른 하나는 우리가 결혼을 통하여 형성한 가족이다. 우리는 부모의 가족 내에서 아들이나 딸, 형제나 자매의 역할을 수행하고, 이 역할은 일생을 통하여 계속된다. 결혼에 의해 새로운 가족이 형성되면, 남편이나 아내의 새로운 가족역할이 부과되고, 그것은 사회로부터 진정한 성인의 지위를 획득하도록 돕는다. 부모나 자녀출산은 아버지와 어머니로서의 새로운 역할을 개인에게 부여한다. 또한 가족은 개인의 인종과 사회 경제적 수준 및 종교를 결정하기 때문에 우리가 사회 내에서 특정한 지위와 위치를 획득하도록 한다. 우리는 가족과의 동일시를 통하여 우리가 소속한 계층의 생활방식을 학습하고, 문화적 가치와 기대를 형성한다. 가족구성원으로서의 다양한 역할수행을 통하여 우리의 개인적 및 사회적 정체감의 많은 부분들이 형성된다.

3) 가족의 변화

최근 사회에서 일어나는 변화 중 가장 두드러진 것 중 하나는 가족의 변화이다. 여성의 사회참여가 늘어나면서 맞벌이가족이 늘고 있으며, 이혼율의 증가로 한부모가족, 재구성가족, 조손가족도 늘어나고 있다. 또 다문화가족도 우리나라에서 볼 수 있는 가족구조의 변화이다.

(1) 맞벌이가족

전통적으로 가족구성원 중 아버지는 직업을 통하여 경제적 소득을 책임지고 어머니는 가정에서 가사와 양육을 담당하여 왔다. 이러한 역할은 산업사회에서는 부부가 함께 직업을 가지는 맞벌이 가족의 형태로 변하였다. 맞벌이를 하는 이유가 경제적인 이유도 있지만, 여성의 사회참여와 자아실현이라는 동기가 늘어나면서 맞벌이 가족도 점점 증가하고 있다.

맞벌이 가족은 다음과 같은 특성을 가지고 있다(이순형 외, 2011). 첫째, 맞벌이 가족의 부모와 자녀는 매일 분리를 일상적으로 경험한다. 맞벌이 가족의 자녀는 영아기 때부터 하루 중 일정 시간 동안 부모와의 분리와 만남의 경험이 매일 반복되면서 차츰 시간대별 리듬을 익히게 되고, 아침에는 불쾌한 이별, 저녁에는 반가운 만남이라는 일상에 익숙하게 된다. 둘째, 맞벌이 가족은 부모와 자녀의 접촉 시간이 늘 부족하다. 셋째, 맞벌이 가족의 부모는 신체적으로나 심리적으로 피곤하다. 즉 취업과 가사로 인한 이중노동은 신체적으로 부모를 피곤하게 할 뿐만 아니라 심리적으로 평안하기 어렵다.

[그림 13-2] 아버지의 가사 및 양육활동

따라서 위와 같은 특성을 가지고 있는 맞벌이 가족의 부모는 자녀양육에 있어 다음과 같은 점을 유의하여야 한다. 첫째, 퇴근 후 자녀와 함께 하는 시간을 최우선 순위에 놓는다. 가사일보다는 자녀와 상호작용할 수 있는 시간을 확보하고 자녀의 요구에 예민하게 반응하고 가능한 많은 시간을 자녀와 함께 놀아 준다. 둘째, 부부가 가사 및 양육을 공동으로 해결한다. 부부가 의사소통을 통하여 서로의 어려움을 이해하고 서로 도우려는 태도를 갖는다.

(2) 한부모가족

한부모 가족이란 부모 중 한쪽의 사망, 이혼, 별거, 가출, 유기 등으로 인해 양친 중의 한쪽과 보호를 필요로 하는 미혼의 자녀로 구성된 가족 형태를 말한다. 한부모가족은 자녀 보호를 누가 맡고 있느냐에 따라 모자로 구성된 여성 한부모가족, 부자로 구성된 남성 한부모가족으로 구분할 수 있으며, 결혼을 하지 않은 상태에서 자녀를 둔 미혼모나 미혼부가족을 포함한다(유효순 외, 2013). 한부모가정의 수는 매년 증가하고 있으며, 원인으로는 이혼에 의한 것이 가장 높고 남성의 재혼율이 여성의 재혼율보다 높아 한부모가족 중 한모가족의 수가 한부가족의 수보다 훨씬 많다(권민균 외, 2012).

대부분의 한부모가족은 경제적, 심리적 어려움을 겪는 경우가 많다. 한부모는 혼자서 주거비, 생활비, 양육비, 교육비 등을 감당해야 하므로 전문직을 갖지 않고 노동이나 서비스업에 종사할 경우 경제적 어려움을 갖게 된다. 또한 심리적 어려움으로는 사회의 부정적 인식이나 자녀 양육의 문제이다. 사회의 부정적 인식은 한부모 자녀들에게 자신의 가족에 대하여 부끄러움을 느끼거나 열등감을 갖게 하여 또래관계에도 좋지 않은 영향을 미친다. 또 자녀양육에 있어서는 아버지의 부재, 또는 어머니의 부재로 인하여 각각의 역할에 한계를 느끼며, 그 결과 지나친 통제나 방임과 같은 부정적 양육태도를 가질 수 있다. 따라서 우선 한부모 자신이 새로운 가족 형태에 잘 적응하며, 친지나 친구와 같은 사회적 지원망을 적극적으로 활용하여 자녀 양육을 하는 것이 필요하다.

(3) 재구성가족

재구성가족은 최소한 한쪽의 배우자가 과거에 결혼한 경험이 있으며, 한 명 이상의 자녀를 두고 있는 가족 형태로, 재혼가족, 재결합가족, 계부모가족, 혼합가족, 이중 핵가족 등과 같은 다양한 용어들로 혼용되어 사용된다(정계숙 등, 2007), 재구성가족은 가장 복잡한 가족 체계 중 하나로 초혼 가족에서는 볼 수 없는 계부모-계자녀 관계, 이복형제와 같은 재구성가족 내의 형제관계, 전 배우자와의 관계, 계조부모 등보다 다양한 친족관계를 포함한다(유효순 외, 2013).

재구성가족의 특징은 다음과 같다(정옥분, 정순화, 2010). 첫째, 초혼과는 달리 재혼은 부부 가운데 어느 한쪽이나 모두가 결혼을 한 경험을 가지고 있으며 이러한 경험으로 인해 정신적인 상처나 좌절감, 외로움과 같은 문제를 가지고 있는 경우가 많다. 이와 같은 부정적인 경험은 이후 재혼에서의 부부관계 뿐만 아니라 자녀와의 관계에서 어려움을 경험하게 하는 요인이 된다.

둘째, 재구성가족에서는 역할에 대한 경계가 명확하지 않다. 재구성 가족은 경계의 애매성으로 인해 누가 어떤 역할과 책임을 수행해야 하는지에 대한 인식이 불분명하며, 자신에게 적합한 행동이 어떤 것인지가 불명확하므로 끊임없이 역할혼란을 경험하게 된다.

셋째, 재구성 가족에 대한 사회적인 편견은 부모역할을 어렵게 만드는 요인이 된다. 따라서 재구성 가족의 부모는 전혼에서의 부모-자녀관계를 인정하고 배려해 주는 것이 필요하며, 자녀와의 관계형성에 시간이 필요하다는 인식을 가지고 인내하고 기다리는 자세가 필요하다. 또한 재구성 가족 부모 모두가 일관된 방식의 양육을 위하여 합의하고 함께 양육에 참여하는 것이 필요하다.

(4) 조손가족

조손가족이란 부모의 맞벌이, 이혼, 가출, 약물중독, 질병, 사망 등으로 조부모가 손자녀 양육의 일차적 책임자가 되어 손자녀와 동거하는 가족형태를 말한다(유효순, 2013). 조손가정에서의 조부모는 일반 노인과는 다른 경험을 하게 된다. 이들은 경제적 어려움, 건강문제, 정부지원 부족, 법적 문제, 일상생활 변화, 그리고 사회적 소외 등의 도전과 문제들에 직면하게 된다(Karp, 1996).

[그림 13-3] 영화 '집으로'의 한 장면

뿐만 아니라 조손가정의 손자녀들도 어려움을 겪게 되는데, 부모의 이혼으로 조부모와 함께 살고 있는 손자녀들이 그렇지 않은 아동들 보다 우울과 불안이 높게 나타나는 것으로 보고되고 있다(성지혜, 2001). 이러한 결과들은 조손가족 손자녀들이 가족 안에서 발생하는 사회문제로 인해 정서적으로 우울하며, 행동에서 공격적인 가능성이 높을 수 있음을 시사하고 있다(김미혜, 김혜선, 2004). 그러나 모든 조손가족 손자녀들이 발달사의 어려움이나 사회적 적응의 문제를 경험하는 것은 아니다(김미혜, 김혜선, 2004). 오히려 조부모들이 부모로부터의 가족해체나 학대 및 방임을 손자녀들에게 개입함으로써 손자녀의 심리적 안녕과 사회적 적응에 긍정적인 영향을 끼친다(Solomon & Max, 1995).

다음은 조손가족 손자녀의 정서, 행동에 긍정적 발달을 도모할 수 있는 조부모를 위한 방안이다. 첫째, 조손가정 손자녀는 조부모의 양육태도와 양육 스트레스의 정도에 영향을 받는다. 따라서 조부모들에게 상담프로그램 등을 제공하여 손자녀들의 행동과 정서를 이해할 수 있도록 하며, 손자녀의 분노나 다른 행동문제들을 다룰 수 있는 기술들을 습득하게 할 필요가 있다(김혜선, 2004). 둘째, 양육자의 정신건강이 조손가정의 가족건강성에 초래하는 결과를 감안해 심리사회적 요구에 초점을 둔 서비스와 프로그램을 확대해야 한다(최해경, 2002). 구체적으로는 조부모의 심리적, 사회적 고립을 막고, 다양한 자원을 통해 손자녀를 양육하는데 필요한 지원체계를 확보하고 정보를 들을 수 있는 지지집단과 신체적 건강을 유지할 수 있는 의료보호 서비스, 그리고 경제적 지원과 관련된 정책이나 일자리 제고 서비스와 같은 다각적인 도움이 필요하다(김미혜, 김혜선, 2004). 셋째, 조부모는 연령의 증가와 함께 만성질환, 신체적 기능의 약화를 경험하기 마련인데, 손자녀를 맡아 키우면 건강이 나빠지거나 체력적 부담이 될 수 있다. 따라서 손자녀 양육 조부모의 건강증진을 위한 프로그램 운영이나 지역사회 아동 보호 체계 및 재가서비스를 확충하여 양육부담을 경감시켜 주는 노력이 필요하다(배진희, 2007).

(5) 다문화가족

세계화의 흐름 속에서 한국사회는 국제적, 인적 교류확대, '코리안 드림'을 꿈꾸는 이주노동자들의 유입, '농촌총각 장가보내기' 사업 추진에 따른 국제결혼의 증가 등으로 인해 빠르게 다인종, 다문화 사회로 진입하고 있다(정해영, 정옥분, 2011). 다문화가족이란 배우자 중 한 사람이 외국인인 경우로, 우리나라에서는 결혼이민에 의한 다문화가족이 빠른 속도로 증가하고 있다(조복희, 2014). 결혼이민자는 조선족과 한족의 중국 출신이 가장 많고 베트남, 필리핀, 일본, 캄보디아 순으로 그 숫자가 많다(행정안전부, 2014).

지금까지 연구되어진 한국 사회 내 다문화가족의 어려움은 의사소통의 어려움, 문화의 차이, 경제적인 문제, 사회적 편견, 자녀교육 문제 등이 있다. 특히 다문화가족 대부분의 어머니들은 결혼과 동시에 출산을 경험하고, 미처 한국 사회의 언어와 문화에 제대로 적응하지 못한 상황에서 자녀를 양육하며(오성배, 2005 권경숙), 문화적 차이와 양육 방식의 차이 등으로 부부관계 및 부모-자녀 관계에서 긴장과 갈등을 경험한다(윤명숙, 이혜경, 2011). 또 남편 외 다른 가족 구성원들과의 관계에서도 자녀 양육 방식의 차이로 인해 어려움을 느낀다(강선자, 손수민, 2011).

다문화가족의 자녀들도 다음과 같은 어려움을 가진다(정해영, 정옥분, 2011). 첫째, 언어이해력 및 어휘력 부족에 따른 낮은 학습수행능력을 나타낸다. 둘째, 일반 한국인들과는 다른 외모로 인한 편견 및 차별과 함께 친구들의 놀림과 따돌림, 또래관계의 어려움 등을 겪고 있으며, 이로 인해 학교 부적응 문제를 가지고 있다. 셋째, 다문화가족의 아동들은 이중문화 속에서 성장하기 때문에 많은 갈등과 혼란을 경험하고 정체성 형성과정에서 문제를 안고 있다. 이러한 문제를 해결하는 과정에서 다문화가족의 아동들은 가족, 특히 어머니의 지지를 받는 것이 필요하지만, 다문화가족 아동과 외국인 어머니 간의 의사소통이 원만하지 않아 이러한 지지를 받지 못하는 것도 문제이다.

다문화가족의 부모가 자녀의 양육에서 고려해야 할 점은 다음과 같다. 첫째, 가족 간의 언어적 상호작용이 부족할 수 있다는 점을 부모 모두가 인식하고 부족한 언어적 자극을 아버지나 교사, 또래 등 다른 사람들로부터 보완할 필요가 있다(김은설, 장혜진, 김문정, 2011). 둘째, 다문화가족의 경우 어머니의 자녀양육 스트레스가 매우 높은 것으로 알려져 있는데, 이는 한국어 능력의 부족에 기인하는 경우가 많기 때문에 한국어능력을 증진시켜야 한다. 뿐만 아니라 자녀에 대한 양육지식, 발달지식, 양육기술 등을 배울 수 있는 기회를 적극 활용하는 것이 필요하다(유효순, 원혜경, 김정희, 2013). 셋째, 다문화가족이 갖는 강점과 자원을 찾아 활용해 보는 자세도 중요하다. 부모가 자신과 자녀의 개인적 강점, 체계로서의 가족의 강점과 자원을 찾아 이를 활용하는 것은 부모의 양육방식에 영향을 미칠 뿐만 아니라 부모 자신과 가족의 신념체계를 보다 긍정적인 방향으로 변화시킬 수 있다(양옥정, 김연수, 2003).

4) 가족구성원의 역할

(1) 부모의 역할

① 부모됨의 준비와 적응

부모란 일반적으로 자녀의 출산과 더불어 자동적으로 부여되는 지위와 역할이다. 그러나 준비 없는 부모는 자녀의 건강한 성장과 발달을 저해할 수 있기 때문에 이를 위한 준비과정이 필요하다.

부모가 되기 위해서는 첫째, 신체적 준비가 필요하다. 부모가 되고자 하는 사람은 건강해야 한다. 건강하지 못하거나 질병에 걸린 상태에서 임신할 경우 기형아나 장애아를 출산할 가능성이 그렇지 않은 경우보다 높다. 어머니의 약물복용, 독극물 중독, 방사선 노출, 흡연, 음주, 영양결핍 등은 태아에게 부정적인 영향을 미치며, 당뇨, 성병 등의 질병은 태아에게 치명적인 영향을 미칠 수 있다(마주리, 2013). 또 아버지도 임신을 계획하는 단계에서는 흡연과 음주를 삼가고 건강을 유지해야 한다.

둘째, 심리적, 정서적 준비가 필요하다. 결혼을 했으니 무조건 자녀를 갖기보다는 자녀를 가질 것인지, 왜 자녀를 가지려고 하는지, 결혼생활에서 자녀를

갖는 것이 무엇을 의미하는지, 자녀가 생긴 이후에 생활은 어떻게 변할 것인지, 부모로서 기본적인 책임을 다 할 수 있는지에 대해 신중히 생각해 보아야 한다(정미라 외, 2003). 또 자기 자신을 되돌아보며 최대한 정서적 안정감을 유지하도록 노력해야 한다.

[그림 13-4] 결혼

셋째, 자녀를 양육하는 데는 의식주를 해결하는 경비뿐만 아니라 의료비나 교육비와 같은 지출이 많아지므로 이에 대한 계획과 대비가 필요하다. 경제적 문제가 부모가 되기 위한 1차적 준비요건이라 할 수는 없지만 영유아의 기본 권리, 즉 교육받을 수 있는 권리, 건강하게 성장할 수 있는 권리, 정상적인 가정생활을 누릴 권리, 놀이와 오락을 즐길 권리 등을 실현하기 위한 수단이기 때문에 중요하게 평가되어야 한다(이순형 외, 2011).

부모가 된다는 것은 부부의 삶에 완전히 새로운 시대가 열리는 일이다. 부부는 성공적인 자녀교육을 위해 상대방을 파트너로 인정하고 다음과 같은 사항을 지켜 나가야 한다(Pruett & Pruett, 2009). 첫째, 자녀 양육에 대한 문제를 공유하고 육아를 분담하는 것이 필요하다. 이때 자녀 양육 및 집안일을 무조건 공평하게 나누기보다 각자가 맡은 역할에 따라 두 사람 모두 타당하다고 수긍하는 것이 필요하다. 둘째, 부부는 양육방법에 있어서 서로의 성적 차이를 이해하고 받아들여야 한다. 엄마와 아빠는 교육방법에서 본질적인 차이가 있을 뿐만 아니라, 자신들의 어린 시절의 경험까지 곁들여져 똑같은 방식으로 아이를 양육하기를 기대하는 것은 불가능하다. 따라서 아기를 기르는 방법에서 이런 저런 차이를 서로 이해하고 균형잡힌 스타일과 행동방침을 위해 협력해야 한다. 셋째, 양육과 집안일에서 생기는 의견 차이를 대화를 통해 해결해 나간다. 양육과 집안일, 게다가 직장일까지 해야 하는 부부는 대화할 시간이 없다고 생각하기 쉽다. 대화를 나눌 기회를 놓치면서 사소한 다툼으로 서로의 틈이 조금씩 벌어질 수밖에 없다. 사소한 상처나 오해를 그냥 흘려보내지 말고 대화로 해결해 나간다.

② 양육태도

양육태도는 어머니, 또는 양육자가 영유아를 양육할 때 바람직한 성장·발달을 위해 일반적, 보편적으로 나타내는 모든 태도 및 행동을 의미하는 것으로 영유아의 성장·발달에 결정적인 영향을 미친다(박근주 외, 2012).

Baumrind(1967)는 부모의 양육 유형을 애정과 통제라는 두 차원으로 나누어 설명하였다. 애정차원은 부모가 자녀에게 얼마나 애정적이고 지원적이며, 얼마나 민감하게 반응을 하는가를 나타내며, 통제차원은 부모가 아동에게 성숙한 행동을 요구하고 아동의 행동을 통제하는가를 나타낸다. 애정과 통제차원이 모두 높은 경우는 '권위적(authoritative)' 부모, 통제차원은 높지만 애정차원이 낮은 경우는 '권위주의적(authoritarian)' 부모, 애정차원은 높은데 통제차원이 낮은 경우는 '허용적(indulgent)' 부모, 그리고 마지막으로 애정과 통제차원이 다 낮은 경우는 '무관심한(neglectful)' 부모로 명명되었다.

박근주 등(2012)은 여러 양육태도에 대한 연구를 검토한 결과, 우리나라의 상황과 실정에 근거하여 민주적, 과잉보호적, 방임적, 독재적 부모 유형으로 구분하였다. 민주적 부모는 영유아와 정서적으로 밀착된 관계를 유지하며, 영유아를 인격체로 존중하는 태도를 보이는 것을 의미하며, 과잉보호적 부모는 부모가 영유아를 사랑하고 애정적이나 그 정도가 지나쳐서 영유아의 행동에 제약을 많이 하는 것을 의미한다. 방임적 부모는 영유아를 수용하고 받아들이지 못하면서 의식적, 무의식적으로 영유아의 성장·발달에 무관심하거나 자유로이 행동하게끔 하는 태도(이원영, 김정미, 2011)를 말하며, 독재적 부모는 영유아를 애정적으로 받아들이지 못하면서 영유아의 행동을 심리적, 언어적으로 엄하게 통제하는 태도(김수희 외, 2008)를 말한다. 각 네 가지 유형에서 보이는 부모의 태도 특징과 부모의 태도가 영유아의 발달에 미친 결과 영유아의 특징을 구체적으로 살펴보면 다음 〈표 13-1〉과 같다(박근주, 2012).

표 13-1

양육태도에 따른 부모 및 영유아의 특징

양육태도의 유형	부모의 특징	영유아의 특징
민주적 부모	• 분명한 규칙을 설정하고 합리적으로 설명한다. • 규칙을 준수하도록 강조하고 요구한다. • 성숙한 행동을 기대하고 요구한다. • 문제가 발생하면 영유아와 토의하고 합의하는 태도를 갖는다.	• 능동적이며 독립적이다. • 자기신뢰적이고 성취지향적이다. • 활달하고 명랑하고 외향적이다. • 사회적응을 자신있게 한다. • 스트레스에 잘 대응한다.
과잉보호적 부모	• 영유아의 행동에 대해 제약이 심하다. • 영유아의 일에 지나치게 간섭한다. • 영유아의 어리광을 다 받아 준다. • 영유아의 과제를 도맡아 해 준다.	• 자립심이 부족하다. • 사교성이 부족하다. • 창의적이 적은 편이다. • 자기중심적이다. • 낮은 성취지향을 보인다.
방임적 부모	• 영유아의 요구를 무시하거나 거부한다. • 정해진 규칙이 거의 없고 일관성 없는 태도를 보인다. • 영유아가 마음대로 행동하도록 내버려 두는 경우가 많다. • 영유아 행동에 대해 통제를 거의 하지 않는다.	• 자기통제력이 낮다. • 불안정하고 충동적이며 부주의한 편이다. • 적대적이고 반사회적인 행동을 보인다. • 부모나 다른 어른들에게 불순종하며 반항적이다. • 사교적이지 못하여 사회생활에 적응이 어렵다.
독재적 부모	• 영유아의 자율성을 인정하지 않는다. • 영유아에게 지나치게 많은 규칙을 부과한다. • 정한 규칙에 대해 무조건 복종할 것만 요구한다. • 영유아가 자기의사를 표현하는 것을 허용하지 않는다.	• 우울해하고 불행해한다. • 쉽게 불안해하고 초조해한다. • 공격성의 수준이 높고 반항적이다. • 스트레스에 잘 대처하지 못한다. • 부정적인 자아개념을 형성하기 쉽다.

③ 영아기의 부모역할

영아기의 발달 특성에 따른 부모의 역할은 다음과 같다(Galinsky, 1983; 유효순,

2013, 재인용). 첫째, 보육자로서의 역할을 해야 한다. 부모는 영아의 수면과 수유 및 배설 등 모든 것을 보살핀다. 어린 영아들은 생김새가 비슷할지라도 그들의 신체적 리듬과 요구는 제각기 다르다. 따라서 부모는 영아의 수유와 수면시간 등에서 고유한 기질과 선호가 있음을 인식하고 이러한 요구에 민감하게 반응해 주는 것이 필요하다.

둘째, 보호자로서의 역할을 한다. 영아는 한 돌을 전후로 걷기 시작하면서 주변을 돌아다니게 되는데, 이때 영아는 무엇이 위험한지, 위험하지 않은지 구별하지 못한다. 따라서 부모는 영아를 돌볼 뿐만 아니라 주변에 위험한 것은 없는지 살피고 영아를 위험으로부터 보호해야 한다.

셋째, 기본 신뢰감 형성의 조력자로서의 역할을 해야 한다, 생후 첫 1년은 기본적 신뢰감이 형성되는 시기이다. 신뢰감은 주양육자가 영아의 욕구를 알고 민감하게 반응하여 충족시켜 줄 때 양육자에 대하여 갖는 믿음이다. 이러한 믿음은 주양육자에서 타인에 대한 신뢰로 발전하며 대인관계에 중요한 영향을 미친다. 따라서 부모는 아기가 불편을 느낄 때 그 원인을 빨리 제거해 주고 관심과 사랑을 보여주며 접촉을 해 주어 아기의 욕구를 충족시켜 주어야 한다.

넷째, 상호작용 대상로서의 역할을 한다. 부모는 아기의 울음, 웃음, 미소, 옹알이에 대하여 민감하게 반응하고 적절한 반응을 보임으로써 영아의 의사소통 및 사회성을 발달시킬 수 있다.

다섯째, 자극제공자로서의 역할을 한다. 영아기는 감각운동기로 인지발달을 위하여 최적의 감각과 운동경험이 필요한 시기이다. 따라서 부모는 영아의 감각운동능력을 촉진할 수 있는 환경을 제공하고 영아와 직접적인 상호작용을 통하여 자극을 제공하는 것이 중요하다.

여섯째, 자율성 발달의 조력자로서의 역할을 한다. 두 돌을 전후로 영아는 자신을 돌보아 주는 성인에게 의존하는 상태에서 벗어나기 시작한다. 신경근육의 발달은 이들로 하여금 무엇이든지 스스로 하고 싶은 욕구를 갖게 하며, 주위환경을 독립적으로 탐색하게 한다. 따라서 부모는 영아의 행동을 제한하거나 탐색을 막지 말고 이들의 욕구를 인정하여 스스로 할 수 있는 기회를 제공하고 주위 환경에 대한 탐색을 격려하여야 한다.

[그림 13-5] 부모와 영아

(2) 아버지의 역할

전통사회에서는 아버지의 역할을 생계부양자로서 가족의 경제력을 책임지는 것으로, 어머니는 가사일과 자녀양육을 책임지는 것으로 그 역할을 이분화하였다. 자녀양육에서 아버지의 역할을 인정한다고 하여도 아버지는 어머니가 자녀를 잘 돌볼 수 있도록 지원하는 방법으로 자녀 양육에 참여하여 왔다(이영환, 2014). 남편과의 관계는 어머니의 양육태도에 영향을 미친다. 어머니가 아버지로부터 정서적으로 지원받는다는 느낌을 갖게 되면, 자녀들에게 훨씬 더 인내심을 보일 수 있으며, 융통성을 발휘하고 애정 있는 표현을 하는 어머니가 된다(권민균 외, 2012). 최근 맞벌이 부부가 증가하면서 아버지의 역할은 보조자가 아닌 좀 더 적극적인 양육자의 역할을 요구한다. 아버지에 관한 연구들은 아버지의 양육 참여가 자녀의 성 역할 발달, 인지능력, 학업 성취, 사회적 유능성, 감정적 행복에 긍정적인 영향을 미친다고 보고하고 있다(이영환, 2014).

① 신체발달에 미치는 영향

아버지와의 지속적인 상호작용은 신생아가 어머니 품에서 태어나 새로운 세상에 적응해 나가는데 중요한 역할을 한다. 생후 6개월까지 아버지 - 영아와의 상호작용의 양은 어머니보다 적지만 신체적 자극이 많으며 놀이행동이 활발하고, 그 결과로 영아들의 감각 운동 능력이 더 뛰어난다(Parke, 1996; 권미균,

[그림 13-6] 아버지와 자녀

2012, 재인용). 아버지들은 상호작용 과정에서 유아를 더 많이 움직여 주기 때문에 유아가 자신의 몸을 즐겁게 탐색할 수 있도록 도와주고 이로 인하여 유아들의 신체발달이 조장된다(권민균 외, 2012).

② 인지발달에 미치는 영향

가정에서 아버지의 역할은 정서적이고 애정적이라기보다는 이성적이고 판단자적인 태도를 취하기 때문에 자녀의 인지발달에 미치는 영향은 매우 중요하다. 만 4세 유아와 아버지의 양육태도에 관한 연구에서 아버지가 다정하고 자녀를 격려해 주며 잘 도와주는 경우 자녀의 인지 검사 점수는 높은 반면, 차갑게 대하는 아버지의 자녀인 경우는 낮은 점수를 얻었다. 또한 민주적이면서 친숙한 양육태도를 보이는 아버지를 둔 경우는 학업성취와 관련된 성취동기가 높아졌으며, 제한적인 양육태도를 보이는 경우에는 성취동기가 저하되었다. 아버지가 권위적인 양육태도를 가진 경우, 아동의 지적 능력은 떨어지며, 아버지가 온정적이고 수용적인 양육태도를 가진 경우, 자녀는 더 명철하고 창조적이며 융통적과 상상력이 풍부해진다(권민균 외, 2012).

③ 사회 · 정서발달에 미치는 영향

아버지가 자녀의 여가활동, 생활지도, 자녀와 관계된 가사활동, 그리고 자녀의 인지적 성취에 참여할수록 자녀는 사회적 활동성이 뛰어나고 다른 사람과 잘 협력하는 특성을 갖는다(이인수, 1998). 아버지의 양육 참여도가 높을수록 유아의 친사회적 행동이 더 높으며(김정신, 2000), 대인문제해결 능력에서도 더 높게 나타난다(박정원, 2003). 즉 인간으로서 행복하고 원만하게 성숙하기 위해서는 아버지의 보호와 사랑이 필요하며, 어머니의 사랑만 받은 아동들보다 양편의 사랑을 받고 자란 아이들이 훨씬 더 원만한 성격을 형성한다(곽은희, 2011).

④ 성 역할 정체감에 미치는 영향

부모가 자녀를 수용 및 자율적으로 양육할 때, 자녀의 사회적 성 역할 고정관념이 유의하게 낮고, 거부하고 통제하는 양육을 할 때, 자녀의 사회적, 직업 및 외형적, 지적 성 역할 고정관념의 수준이 유의하게 높게 나타난다(민귀식, 2002). 이순영(2003)은 아버지의 수용, 자율적 양육태도가 여아의 유연한 성 역할 고정관념의 유연성에 더 긍정적인 영향을 미친다고 하였다. 아버지의 양육태도는 딸의 성 역할 정체감의 관계에서 어머니-딸의 경우보다 더 높은 상관관계가 있다(정행옥, 2004). 아버지의 애정적, 자율적, 성취지향적, 합리적인 양육태도는 여아로 하여금 전통적인 성 역할 고정관념에서 벗어나 성취하고 도전하는 일에 대해 높은 수준의 내적 동기를 형성하도록 도우며, 이로 인해 여아는 학업에서도 우수한 능력을 보이고, 리더십을 발휘하거나 자신의 주장을 솔직하고 당당하게 펴는 행동특성을 나타낸다(하수정, 2010).

(3) 형제 자매의 역할

① 출생순위의 영향

출생순위는 자녀들의 심리적 위치를 이해하는데 중요한 단서가 된다. 정옥분(2012)은 출생순위에 따른 성격 특성을 다음과 같이 정리하였다.

일반적으로 맏이는 부모로부터 가장 많은 기대와 관심 속에 성장하게 되며, 지적 자극이나 경제적인 투자도 가장 많다. 그 결과 맏이는 이후에 태어나는 아이에 비해 성취지향적이며, 인지발달이나 창의성이 뛰어나고 친구들 간에 인기를 끄는 편이다. 부모가 양육경험의 부족으로 엄격하거나 과보호적인 태도를 보여 불안하거나 다소 의존적인 태도를 보이기도 한다. 또 첫째라는 위치 때문에 책임감이 강하며 다소 권위적인 태도를 보이게 된다.

둘째는 출생 후 손위 형제의 존재로 인해 무력감과 좌절감을 느끼게 된다. 자신보다 우월한 형의 존재는 경쟁심을 유발시켜, 보다 사교적이며 손위 형제와는 다른 특성을 보임으로써 자신의 위치를 확보하려 한다. 또한 동생이 출생할 경우, 맏이와 막내에게 자신의 권리를 빼앗기는 느낌을 받게 되어 불공평함을 느끼기도 한다.

막내는 불리한 위치에서 출생하지만 폭군이 될 수도 있다. 애교를 부리거나, 귀엽고, 약하고, 겁 많게 보임으로써 자신의 위치를 이용하여 모든 가족구성원에게 자기를 시중들도록 요구할 수 있다. 어수룩하게 보이거나 드러내 놓고 반항함으로써 자신의 위치를 확보할 수 있다. 그 결과 막내는 독자적으로 무엇을 할 수 있는 기회가 적어 미성숙한 성격특성을 보이는 경향이 있다.

외둥이에 대한 연구는 다소 상반된 결과를 보여 준다. 외둥이는 자신이 특별하다거나 무엇이든지 마음대로 할 수 있다고 생각하며, 과보호로 인해 이기적인 성향을 보이거나 수줍음을 타고 무기력하게 될 수도 있다. 그러나 이와는 반대로 부모로부터 많은 관심을 받게 되어 지적 능력이나 성취동기, 사교성 등에서 맏이와 유사한 성격특성을 보이기도 한다.

② 관계 및 역할

형제 자매는 아동의 발달에서 부모와는 또 다른 영향을 미치는 중요한 인물이다. 출생 후 6개월이 되면 영아는 손위 형제와 더 많은 상호작용을 하려는 시도를 한다. 1년경에는 어머니와 보내는 정도의 시간을 손위 형제와 보내게 되며, 유아기에는 어머니와 보내는 시간보다도 많은 시간을 형제와 보내게 된다. 형제 자매 관계는 대인관계 가운데 가장 오래 지속되는 관계이며, 부모가 사망한 훨씬 이후까지 지속된다(정옥분, 2012).

형제 자매의 역할은 놀이친구와 공부친구, 교사와 학습자, 보호자와 의존자, 그리고 경쟁자의 역할로 구분된다(전귀연, 2006). 첫째, 형제 자매는 놀이친구 및 공부친구의 역할을 한다. 형제들은 많은 시간을 함께 지내고 다양한 방법으로 상호작용하면서 서로 모방하고 가르치기도 한다. 형제와의 상호작용을 통해 놀이친구로서의 역할을 습득한 아이들은 또래관계에서도 잘 융합되는 것을 볼 수 있다.

둘째, 형제 자매는 교사 및 학습자로서의 역할을 한다. 일반적으로 나이 든 형제가 동생을 가르치고 시범을 보인다. 어린 유아는 어른보다 형제의 행동을 더 많이 모방하고, 연령이 증가함에 따라 손위 형제에게 관심을 많이 가지며, 가까이서 형제의 활동을 보려 하고 형제의 행동을 모방한다. 즉 손위 형제는 유아에게 환경을 지각하게 하는 주된 인물로서의 역할을 지속적으로 한다.

[그림 13-7] 형제 자매

셋째, 형제 자매는 보호자 및 양육자의 역할을 한다. 형제 자매가 보호자 및 양육자의 역할을 하는 경우는 부모가 무기력하거나 건강이 나쁠 때, 부모가 손위 자녀에게 어린 자녀의 감독과 보호를 일임할 때, 그리고 손위 자녀가 부모의 보조자로서 역할을 할 때이다. 특히 손위 여자 형제는 손위 남자 형제보다 동생에게 더 설명을 많이 해 주며, 피드백도 잘 주고 대화도 많이 한다.

넷째, 형제 자매는 경쟁자의 역할을 하기도 한다. 특히 손위 형제는 동생이 태어나면 가족의 관심이 동생에게로 몰리면서 질투심을 가지게 되며, 이로 인해 동생에게 적대적인 행동을 하거나 부모에게 반항적인 행동을 하고 발달에서 일시적인 퇴행을 보이기도 한다. 그러나 이와 같은 경쟁적인 관계는 어머니의 양육태도에 따라 달라질 수 있다. 동생이 태어나기 전에 첫아이에게 충분한 관심을 보이고 동생의 출현에 대해 미리 준비를 하면 이러한 상황은 완화될 수 있다.

(4) 조부모의 역할

조부모와 함께 사는 가정의 손자녀는 핵가족의 경우와는 다른 경험을 하게 된다. 조부모는 부모보다 자녀양육에 관한 경험이 많으므로, 손자녀에게 정서적 안정감을 제공해 줄 수 있고, 손자녀에 대한 직접적인 의무감이나 책임감이 없기 때문에 순수하게 애정적인 관계에서 유대감을 형성할 수 있다(정옥분, 2012). 일반적으로 부모는 자녀에 대한 지나친 기대와 교육에 대한 책임감 때문에 훈육 시 잔소리가 많아지고 감정적이 되기 쉽다. 반면, 조부모는 연륜에 의한 지식과 지혜, 사랑과 관용으로 손자녀를 소중하게 여기고 손자녀의 생각과 요구를 귀담아 들을 여유가 있다(McMillan, 1990).

오늘날 한 자녀만 있는 핵가족의 아이들은 낯가림이 심한데, 이것은 친척이나 이웃과의 접촉이 과거처럼 빈번하지 않아 오직 부모하고만 애착이 형성되기 때문이다. 그러나 조부모와 함께 사는 아이들은 보다 폭넓은 인간관계로 인하여 애착형성이 다양하게 이루어지고 사회성도 발달한다. 조부모는 부모보다 자녀양육에 관한 경험이 많아 실제양육에 있어서도 부모보다 능숙하고 바쁜 부모 대신 손자녀에게 정서적인 안정감을 제공해 줄 수 있으며, 놀이친구로서의 역할도 한다. 이와 같이 조부모와 함께 사는 아동들은 조부모와의 관계를 통해 여러 가지 긍정적인 도움을 받을 수 있다(정옥분, 2012).

조부모 역시 손자녀를 통해 자신의 존재가치를 확인할 수 있다. 노화로 인해 사회와 가정에서 한 발 물러선 조부모들에게 있어 손자녀를 돌보는 일은 상실감을 극복할 수 있는 하나의 계기가 된다. 하지만 모든 조부모들이 손자녀 양육에 긍정적인 반응을 나타내는 것은 아니다. 자녀 세대의 기대와 달리 이제 '손자 보기가 유일한 낙'이라고 생각하는 노인은 거의 없다. 특히 가사 노동과 육아에 매달려 젊은 시절을 보낸 50~60대 조모들은 노년에 얻은 자유를 포기하고 싶어하지 않는다. 그들은 손자녀와 잠깐씩 즐거운 시간을 보내기를 원할 뿐 자신의 여가생활을 위해 손자녀 양육을 전적으로 책임지기를 원하지 않는다(정옥분, 2012).

참고문헌

강선자, 손수민(2011). 영아기 자녀를 둔 국제결혼 이주여성의 결혼만족도와 자녀양육에 대한 인식: 결혼이주여성 4인의 사례연구를 중심으로. 열린유아교육연구, 16(6), 161-188.

강인숙, 김지영, 유영금, 정인숙, 정태근(2006). 인간행동과 사회환경. 서울: 태영출판사.

곽은희(2011). 아버지의 자녀양육 참여, 성역할 고정관념, 유아 사회성과의 관계. 가톨릭대학교 대학원 석사학위논문.

권민균, 문혁준, 권희경, 성미영, 신유림, 안선희, 안효진, 이경옥, 전희영, 한유미, 한유진, 황혜신(2012). 아동발달. 서울: 창지사.

김미혜, 김혜선(2004). 조손가족 손자녀의 정서 · 행동에 미치는 조부모 관련 요인. 한국노년학회 추계학술대회 자료집, 196-216.

김수희, 김향숙, 안순미(2008). 부모교육. 경기: 학현사.

김은설, 장혜진, 김문정, Walker, S.(2011). 영유아기 자녀 부모 특성별 부모교육 강화 방안. 육아정책연구소.

김정신(2000), 아버지의 양육태도와 양육참여도에 따른 유아의 친사회적 행동. 이화여자대학교대학원 석사학위논문.

김혜선(2004). 조손가족 조부모의 양육태도와 양육스트레스가 손자녀 적응에 미치는 영향 연구. 한국아동복지학, 18, 85-117.

마주리(2013). 장애아 보육. 경기: 공동체.

민귀식(2002). 청소년의 성역할 고정관념 형성과 선행요인과의 관계. 대구대학교 대학원 석사학위논문.

박근주, 김연진, 서명원, 윤매자, 이종숙, 조경옥(2012). 부모교육. 경기: 양서원.

박정원(20030. 아버지의 자녀양육참여에 따른 유아의 대인문제해결사고의 차이. 중앙대학교대학원 석사학위논문.

배진희(2007). 손자녀 양육 조부모의 심리적 안녕에 영향을 미치는 요인. 사회복지정책, 29, 67-94.

성지혜(2001). 빈곤한 조부모손자녀세대 아동의 우울 및 불안에 관한 연구-지역사회복지 서비스 대상자를 중심으로-. 이화여자대학교 대학원 석사학위논문.

안전행정부(2014). 2014년 지방자치단체 외국인주민 현황.

양옥경, 김연수92003). 가족탄력성 증진을 위한 부모역할 프로그램 개발연구. 사회과학논총, 11, 115-147.

오성배(2005). 코시안 아동의 성장과 환경에 관한 사례연구. 한국교육, 32(3), 61-83.

유효순, 원혜경, 김정희(2013). 영아발달. 서울: 창지사.

윤명숙, 이혜경(2011). 농촌지역 결혼이주여성의 부모됨을 통한 적응 경험. 한국가족복지학, 32, 103-135.

이순영(2003). 아버지의 양육태도가 여대생의 성역할 고정관념 및 성역할 정체감에 미치는 영향. 성신여자대학교 대학원 석사학위논문

이순형, 민하영, 권혜진, 정윤주, 한유진, 최윤경, 권기남(2011). 부모교육. 서울: 학지사.

이영환(2014). 아버지의 부모역할과 아동발달. 경기: 교육과학사.

이원영, 김정미(2011). 대학생을 위한 예비부모교육. 서울: 학지사.

이인수(1998). 아버지의 양육참여도와 유아의 사회·정서적 능력. 숙명여자대학교 대학원 석사학위논문

이혜경(1995). 한국의 가족정책: 대안의 선택과 정부 민간의 연계. 가족정책토론회 자료집.

장휘숙(1995). 가족심리학. 서울: 박영사.

전귀연, 임주영(2006). 형제관계. 서울: 신정.

정계숙, 김명애, 김혜금, 문혁준, 심희옥, 안효진, 양성은, 이정희, 이희선, 정태희, 제경숙, 한세영(2007). 부모교육. 서울: 창지사.

정미라, 이희선, 배소연, 최미경, 조윤정(2003). 자녀양육과 부모역할. 서울: 현학사.

정옥분(2002). 성인발달의 이해 - 성인·노인 심리학 -. 서울: 학지사.

정옥분(2012). 영아발달. 서울: 학지사.

정옥분, 정순화(2010). 부모교육. 서울: 학지사.

정인숙, 김선주, 김인숙, 박근영, 박해긍, 배은석, 백정원, 송영지, 한승엽(2014). 인간행동과 사회환경. 서울: 태영출판사.

정해영, 정옥분(2011). 다문화가정 어머니의 양육스트레스와 양육행동이 아동의 학교준비도에 미치는 영향. 인간발달연구, 18(2), 277-297.

정행옥(2004). 여학생이 지각하는 부모양육태도와 성역할 정체감 및 진로포부의 관계. 전주대학교 대학원 석사학위논문.

조복희(2014). 영아발달. 경기: 교육과학사.

최해경(2002). 저소득층 조손가정 여성노인의 우울감과 관련 요인 연구. 한국노년학, 22(3), 207-222.

표갑수, 김혜정, 유옥현, 박영, 김현진(2012). 인간행동과 사회환경. 경기: 신정출판사.

하수정(2010). 아버지의 양육태도 , 학령기 여아의 성역할 고정관념 및 내적동기가 여아의 유능성에 미치는 영향. 이화여자대학교 대학원 석사학위논문.

Baumrind, O.(1967). Child care practice anteceding three patterns of preschool behavior. Genetic Psychology Monographic, 43-48.

Karp, N.(1996). Legal problem of grandparents and other kinship caregivers. The Generations, 35, 386-394.

McMillan, M.(1990). Grandchildren, chocolate, and flowers. Australian Journal on Ageing, 9(4), 1070-1093.

Murdock, G. P.(1949). Social Structure. New York: Macmillian.

Pruett, K. & Pruett,, M.(2009), 모험아빠 보호엄마의 육아동맹. 정미나 역(2011). 서울: 한스미디어.

Solomon, J. C. & Max, J.(1995). To grandmother's house we go: Health and school adjustment of children raised soley by grandparents. The Gerontologist, 35(3), 386-394.

제14장

영아발달과 가정외적 환경

1. 영아발달과 또래관계
2. 영아발달과 보육기관
3. 영아발달과 대중매체

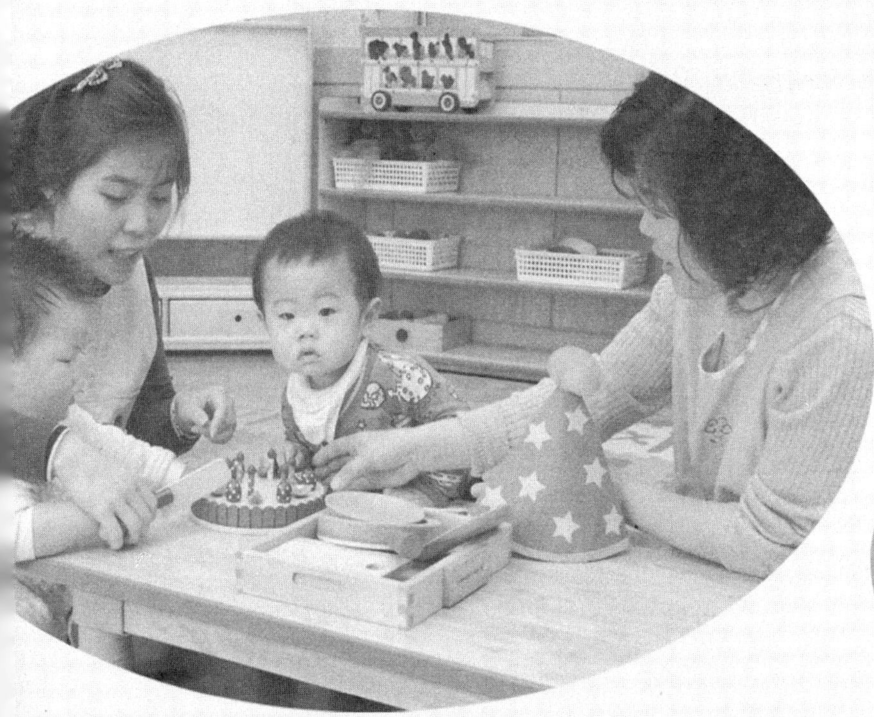

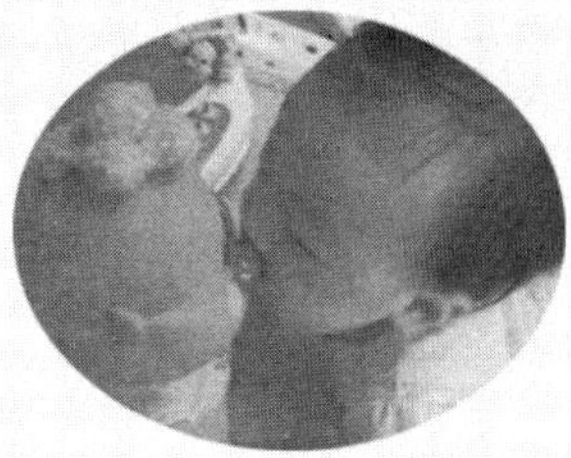

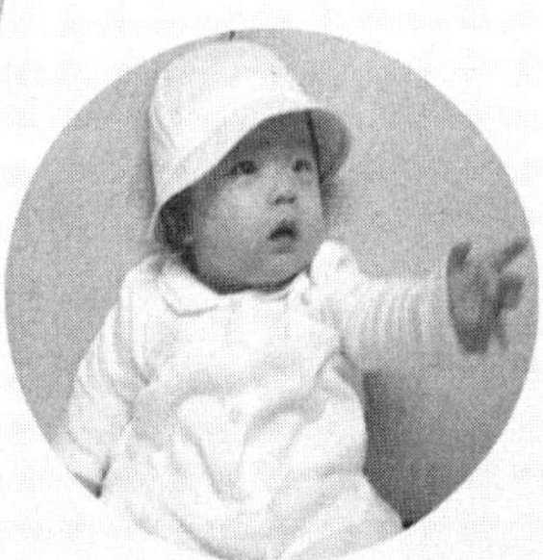

1. 영아발달과 또래관계

최근 핵가족화, 맞벌이 부부의 증가, 그리고 조기교육의 일반화와 같은 사회적 변화로 인해 영아의 생활영역이 이른 시기부터 가정에서 보육시설로 바뀌고 있다. 이와 함께 사회적 관계도 부모에서 교사와 또래관계로 확장되는 시기가 과거보다 빨라졌다. 어린이집에서 생활하는 영아들은 일반적으로 가정에 있는 영아보다 또래와 접촉할 수 있는 기회가 더 많은데, 이러한 또래관계는 영아의 사회화에 중요한 기능을 한다. 부모는 자신의 권위를 사용하여 유아에게 정보를 제공함으로써 사회화를 촉진시키는 반면, 또래는 동등한 위치에서 협동, 경쟁, 타협 등의 사회성 기술을 통하여 사회화를 발달시킨다.

1) 또래관계의 이론

또래관계를 설명하는 이론에는 동물행동학적 이론, 인지발달이론, 그리고 사회학습이론 등이 있다.

동물행동학자들은 특정형태의 사회적 상호작용은 종의 생존적 가치 때문에 진화되었다고 주장한다. 예를 들어, 모자간의 애착관계는 유아로 하여금 타인에 대한 사회적 반응성을 발달시키고, 환경을 탐색할 수 있도록 하며, 스스로 움직일 수 있을 때까지 생존을 도와주기 때문에 애착관계가 진화된 것이라고 한다. 동물행동학자들은 또래접촉은 아동에게 친구사귀는 법을 배울 수 있는 기회, 호혜성 규칙을 학습하고 실행할 수 있는 기회, 지배, 공격, 성적관심과 같은 특정행동을 사회적으로 허용된 방식에 따라 표현하는 것을 학습할 수 있는 기회 등을 제공한다는 것이다. 즉 또래집단은 아동으로 하여금 사회적 역할을 익히도록 도와준다는 것이다(정옥분, 2012).

인지발달이론가들은 사회화 과정에서 또래의 중요성을 강조하면서 또래접촉이 아동에게 사회인지적 기술을 증진시킬 수 있는 기회를 제공한다고 주장한다. 또래접촉을 통해서 사회인지적 기술이 개선됨에 따라 아동은 세련된 방식으로 상호작용할 수 있게 된다는 것이다(정옥분, 2012). Piaget는 또래와의 상호작용이 영유아로 하여금 타인의 조망을 고려하게 하고, 나아가 사회적 조망능력을 확장하여 자아중심성을 감소하게 한다고 하였다. 또한 Vygotsky는 또래와의 접촉, 특히 어떤 영역에서 자신보다 기술이 더 나은 또래와의 접촉은 영유아의 지적, 사회적 능력을 확장하게 한다고 하였다(유효순, 2013).

사회학습이론에서는 대리학습을 강조한다. 즉 아동은 또래의 행동과 그 결과를 관찰함으로써 대리적으로 학습한다는 것이다. 또래의 행동을 관찰함으로써 여러 가지 새로운 반응패턴(예를 들면 교사의 주의를 끄는 새로운 방법, 놀이친구로부터 장난감을 빼앗는 방법, 공을 던지는 방법 등)을 학습하고 기억한다. 또한 이에 못지않게 중요한 것은 아동이 또래의 특성, 상황, 결과 등을 또래의 행동과 관련짓는 규칙까지도 학습한다는 것이다. 예를 들어, 아동은 여자 아이가 인형놀이를 하면 칭찬을 받지만, 남자 아이는 그렇지 못하다는 것을 알게 된다. 더욱이 아동은 자기와 유사한 아동에게 적합한 것으로 학습했던 반응-결과에 따라 행동하는 경향이 있다. 왜냐하면 아동은 성이나 연령이 자신과 같은 또래와 비슷하게 행동할 것을 사회가 기대한다는 것을 학습하기 때문이다. 따라서 남아는 다른 남아에게 적용되는 규칙에 따라, 그리고 여아는 다른 여아에게 적용되는 규칙에 따라 자신의 행동을 통제하게 된다(정옥분, 2012). 또래는 모델로서의 역할을 할 뿐만 아니라 강화자나 처벌자로서의 역할도 한다.

2) 또래관계의 발달

Muller와 Lucas(1975, 정미조, 2009, 재인용)의 연구에 따르면, 영아의 또래와의 상호작용은 생후 1년부터 두 살까지 세 단계를 거쳐 발달한다고 하였다. 첫 번째 단계는 대상중심단계(object-centered stage)로 이 단계에서 영아는 다른 영아에게 관심을 보이기보다 특정한 물체나 놀잇감에 더 관심을 보인다. 때문에 영아간에 상호작용을 거의 없다고 할 수 있다. 두 번째 단계는 단순 상호작용단계(simple interactive stage)로 이 단계에서 영아는 다른 또래의 행동에 반응을 하며 때때로 다른 영아가 보이는 행동을 제어하려고 한다. 이 단계에서부터 비로소 사회적 상호작용이 이루어진다고 할 수 있다. 세 번째 단계는 상보적 상호작용단계(complementary interactive stage)로 또래 간에 상반되는 역할이나 보완적인 역할을 수행하며 복잡한 상호작용이 이루어진다.

영아의 또래관계를 연령별로 살펴보면 다음과 같다(유효순 외, 2013). 태어난 지 얼마 되지 않은 영아들도 서로를 쳐다보는 관심을 보이며, 다른 영아의 울음소리에 따라 울기도 한다. 영아는 3개월 정도만 되어도 낯선 또래에 대해 어머니에게 보이는 반응과는 아주 뚜렷하게 다른 각성 반응을 나타낸다. 6개월 정도가 되면 미소, 만지기, 또래 쪽으로 향하기 등 또래에게 다양한 반응을 나타낸다. 이보다 더 월령이 많은 영아는 서로에게 기어가 서로의 얼굴을 탐색한다. 손을 뻗어 자신의 소근육이 발달한 정도에 따라 상대방을 만져 보기도 하고, 입을 대어 보기도 한다. 이러한 반응은 영아가 일찍부터 크기와 모양에서 자신과 유사하지만 낯선 또래에 대하여 특별한 관심을 가지고 있음을 증명하는 것이다.

만 1세에서 2세 사이의 영아는 초보적인 사회적 행동이 점차 발전되어 서로 물건을 주고받거나 한쪽이 뒤뚱거리면서 걸어가면 따라가는 것과 같은 서로 상보적인 사회적 상호작용을 하게 된다. 또래와 함께 있으면 웃고 즐거워하는 등 또래관계에서의 긍정적인 정서와 장난감을 서로 빼앗으려다 울고 소리를 지르는 등 부정적인 반응도 함께 나타낸다. 생후 2년째가 되면 또래와의 사회적 교류는 점점 길어지며 협동적인 형태로 변화된다. 이 때는 상대방의 행동에 더 적절하게 반응하기 시작하며, 18개월 정도가 되면 또래들과 협응 및 상호작용을 보이기 시작한다. 이들은 서로 모방하면서 즐거워하고 상대방을 자주 쳐다보고 웃는다.

박민숙(2010)은 어린이집에서 영아들의 행동관찰을 통하여 이들이 또래에게 어떻게 관심을 표현하는지를 알아보고 그 결과를 다음과 같이 정리하였다.

첫째, 영아는 어린이집이라는 장소에서 반복되는 만남의 경험을 통해 또래를 친구로 인식하고 반겨주는 친사회적인 행동을 한다. 영아들은 어린이집의 벨소리만 듣고도 어떤 또래가 오는지 궁금해 하고 설레어 하는 모습을 보이며, 반대로 자신이 어린이집에 등원하면서 다른 영아의 환영을 받기도 하였다.

둘째, 영아는 또래에게 바라보기, 미소짓기, 웃음, 신체적 접촉 등을 하며 애정적인 표현을 한다. 영아는 또래에게 호감의 표시로 특별한 이유 없이 서로의 이름을 부르며 미소를 짓거나 크게 웃고 또래를 쓰다듬어 주는 신체적 접촉을 하는가 하면, 미안한 감정을 전달할 때에도 이와 같은 행동을 하였다. 때로 영아는 또래의 감정을 이해하고 추론하는 과정에서 또래의 마음을 달래줄 때에도 또래의 손을 잡거나 미소를 짓고 바라보는 등의 행동을 하였다.

셋째, 영아는 또래에게 다가가 또래와 함께 하려는 모습을 보인다. 영아는 또래와 무언가를 함께 하기 위해 또래의 자리를 잡아 주어 자신의 곁에 두거나 또래의 손을 잡는 행동을 하였고, 반대로 자신이 또래의 곁으로 다가가는 모습도 보였다.

넷째, 영아는 또래를 탐색하여 또래에 관한 지식을 확장해 나간다. 이러한 행동은 또래의 외모, 습관, 좋아하는 것 등에 관한 관찰을 하고, 질문을 하는 모습으로 나타난다.

3) 놀이와 또래관계

영아의 또래관계는 주로 놀이를 통해 이루어진다. 영아는 놀이를 통해 또래에게 관심을 보이며 초보적이지만 그들과 사회적 상호작용을 시도한다. 영아기 놀이의 대부분은 병행놀이지만 영아들은 놀이를 통해 또래와 접할 수 있으며, 복잡한 수준의 상호작용을 할 수 있는 기회를 제공받을 수 있다(정미조, 2009).

놀이의 특징은 지금까지 많은 학자들에 의해 제시되어 왔는데, 지금까지 제시된 놀이의 특징을 요약하면 다음과 같다. 첫째, 놀이는 강요에 의한 것이 아닌 자발적 행동이다. 놀이는 강제적인 것이 아니라 놀이자에 의해 자유롭게 선택되어지며, 스스로 원하기 때문에 능동적 참여를 하게 된다. 둘째, 행동의 결과보다 행동 자체가 목적이다. 놀이는 활동의 결과로 생기는 보상, 즉 외적 동기 때문에 하는 것이 아니라 활동 자체에서 얻어지는 만족감 때문에 몰입하는 내적 동기를 갖는다. 셋째, 놀이는 즐거움을 포함한다. 기쁘고 즐겁게 하는 활동이다. 넷째, 놀이는 지능, 언어, 사회, 정서, 운동발달과 밀접한 관계가 있다(마주리, 2013).

놀이의 유형과 발달은 보는 관점과 접근방법에 따라 많은 학자들이 견해를 달리하고 있다. 현재 널리 인용되고 있는 것은 인지발달적 측면과 사회적 발달 측면이 있다.

인지발달적 측면의 놀이는 Piaget(1962)에 의해 제시되었는데, 그는 놀이 발달 단계를 자신이 제시한 인지발달 단계와 같은 맥락에서 보고 운동놀이, 상징놀이, 규칙있는 게임 등으로 나누었다. 운동놀이는 0세에서 2세까지 주를 이루지만 일생 동안 하는 것으로, 감각, 대·소근육 운동을 통하여 주변 세계를 적극적으로 탐색하는 활동이다. 이때 유아는 신체를 통하여 외부의 세계를 탐색한다. 상징놀이는 2세에서 7세까지 주를 이루는 놀이로 역할의 가작화와 사물의 가작화 요소를 포함한다. 역할의 가작화는 실제 자신이 아닌 다른 역할에 동일시하는 것으로 놀이를 할 때 아동 자신이 엄마나 의사와 같은 역할을 하는 것을 말한다. 사물의 가작화는 고정된 사물의 개념에서 탈피하여 한 가지 사물이 다른 사물로 대체되는 것으로 놀이를 하면서 모래를 밥이라고 하는 것과 같은 경우를 말한다. 규칙있는 게임은 7세에서 11세까지 주를 이루는 놀이로, 미리 정해진 혹은 새롭게 정해진 규칙을 인식하고 수용하면서 진행하는 놀이활동이다.

[그림 14-1] 또래와 놀이

Piaget와 달리 Smilansky(1968)는 운동놀이, 구성놀이, 상징놀이, 규칙있는 게임 등으로 발달단계를 제시하였는데, 구성놀이는 다양한 놀잇감을 활용하여 무엇인가를 창조하는 놀이로 블록이나 여러 가지 끼워 맞추는 놀잇감, 목공놀이 도구나 미술자료를 가지고 자동차 만들기, 성 쌓기, 터널 만들기 등을 말한다.

Partern(1932)은 유아들이 유아원에서 노는 모습을 관찰, 분석하여 사회성 발달과 관련지어 방관자적 행동, 지켜보는 행동, 혼자놀이, 평행놀이, 연합놀이, 협동놀이로 분류하였다. 방관자적 행동은 놀이는 참여하지 않고 다른 아이들이 노는 것을 쳐다보는 행동으로 나이가 어리거나 새롭고 낯선 환경에 익숙하지 못할 때 나타난다. 지켜보는 행동은 다른 아이들이 노는 것을 곁에 서서 지켜보는 행동으로 때때로 말도 걸고, 질문도 하고 간섭도 하며 열심히 보기는 하나 함께 놀지는 않는다. 혼자놀이는 다른 유아와 가까이 있으면서도 다른 사람이 무엇을 하든지 상관없이 서로 다른 놀이를 하는 것을 말한다. 병행놀이는 같은 장소에서 또래들과 비슷한 놀이재료를 가지고 옆의 아이를 의식하고 놀이를 하고 있지만, 옆의 아이들의 활동에 영향을 미치려 하지 않는다. 즉 위치적으로만 같은 장소에 있을 뿐 서로 심리적인 상호작용이 없는 상태이다. 연합놀이는 서로 장난감을 교환하기도 하며 다른 유아를 따라 하기도 한다. 그러나 집단의 유아들이 비슷한 활동을 함께 하고 있을지라도 놀이 활동의 특별한 목적 아래 각 유아에게 할당된 역할이 조직되어 있지는 않다. 협동놀이는 유아들이 서로 협동하여 놀이 활동을 하는 것으로 놀이 규칙에 따라 각자의 역할이 정해져 있고 그에 따라 놀이를 조직으로 진행시킨다.

인지적 측면에서 영아는 운동놀이를 주로 하며, 초기의 상징놀이 형태를 보인다. 12~13개월 되었을 때 자신의 일상생활과 관련된 행동을 가상적으로 하며, 16~20개월경에는 다른 사람을 대상으로 가상적 행동을 한다(McCune-Nicholich, 1981). 사회적 측면으로 영아의 놀이를 분류하였을 때 영아는 혼자놀이 또는 병행놀이를 한다. 초기의 영아들의 경우 다른 영아의 놀이에 관심은 있지만 혼자서 노는 형태인 병행놀이가 나타나며, 15~18개월 정도 되면 놀이에 참여하고 놀잇감을 주고받거나 하는 연합놀이의 형태를 보인다. 생후 2년 정도 되면 자신의 놀이를 구성하고 주제에 맡는 특정한 역할을 수행할 수 있다(Robert, 2007, 2008; 정미조, 2009, 재인용).

박민숙(2010)은 영아와 또래간의 상호작용에서 나타난 놀이행동을 다음과 같이 정리하였다. 첫째, 영아는 놀이상황에서 놀잇감이나 주변의 사물을 자신의 것과 또래의 것으로 명명하는 행동을 하는데, 이는 놀이 전에 일어나는 의식과도 같다. 영아가 자신의 것뿐만 아니라 또래의 것도 명명하는 행동은 또래에게 놀이를 제안하거나, 놀이 전에 갈등 요소를 제거하려는 노력으로 볼 수 있다. 둘째, 영아는 또래와 놀이를 시도하기 위해 또래에게 놀잇감을 건네는 행동을 하며, 또래의 놀이에 참여할 때에 놀잇감에 관심을 보인다. 즉 영아는 놀잇감을 매개물로 사용하여 또래와 놀이를 한다, 그러나 놀이가 진행됨에 따라 놀잇감 중심의 놀이는 또래중심의 놀이로 변화한다. 셋째, 일상생활에서 영아는 노래를 즐겨 부르며, 영아가 부르는 노래는 또래로 하여금 흥미를 유발하여 상호작용을 일으킨다. 넷째, 영아는 책을 가지고 또래와 상호작용할 때 책을 가지고 놀이하기, 함께 읽어 보기, 또래에게 책을 읽어 주기 등을 한다. 뿐만 아니라 책의 내용과 관련된 이야기를 하며 지식을 확장시켜 나가기도 한다. 다섯째, 영아는 또래와의 놀이에서 사물을 다른 놀잇감으로 대치하거나 자신의 행동을 가작화하고 사물 또는 또래를 향해 가작화하는 행동을 보인다.

2. 영아발달과 보육기관

맞벌이 부부가 증가하면서 영아들은 가정에서 있는 시간보다 어린이집에 있는 시간이 점점 증가하고 있으며, 부모보다는 교사와 활동하는 시간이 증가하고 있다. 따라서 어린이집의 환경과 프로그램, 그리고 보육교사는 영아의 발달에 매우 중대한 영향을 미치는 요소가 되었다.

1) 물리적 환경

어린이집의 물리적 환경이란 정해진 교육목표에 접근하도록 행동의 변화를 가져오는데 작용하는 외적 조건의 총체로서, 영유아의 생활을 풍부하게 하고 성장을 촉구할 뿐만 아니라 다양한 경험을 유인해 줄 수 있는 교재·교구 등을 포함한다. 영유아들은 발달특성상 환경에 대한 탐색과 능동적 활동을 통해 배우고 자라므로 가장

[그림 14-2] 영아반 보육실

적절한 시설 및 교재 · 교구가 갖추어진 물리적 환경은 유아의 발달과 교육의 질을 결정짓는 중요한 변인이라 할 수 있다(김수진, 2006).

물리적 환경 가운데 보육실은 영아가 장시간 생활하는 공간으로 수면, 휴식, 수유, 배변 등이 일어나는 곳으로 이러한 일상생활시설이 잘 갖추어져야 하며, 환기, 채광, 조명, 냉난방시설 등은 영아에게 맞게 최적화되어야 한다. 영아들은 너무 많거나 너무 작지 않은 적정한 양의 자극을 받아야 한다. 예를 들면, 장시간 동안 빨간색의 벽과 디즈니 주인공으로 둘러싸인 방에 있게 될 때 이것은 과잉자극이 될 수도 있으므로 적정한 양의 자극을 유지시키도록 한다(Sluss, 2006). 보육실의 바닥은 부드러운 담요나 깔개가 있는 영역이 필요하며, 천과 같은 것을 걸어 두어 집 같은 느낌을 갖게 하고, 벽에 거울을 설치하여 자신의 신체에 대한 탐색을 즐길 수 있도록 한다. 보육실의 흥미영역은 3세 미만의 영아는 자기중심성이 강하므로 흥미영역의 구분을 최소한으로 하여 부딪히지 않고 움직일 수 있는 공간을 최대화한다.

실외놀이 공간은 실내놀이 공간의 연장으로서 영아의 신체적, 사회적, 지적 활동이 원활하고 안전하도록 도울 수 있어야 한다. 실외놀이 공간은 영아를 위한 공간과 유아를 위한 공간이 분리되어 있어야 한다. 영아를 위한 공간에는 작은 오르기 기구, 그네, 낮은 미끄럼틀을 갖추고 모래놀이영역, 물놀이영역, 동식물관찰영역, 영아용 자전거, 끌고 다니는 놀잇감을 위한 영역이 있어야 하며, 지붕을 씌운 공간이 있어 비오는 날에도 실외놀이를 할 수 있도록 배려해야 한다(이영자, 1990).

2) 교재 · 교구

교재 · 교구는 교육목표를 효율적으로 달성하기 위하여 교수-학습활동에 직접적으로 활용되는 구체물을 말하는 것으로, 보육의 내용과 질을 결정하는 중요한 요인이 된다. 질적인 프로그램은 교육의 다양성 및 활용성을 고려하여,

연령에 맞는 놀잇감과 교재를 비치해야 하며, 정기적으로 교체하고 영아의 관심과 변화에 맞추어 새로운 것을 첨가해야 한다(구은미, 2004).

[그림 14-3] 놀잇감

교재 · 교구는 영아의 발달 수준에 적합하고 청결하고 안전하며, 교구 수가 충분하여 여러 명의 영아가 함께 이용하는 것을 강요당하지 않도록 다양하게 준비해야 한다. 또한 교재 · 교구의 디자인이나 색상이 영아의 호기심을 자극해 주고 자료의 배치가 개방적이어서 쉽게 사용하도록 해야 한다(양인정, 2003).

영아의 교재 · 교구는 연령에 맞는 것을 제공하되 특별히 다음과 같은 발달 특성을 고려해야 한다(Sluss, 2006). 이동할 수 없는 생후 6개월 이전의 영아들은 보거나 듣거나 만질 수 있는 재료들이 유익하다. 이 단계의 영아들은 노란색, 빨간색과 같은 밝은 색에 반응하고 움직이는 것을 바라보는 것을 즐긴다. 따라서 움직이면서 부드러운 노래가 연주되는 걸려 있는 모빌에 아기들이 특히 흥미를 보인다. 또 자신이 차거나 때릴 수 있고 소리나 움직임을 산출해 낼 수 있다는 것을 깨닫자마자 이러한 놀이를 즐긴다. 이 연령의 영아들은 많은 놀잇감이 필요한 것은 아니므로 독점적으로 사용할 수 있는 한두 가지 놀잇감을 마련하고 이를 위생적으로 보관해야 한다.

7~12개월 영아들은 약간의 이동능력을 갖게 되면서 그들의 세계를 독립적으로 발견해 나가기 시작하며, 엄지와 집게손가락으로 잡기 능력이 발달한다. 따라서 이 시기에는 차와 같은 이동을 위한 장남감과 여러 유형의 조작이 가능한 다양한 놀잇감을 제공해 주는 것이 좋다. 1세 영아는 대개 이동이 가능하거나 이동 능력이 발달하고 있는 과정에 있으므로 재료들을 오르고, 운반하고, 밀고 끄는 등의 이동이 가능한 장난감과 물놀이를 할 수 있는 장난감을 제공한다. 2세 영아들은 자신의 세계를 탐색해 가면서 독립성이 발달하기

시작한다. 이 시기의 영아들은 움직이는 것을 매우 좋아하고 걷고, 뛰고, 쫓고, 기어오를 수 있다. 또 가장놀이를 통해서 실생활을 모방하며 그리기를 즐기기 시작한다. 따라서 가장놀이를 할 수 있는 인형들과 소품, 소근육 기술을 발달시킬 수 있는 그리기 재료와 몸을 많이 움직일 수 있는 미끄럼틀이나 공 등을 제공한다.

3) 영양 · 건강 · 안전

보육의 기본적인 역할은 어머니의 역할을 대행하는 것으로서 교육 및 보호는 물론 영양, 건강, 안전관리가 다른 무엇보다도 우선적으로 고려해야 할 사항이다.

영유아기는 일생을 통하여 성장 · 발달이 가장 왕성한 시기이며, 특히 영아기 발육은 더욱 왕성하다. 하루 일과의 대부분을 어린이집에서 보내는 영유아들에게 영양 요구량과 생리적 특성을 고려한 균형된 식사와 간식 제공은 매우 중요하다(박은미, 2000). 영유아기의 영양결핍은 성장과 발달의 지연을 초래하고 두뇌발달에도 영향을 주며 장기적으로 발달에 문제를 일으킬 수 있다. 그러므로 성장기 영유아들은 끼니를 거르지 않도록 하며, 다섯 가지 기초 식품군을 골고루 섭취하도록 하는 것이 중요하다. 조리방법에서도 영유아들이 즐겨 먹을 수 있도록 발달 단계에 맞는 음식의 맛과 크기, 색상, 느낌 등을 충분히 고려하여 준비한다(중앙보육정보센터, 2006).

어린이집에서의 건강관리 방법으로는 실내 · 외 환경관리, 실내 위생설비와 관리, 그리고 질병감염 예방관리가 있다(중앙보육정보센터, 2006). 실내 · 외 환경관리에는 기저귀 갈기, 화장실 위생, 식품 위생, 세탁 및 영유아의 손씻기와 목욕을 위한 공간 및 설비 등에서 항상 위생적인 관리와 지도가 이루어지도록 하고, 놀이공간, 실외놀이 시설 및 실내로 들어오는 현관 등과 같은 완충 공간의 관리가 청결하고 쾌적하게 관리되는 것이 중요하다. 청결하고 위생적인 환경을 위해 위생설비를 잘 관리하는 것 또한 중요하다. 질병감염 예방을 위해 예방접종을 실시하고 1년에 1회 건강검진을 실시하며, 감염이 예상되는 질병에 대한 예방대책과 몸이 아프거나 다친 영유아의 발생 상황에 대한 대책이 필요하다.

어린이집에서는 안전사고에 대한 예방을 위해 실내 · 외 환경을 항시 점검하고 안전하게 관리하는 것이 필요하다. 어린이집에서의 영아 안전을 위해서는 다음과 같은 노력이 필요하다. 영아기에는 안전한 장소에서 성인의 보호가 있어야 하며, 단단한 바닥이나 모서리 등이 있는 곳에 영아가 혼자 있지 않도록 해야 한다(이기숙 등, 1997). 머리를 혼자서 능숙하게 가누지 못하는 6개월 미만의 영아를 엎어 재우지 말고, 등을 바닥에 대거나 옆으로 누이는 것이 좋으며, 영아를 위한 침구나 침대 매트리스는 푹신한 것보다 단단한 것이 좋으며 이불 등의 침구를 덮어 씌우지 않도록 한다. 운동성이 발달하기 시작하는 4~12개월까지의 영아들은 발달의 특성상 계단 기어 오르내리기, 현관문 드나들기, 창문에 매달리기를 즐기면서 낙상 및 추락에 의한 사고에 노출되며, 욕조나 얕은 수영장에서 놀다가 익사를 당하거나, 난로, 가습기, 스팀 등으로 인한 화상사고를 경험하기도 한다. 특히 2세까지의 영아는 탐색을 좋아하고 문과 서랍을 열어 보거나 물건들을 빼내서 노는 것을 좋아한다. 따라서 계단, 창고 등으로 통하는 문을 안전하게 닫아 두며, 계단과 현관에 문을 설치하고 실외놀이터의 문은 항상 닫아 두어야 한다. 화상의 위험이 있는 것들은 영아의 손이 닫지 않는 곳에 두어야 하며, 약품 등은 보관함에 넣어 보관 후 잠금장치를 설치하여야 한다(보건복지부, 1997).

4) 보육프로그램

영아기는 일생의 어떤 시기보다 급속한 발달적 변화를 겪는 시기이다. 영아기의 빠른 신체적 성숙은 일생의 어느 때보다도 많은 적응을 필요로 한다.

이 시기에 주양육자들의 적절한 반응과 격려가 없다면 이후의 삶에 영향을 미칠 수 있는 잠재적 위기가 유발될 수 있다. 발달의 각 단계마다 적절한 보호와 자극이 제공되면 최적의 발달을 이루게 되지만 그렇지 못한 경우 발달이 지연될 수도 있다. 따라서 영아교육은 각 발달단계에서 신체, 정서, 인지, 사회적으로 무엇을 할 수 있는지에 대한 지식에 기초하여 이를 통합적으로 고려하여 교육되어야 한다(이영숙, 2006).

특별히 영아를 보육프로그램은 다음과 같은 점이 고려되어야 한다(영아보육전문과정, 2007). 첫째, 영아의 생활리듬에 따라 일과 시간표를 구성해야 한다. 영아보육프로그램의 시간은 전통적인 프로그램의 시간 개념을 초월하여 재구성되어야 한다. 수유, 낮잠 등의 일과 관리 시간과 학습시간을 구분하기 어려우며, 계획된 프로그램보다는 일시적인 경험, 발현되는 경험이 중시된다. 따라서 일과 시간표나 활동의 시작과 진행 등은 성인에 의해 치밀하게 구조화되고 정해지기보다는 영아의 생활 리듬에 따라 발현적으로 이루어져야 한다. 즉 영아는 본인의 정신과 신체가 요구하는 시간에 자신이 원하는 형태로 먹고, 자고, 놀이할 수 있어야 한다.

둘째, 영아반은 교실의 개념이 아니라 영아의 수면, 급식, 배변, 놀이, 상호작용 등을 중심으로 하는 양육활동이 원활히 이루어질 수 있는 공간으로 구성되어야 한다. 전통적인 교실은 지식의 전달이나 구성을 주요한 목적으로 한다. 그러나 영아 보육공간은 영아 보호 기능을 벗어나서 영아문화와 보호, 교육에 적절한 새로운 공간이어야 한다.

셋째, 교사와 영아가 함께 권위를 공유하여 의사결정의 주체가 되어야 한다. 영아는 성인이 보호해야 하는 수동적 존재이며, 동시에 자신의 욕구를 적극적으로 추구하는 능동적 존재이다. 따라서 교사와 권위를 공유하면서 탐구하고 선택하고 타인과 교류하도록 구성된 프로그램 속에서 한 인간으로서의 권리를 보장받아야 한다.

넷째, 각 영아의 개별적 요구와 특성을 중심으로 프로그램을 계획한다. 영아

보육의 장에서는 집단성보다는 각 영아의 개별적 차이를 중시한다.

영아 보육프로그램이 유아 보육프로그램과 비교되는 특징은 다음과 같다(김옥진, 2010). 첫째, 자극은 곧 교육이 아니지만 자극을 통해 두뇌발달에 도움을 주므로 교사는 어떤 상황이든 간에 영아에게 주어지는 자극은 교육의 기회가 될 수 있도록 이끌어 나가야 한다. 둘째, 교사는 영아를 고려하여 영아의 흥미와 요구 및 능력이 반영되고 활동되는 반응적인 프로그램을 계획해야 한다. 셋째, 영아에게는 일상생활이 곧 교육이므로 일상생활이 교육적 기회가 되도록 해야 한다. 넷째, 놀이는 영아의 발달과 학습 매체이므로 교사는 프로그램으로서의 놀이가 이루어지기 위해 노력해야 한다. 다섯째, 영아 프로그램에서 영아 스스로 무언가를 배울 수 있도록 지원하는 것이 가장 중요하다. 여섯째, 영아의 자발적인 참여와 흥미는 영아 교육에 있어서 중요한 요소이므로 의미 있는 우연한 사건이 발생한 경우, 프로그램으로 활용되는 융통성 및 판단성이 교사에게 필요하다.

5) 보육교사

[그림 14-4] 보육교사와 영아(KAIST NEWS, 2011년 4월 1일)

영아반 교사는 무엇보다도 영아를 돌보는 일에 즐거움을 느끼고 그들의 놀이와 장난감을 좋아해야 하고 영아에 대한 사랑이 부드러운 말과 손길에서 느낄 수 있어야 하며, 영아를 돌보면서 함께 노는 데에서 기쁨을 느낄 수 있어야 한다. 뿐만 아니라 교사는 생에 대한 전반적인 태도가 긍정적이고 자기생활에 대해 대체로 만족해하며, 자신을 가치 있고 중요한 존재라고 생각하는 사람이어야 한다. 분노와 불만이 많고 우울한 성격의 소유자는 영아반 교사로서는 적합하지 않다(Honig & Lally, 1981). 더구나 영아의 연령이 어릴수록 성인에 대한 영아의 의존이 강하므로 어린 연령의 영아를 보육하는 교사는 영아를 보다 많이 수용해야 함은 물론이고, 이를 감당할 수 있는 보육교사로서의 높은 자질이 요구된다(이현경, 1994).

영아반 보육교사는 영아기 발달과 영아기 프로그램이 가지는 특성을 이해하며, 매일매일의 자연스러운 생활 속에서 영아의 요구 및 발달이 교사가 의도한 교육활동과 서로 잘 어울려지도록 프로그램을 계획하고 운영해야 한다. 따라서 영아기 발달에 대한 이해와 함께 상당한 수준의 전문적 자질과 역할수행이 요구된다(이향, 1996).

이석무(1994)는 보육교사는 영유아를 위한 프로그램의 질적 수준을 좌우하는 가장 중요한 요소로서 훌륭한 시설과 교구를 잘 활용하고, 우수한 프로그램을 계획하여 효과적으로 운영하는 등 전문가로서의 능력을 갖추어야 할 뿐만 아니라 애정, 열의, 사명감 등의 성품을 갖추어 부모를 대신하여 보살피고 감싸 주는 자녀양육 대행자로서의 역할을 해야 한다고 하였다.

이석무의 보육교사의 역할을 좀 더 구체적으로 살펴보면 다음과 같다. 첫째, 보육교사는 아동의 기본적인 물리적, 정서적, 생리적인 기본 욕구를 충족시켜 주어야 하며, 아동의 건강을 돌보고 안전을 지켜 주어야 한다. 특히 2세 미만의 영아의 경우에는 수유, 기저귀 갈기 등과 같이 즉각적인 관심이 요구되는 기본적인 신체적, 정신적 욕구의 충족이 매우 중요하므로 교사는 관찰과 상호작용을 통하여 영아의 욕구 차이를 파악하고 애정있게 대해 주어 신뢰감을 형성할 수 있게 해야 한다. 아동이 가정과 같은 분위기를 느끼고 정서적인 안정감과 기본적인 욕구를 만족시킬 수 있도록 보호 및 교육의 역할을 수행해야 한다. 둘째, 교사는 매일의 프로그램에서 교수자의 역할을 담당해야 하다. 지식의 전달자라기보다는 지식의 중재자이며 학습의 촉진자로서 아동에 대한 이해를 기반으로 교육적 프로그램을 구성하고 수행할 수 있어야 한다.

이은해(1995)는 영아 보육교사의 역할을 다음과 같이 정리하였다. 첫째, 교사는 영아가 보이는 각종 신호와 단서에 대한 식별능력이 있어, 영아의 요구에 신속하고 민첩하게 대처해야 한다. 둘째, 안아 주기, 만지기, 쓰다듬기 등 신체적 접촉을 통해 자신이 사랑과 보호를 받고 있다는 확신을 갖도록 신체적 접촉을 아끼지 말아야 한다. 셋째, 교사는 불필요해 보이는 일상적 보호 상황에서도 말로 설명하거나 혼자 질문하고 답하면서 영아에게 풍부한 언어적 자극을 제공해야 하다. 넷째, 교사는 영아와 놀잇감을 가지고 함께 놀면서 상호작용해야 한다. 새로운 놀잇감의 사용방법에 대한 시범 보이기, 놀잇감을 탐색할 기회를 제공하기, 함께 주고받으며 놀기 등을 통해 영아의 발달과 학습을 장려할 수 있다. 다섯째, 교사는 또래와 상호작용이 원활하게 이루어질 수 있도록 지도해야 한다.

3. 영아발달과 대중매체

우리나라 대부분의 가정에서는 텔레비전과 컴퓨터, 그리고 스마트폰을 보유하고 있다. 과거와는 달리 이러한 대중매체는 영아의 발달에 영향을 주는 중요한 환경 요소로 자리잡고 있으며, 이에 대한 적절한 지도가 요구되고 있다.

1) 텔레비전

전주미(2003)의 연구에 따르면, 가정에서 텔레비전을 시청하는 영아는 75%에 달하며 시청 시작 시기는 12개월 때가 가장 많고 가장 빠른 경우는 3개월부터로 나타났다. 영아의 일일 시청 시간은 1시간에서 2시간 미만으로 가장 많았고, 1회 시청시 연속시간은 10분에서 30분 미만으로 하루에 여러 번 시청하는 것으로 나타났다. 전주미의 연구결과로 미루어 보아, 텔레비전은 영아에게 있어 매우 중요한 환경으로 자리잡고 있음을 알 수 있다.

아동발달과 관련하여 텔레비전의 영향은 지속적으로 논란의 대상이 되어 왔다. 먼저 긍정적인 측면을 살펴보면, 텔레비전 시청은 의식적으로 노력을 하지 않아도 자연스러운 학습이 되기 때문에 유아의 주위와 호기심을 불러일으켜 학습동기를 유발하며, 정보와 사회화에 간접적인 영향을 준다(박순화, 1997)는 것이다. 아이들은 텔레비전 시청을 통해 나누기, 협력하기, 자기 통제하기, 타인의 감정 존중하기와 같은 친사회적 행동을 학습할 수 있다(김이영, 2014). 영아들의 경우, 정상적인 교육과정을 배우기 전부터 텔레비전을 통해 과자나 상품의 이름을 접하면서 한글은 물론 영어, 알파벳, 노래 등을 자연스럽게 익히게 된다(전주미, 2003). 또한 최소의 비용으로 유아교육의 기회를 제공할 수 있는 방법이며, 문화적으로 소외된 유아, 지역적으로 격리된 유아, 경제적으로 어려운 계층의 아이들에게 보상교육의 혜택을 줄 수 있을 뿐만 아니라 가정이나 다른 여타의 교육기관에서 담당하지 못하는 학습을 수행할 수 있는 역할을 한다(박순화, 1997).

위와 같이 텔레비전 시청이 영유아의 발달에 긍정적으로 작용한다는 연구가 있는 반면, 부정적인 영향을 미친다는 연구결과가 많이 발표되었다. 먼저 텔레비전 시청은 아이들의 사고와 책읽기 같은 학문적 영역에 대한 관심을 감소시킨다는 것이다. 텔레비전 시청 시 바라보기만 하는 수동적인 자세와 빠른 영상이 문제로 지적되고 있다. 책읽기에서는 궁금한 점이 생기면 해결하려고 나름대로 노력하기 위해 일단 책읽기를 중단할 수 있지만, 텔레비전 시청 시에는 어려운 문제에 부딪혀도 이를 해결할 수 있는 시간이 없기 때문에 수동적인 자세만 취할 뿐이라는 것이다(김이영, 2014). 유아의 학습속도와 리듬을 고려하지 않고 지나치게 많은 정보를 제공함으로써 유아가 호기심이나 의문을 갖기도 전에 대답을 제시해 주므로 영아의 자발적인 호기심이나 창의성 발달을 저해할 우려가 있다(Planque, 1987; 전주미, 2003, 재인용).

텔레비전 시청으로 인해 발생될 수 있는 또 다른 문제는 부모-자녀 간의 상호작용에 영향을 주는 것이다. 그중 텔레비전 광고로 인하여 기호식품이나 생활물품의 소비성향이 바뀌어 가족, 특히 어머니와 아이와의 갈등이 유발될 수 있으며, 텔레비전 시청으로 인해 가족구성원 간의 대화 및 접촉 양상이 달라질 수 있다는 것이다. 텔레비전에서 광고되는 대다수의 소비성 식품은 아이의 건강 및 치아에 나쁜 영향을 미치게 되는 설탕이나 방부제 등이 첨가된 식품이지만 화려하면서도 리드미컬한 광고 효과로 인해 아이들은 그러한 식품에 대한 강한 선호도를 갖게 된다는 것이다. 또한 텔레비전 시청이 가족 구성원의 친밀도에 부정적인 영향을 미치는 것으로 나타났다. 텔레비전 시청을 하는 동안 부모-자녀 사이의 상호작용은 거의 발생되지 않으며, 가족구성원 간의 친밀성을 유지하게 되는 대화 및 접촉이 거의 없다는 것이다(김이영, 2014).

[그림 14-5] 영아의 텔레비전 시청

미국 소아과협회에서는 텔레비전 시청이 어린이의 정신적, 사회적, 신체적 건강에 영향을 미칠 수 있는 영향을 고려하여 2세 미만의 영아에게는 절대로 텔레비전을 보게 해서는 안 된다고 하였다(전주미, 2003). 우리나라의 경우, 영아들을 지나치게 많은 시간 동안 텔레비전이나 비디오에 노출시켜 '비디오증후군'을 앓고 있는 아이들이 있다. 이러한 아이들은 다양한 자극들을 통하여 통합적으로 발달해야 함에도 불구하고 일방적이고도 편협한 자극의 결과 사회성이나 정서, 언어발달 등에서 정상적인 발달을 보이지 못하고 있다.

따라서 텔레비전 시청에 대한 다음과 같은 지도를 통해 올바르게 활용해야 한다(김이영, 2014). 첫째, 부모들이 아이들의 텔레비전 프로그램의 내용을 먼저 이해하기 위해 이들을 직접 시청해 보는 노력이 필요하다. 그 후 아이들에게 프로그램을 선택해서 보도록 유도하는 것이 바람직하다. 둘째, 아이들은 현실과 환상의 구별이 어려우므로 아이들이 이에 대한 갈등을 나타낼 때 이에 관해서 성인의 재해석이 요청된다. 텔레비전 시청 뒤 '왜 그런 행동을 했을까, 너라면 어떻게 했을까?'와 같은 질문을 통해 아이 스스로 도덕적 또는 윤리적 상황 판단을 할 수 있도록 기회를 제공한다. 셋째, 좋은 시청 습관을 길러 준다. 특히 부모는 스스로 선택적으로 시청하는 역할 모델이 될 수 있어야 한다. 부모는 늦게까지 여러 종류의 프로그램을 시청하면서 아이들에게만 무조건적으로 제한적인 시청을 요구하는 것은 바람직하지 않으므로 부모 스스로가 텔레비전 시청을 통제하는 모델이 된 후 아이들의 텔레비전 시청을 위한 시간 및 내용에 대한 계획을 세운다.

2) 컴퓨터

육아정책연구소에서는 2013년 0세부터 5세 영유아를 둔 부모 1천명을 대상으로 가정 내 미디어 매체 이용 현황에 대하여 조사를 하였다. 조사 결과 미디어 매체 가운데 컴퓨터는 조사 대상 가정의 97.4%가 보유하고 있었으며, 자녀의 33.3%가 이용하였으며, 영아 15.1%, 유아 48.5%가 이용하였다.

어린 영유아들이 컴퓨터나 스마트폰을 사용하는데 있어 지금까지 많은 긍정적인 시각과 부정적인 시각이 공존하고 있다. 신혜경과 서영숙(2006)은 많은 연구결과들을 정리하여 유아의 컴퓨터 사용에 대한 찬반 입장을 다음과 같이 정리하였다.

먼저 긍정적인 측면에 대한 입장을 살펴보면 다음과 같다. 첫째, 사회성을 발달시킨다. 컴퓨터의 사용이 유아들을 사회적으로 고립시키지 않을까 하는 일반적인 우려와는 달리 컴퓨터를 사용하여 프로그램 활동을 할 경우, 유아들

[그림 14-6] 영유아의 컴퓨터 활동

은 컴퓨터 활동에서 혼자 하는 것을 즐겨하지 않고 또래와 함께 하는 컴퓨터 활동 속에서 도와주기, 가르쳐 주기, 의논하기, 서로의 생각을 격려하기와 같은 다양한 사회적 상호작용을 하며, 사회성을 발달시켜 나간다.

둘째, 정서발달에 도움이 된다. 유아들은 컴퓨터 활동에서 과제를 수행하는 동안 다른 이의 도움을 받는 것에 대해 긍정적으로 생각하며, 또 자신이 알고 있는 것을 다른 이에게 알려주려는 행위를 즐겨한다. 이를 통해 유아들은 자연스럽게 사회적 기술을 습득하게 되고 또 컴퓨터와 관련된 과제를 수행해 나가는 동안, 스스로 문제를 해결하게 되며, 자신의 능력과 가치를 보다 소중하게 생각하게 되어 정서발달에 도움이 된다.

셋째, 긍정적 자아개념 발달과 자신감 형성을 돕는다. 컴퓨터는 유아들에게 상상놀이를 자극하는 매체로서 아주 효과적인 교구라 할 수 있으며, 음악이나 창의적인 이야기를 구성해 볼 수 있는 기회를 제공해 주고, 독특한 형태로서 유아들의 심미적 발달에 적합한 활동을 제공함으로써 유아의 긍정적 자아개념 발달에 좋은 영향을 주고 있다.

넷째, 문해 · 언어 발달에 도움을 준다. 컴퓨터에서 사용되는 많은 상징이 인지, 언어 발달에 도움을 준다고 할 수 있다. 컴퓨터 활동은 특정한 아이콘이나 그림과 같은 상징들을 통하여 정보를 받아들이고 이해하는 경험을 갖게 되며, 이러한 경험은 이후 글자에 대한 추상적인 개념을 보다 구체적으로 받아들일 수 있게 한다.

다섯째, 소근육 발달과 협응을 촉진시킨다. 컴퓨터를 사용하는 동안 손을 사용하고 눈과 손의 협응력이 필요하다. 어떤 경우에는 화면상에 나타난 글자의 활동에 따라 자신의 신체를 움직이거나 프로그램에서 나오는 음악에 맞추어 춤까지 추는 등의 동적인 활동을 한다.

반면 신혜경과 서영숙(2006)은 유아의 컴퓨터 사용의 부정적인 측면을 다음과 같이 정리하였다. 첫째, 유아의 발달시기상 이르다. 전조작기 유아는 구체적인 사물을 통하여 풍부한 감각 경험을 하여 지식을 습득해 나가야 함에도 불구하고 컴퓨터는 상징적인 특성을 제공하고, 추상적 정보를 제공하므로 전조작기인 유아에게는 발달특성상 적합하지 않다.

둘째, 유아의 신체 발달면에서 해롭다. 유아는 자신의 신체와 환경을 통제하기 위해 신체적인 활동이 필요하며, 입체로 된 교구를 조작하는 활동이 필요한데, 컴퓨터는 신체적 활동이 손가락과 시각의 활동에 제한된다. 또 오랫동안 잘못된 자세로 컴퓨터를 사용함에 따라 눈의 피로나 긴장성 두통, 목의 통증 등이 나타난다. 유아들은 게임중독증으로 집중력 감소, 욕구불만, 불안정한 태도와 일관성 없는 대답이 나오고, 비만과 시력장애를 유발하고 사회적 고립과 대인관계 장애가 나타날 수 있다.

셋째, 상호작용이 감소한다. 유아기는 또래들과 어울려 놀면서 사회성과 의사소통 능력이 발달해야 하는데, 컴퓨터 사용은 또래와의 상호작용을 감소시킨다.

신혜경과 서영숙(2006)은 올바른 컴퓨터 사용을 위한 방법을 다음과 같이 제안하였다. 첫째, 일정한 거리를 유지하고 올바른 자세로 사용하게 하며, 사용시간을 적절하게 조절한다. 둘째, 컴퓨터를 구체물과 연결하여 능동적인 학습환경을 지원하는 매체로 사용한다. 셋째, 유아들이 자신을 표현할 수 있는 독특한 매체로 활용될 수 있도록 한다. 넷째, 교사와 부모가 올바른 사용법의 모델이 된다.

3) 스마트폰

스마트폰은 컴퓨터와 달리 편리성과 접근성이 높아 영아들도 많이 사용하고 있다. 육아정책연구소가 실시한 0세부터 5세 영유아를 둔 부모 1천명을 대상으로 가정 내 미디어 매체 이용 현황에 대한 조사에서, 스마트폰은 전체 조사 대상자 중 보유율이 98.5%, 자녀이용이 53.1%로 나타났으며, 영아 이용률이 34.9%, 유아 이용률이 68.4%로 나타났다. 이와 같은 연구결과는 영아들에게 있어서 컴퓨터보다도 스마트폰이 더 많이 이용되고 있음을 알 수 있다(육아정책연구소, 2013).

영아기부터 스마트기기에 노출되면 아이들의 신체활동은 줄어들고 끊임없이 변화하는 자극물에 익숙해지면서 중독에 빠지기 쉽다. 이러한 중독 현상은 영아들의 신체활동을 줄어들게 해서 비만이 되게 할 뿐만 아니라 주의집중력의 문제도 가져올 수 있다. 즉 끊임없이 변화하는 자극물에 익숙해짐으로써 한 가지 사물이나 상황에 집중하는 능력이 줄어들게 될 가능성이 높아진다(김이영 외, 2014).

또한 문제가 될 수 있는 것으로서 자극적이고 변화무쌍한 자극에 익숙해진 영아들은 언어 사용 기회가 적어지고, 기기에 중독될 가능성이 높아지면서 언어발달의 문제를 가져올 수도 있다. 3세 이전의 영아는 뇌가 집중적으로 발달하는 시기에 해당하기 때문에 이때 스마트 기기에 중독되면 정상적인 발달에 장애를 가져와 발달장애 및 시각장애의 문제를 가져올 수도 있다. 특히 휴대폰의 사용은 우측 전두엽에 영향을 주는데, 전두엽의 이상은 주의력결핍 및 과잉행동장애에서 나타나는 현상이다(김이영 외, 2014). 따라서 영아들이 하루 30분 이상 휴대폰에 노출시키지 않도록 하는 것이 좋다.

참고문헌

구은미(2004). 보육 프로그램의 질에 영향을 미치는 교사 관련 변인 분석. 숙명여자대학교 대학원 석사학위논문.

김수진(2006). 보육시설의 물리적 환경 및 교사의 창의적 역할수행과 유아 창의성간의 관계. 경희대학교 대학원 석사학위논문.

김옥진(2010). 보육시설 특성에 따른 영아표준보육과정 인지 및 활용 실태에 관한 연구. 동국대학교 대학원 석사학위논문.

김이영, 배헌석, 이우언(2014). 인간이해를 위한 심리학. 경기: 양서원.

김이영, 오성숙, 이시진, 이우언, 이은미, 채혜선(2014). 영아발달. 경기: 양서원.

마주리(2013). 장애아보육. 경기: 공동체.

박순화(1997). 제 5차 유치원 교육과정에 따른 TV유아교육 프로그램의 실태분석. 중앙대학교대학원 석사학위논문.

박은미(2000). 우리나라 영유아보육정책에 관한 실증적 연구 - 보육시설 종사자의 인지도 및 만족도를 중심으로 - . 경희대학교 대학원 석사학위논문.

보건복지부(1999). 우리들의 건강생활.

보건복지부(2007). 보육프로그램 총론.

신혜경, 서영숙(2006). 유아의 컴퓨터 사용에 관한 찬반 연구. 한국사회복지지원학회, 2(2), 21-37.

양인정(2003). 보육시설 물리적 환경실태와 종사자 인식간의 차이 연구 - 성남시 국공립 어린이집을 중심으로 -. 중앙대학교 대학원 석사학위논문.

유효순, 원혜경, 김정희(2013). 서울: 창지사.

이기숙, 장영희, 정미라, 배소연, 박희숙(1997). 영유아를 위한 안전교육과 응급처지. 경기: 양서원.

이석무(1994). 아동보육사업 경영 경제론. 서울: 혜화당.

이영숙(2006). 0-3세 교육이 평생 간다. 서울: 아름다운 열매.

이영자(1990), 탁아프로그램의 운영방향. 탁아와 유아교육 세미나. 덕성여자대학교 유아교육연구소, 18-41.

이은해, 김은기, 이미화, 이재선(1995). 영아반 운영의 실제. 경기: 교육과학사.

이정림, 도남희, 오유정(2013). 영유아의 미디어 매체 노출실태 및 보호대책. 육아정책연구소.

이향(1996). 보육시설의 보육교사 전문성 인식과 영아반 프로그램 질에 관한 연구. 건국대학교대학원 석사학위논문.

이현경(1994). 보육사 대 영아의 비율에 따른 영아의 애착행동에 관한 연구. 중앙대학교 대학원 석사학위논문.

전주미(2003). 가정에서 영아의 TV프로그램과 비디오 시청 현황에 관한 연구. 성균관대학교 대학원 석사학위논문.

정미조(2009) 교사가 인식한 영아-교사 관계와 놀이 시 나타난 영아-교사 및 영아-또래 상호작용. 이화여자대학교 대학원 석사학위논문.

정옥분(2012). 영아발달. 2012. 서울: 학지사.

중앙보육정보센터(2006). 평가인증조력프로그램.

헬스조선. 2013년 9월 27일자.

Honig, A. S. & Lally, J. R.(1981). Infant caregiving : A design for training. NY: Syracuse University Press.

KAIST NEWS. 2011년 4월 1일자.

Nicholich, L. M.(1981). Toward symbolic functiong: structure of early pretend games and potential parallels with language. Child Development, 52, 785-786.

Parten, M. B.(1932). Social participation among preschool children. Journal of Abnormal and Social Psychology, 27, 243-269.

Piaget, J.(1962) Play, dreams and imitation in childhood. London: Routedge & Kegan Paul, Ltd.

Sluss, D. J.(2006). 놀이의 이해와 지도. 김미숙, 박숙영, 최민숙, 최은미 역. 서울: 박학사.

Smilansky, S.(1968). The effects of sociodramatic play on disadvantage preschool children. New York: Wile.

저자 소개

✍ 김현자

현, 두원공과대학교 유아교육학과 교수

숙명여자대학교 대학원 아동복지학과 졸업(문학박사)

✍ 김은주

현, 을지대학교 유아교육학과 교수

국민대학교 대학원 교육학과 졸업(철학박사)

✍ 마주리

현, 그리스도대학교 아동복지학과 교수

단국대학교 대학원 특수교육학과 졸업(교육학박사)

✍ 장미경

현, 남서울대학교 아동복지학과 교수

숙명여자대학교 대학원 아동복지학과 졸업(문학박사)

✍ 장은정

현, 두원공과대학교 유아교육학과 교수

숙명여자대학교 대학원 아동복지학과 졸업(문학박사)

✍ 한성심

현, 그리스도대학교 아동복지학과 교수

숙명여자대학교 대학원 아동복지학과 졸업(문학박사)

영아발달

초판발행 2015년 6월 25일
3판발행 2016년 8월 15일

저 자 김현자 · 김은주 · 마주리
장미경 · 장은정 · 한성심
발행인 김현태
발행처 태영출판사

2016. 8.

주 소 (08301) 서울 구로구 구로동 104-10 동남오피스텔 201호
전 화 02 · 839-3757, 839-3752
팩 스 02 · 837-3754
등 록 2005년 5월 30일 제12-421호
http://www.taeyeongbook.co.kr
E-mail tys2005@hanmail.net
ISBN 978-89-6302-165-2 93370
정 가 16,000원

NAVER 태영출판사

* 잘못 만들어진 책은 교환해 드립니다.